让 思 想 流 动 起 来

死与重生

汉代的墓葬及其信仰

李虹 著

四川人民出版社

目　录

引 言

　墓葬是人类思想发展到一定阶段的产物，它反映了人们对死亡的认知，蕴含着特定的社会礼仪制度和信仰习俗，并在这个过程中受到各种因素的影响和制约。按《中国大百科全书·考古卷》解释，"墓"是用于放置尸体或其残余的固定设施，"葬"是将死者尸体或尸体残余部分按一定方式放置在特定场所的仪式性活动。我们通常所理解的墓葬多指丧葬活动中"葬"的部分，它代表着仪式的终结，却未承载丧葬活动的全部信息。①因此，在研究汉代乃至古代墓葬时我们不能将目光仅仅集中在墓葬的外在形态、年代、性质和等级判断上，而是应该从更深层次揭示墓葬体现的信仰及其社会意义。

　　任何一个墓葬，其地理位置、建筑形式、棺椁葬具、图像配置、随葬品种类数量和陈列方式等共同构成了完整

① 齐东方：《唐代的丧葬观念习俗与礼仪制度》，《考古学报》，2006年第1期。

的墓葬生态，为后人提供了正史中无法看到的原始材料，特别是关于底层社会、民间文化和思想的原貌。墓葬不只是一座座地下建筑，它是在具体的丧葬行为中依据一定的思想观念和行为模式举行葬礼的地方，形式上是安放死者之所，但实际上反映的却是人类对死亡的态度以及与之相关的历史、文化和宗教信仰。墓葬信仰研究的终极目标是复原包括古人精神在内的社会生活，但是在墓葬研究中我们会痛苦地发现，无论是思想意识还是宗教信仰，研究的难度在于其不可直观性和不可检验性，我们对物质文化背后已逝的行为和思想意识束手无策。英国考古学家霍克斯20世纪50年代就认定，在生产方式、经济形态、社会结构、宗教信仰四个方面中，其中以研究宗教信仰和意识形态最为困难。①对考古学来说，宗教信仰是困扰考古学家的最后一个探索领域。

　　另一个世界的存在是墓葬信仰的基础，墓葬仪式中的所有环节都体现了这一理念。先民无法理解生与死的分别，在他们看来，生与死不是无法跨越的鸿沟，通过死亡—埋葬仪式，死者可以用老弱之躯换来新的身体与生命。卡西尔曾精辟地指出：

　　从某种意义上，整个神话可以被解释为就是对

———————

① Hawkees, C.F., "Archaeological theory and method: some suggestion from the Old World", *American Anthropologist*, 1954, 56:155–168.

死亡现象的坚定而顽强的否定。由于对生命的不中断的统一性和连续性的信念，神话必须清除死亡现象。原始宗教或许是我们在人类文化中可以看到的最坚定最有力的对生命的肯定。最古老的金字塔文从头到尾主要的起支配作用的符号的意义，就是执着地甚至激烈地反抗死亡。它们可以说是人类最早的最大反抗的纪录——反抗那一切都一去不复返的巨大黑暗和寂静。我们一遍又一遍地听到的是这种不屈不挠的信念：死人活着。①

墓葬是综合性的生态存在，而不仅仅是器物的简单组合，它由墓室形制、墓室壁画、随葬品及所附文字、内部陈设等组成，其建筑形制、器物的放置和随葬文字的内容有其自身的逻辑，成为整个墓葬文化的一部分。值得欣慰的是，汉代墓葬中保存的图像、铭文、解注文等材料多出自社会下层，反映的思想在正史中付之阙如，如何理解这些文物成为我们研究的新出发点。现在我们致力的目标就是要拓展研究视野和研究范围，复原墓葬的历史情景，建立汉代墓葬信仰的一般认识，使之提供传统文献无法提供或无法记录的史料和史实，让出土材料不再仅仅是证实文献的一个途径，而是恢复它在中古文化体系中的位置及与

---

① ［德］恩斯特·卡西尔著，甘阳译：《人论》，上海译文出版社，2003年，第108页。

之相联系的各种文化观念，以此来切入当时的文化风俗、制度和观念。

　　丧葬观念及其表达形式在不同时代有不同的延续和传播。观念史的表达有时有着普世的意义，它不仅有共时性的空间，而且还有着历时性、连续性的变化。洛夫乔伊认为，一些最基本的或重复出现的观念中包括一些含蓄的、我们现在不能完全清楚的设定，这种设定或者在当时起作用，或者尚未被人们意识到。然而，这些设定往往无须加以论证，它们常常属于非常一般、非常笼统的一类东西，有可能在任何事情上影响人类思想的进程，但这些"常识"实际上却是社会生活中最重要的部分。[1]在一种传统逐渐定型以后，继续此传统的人并不一定都能理解其中的原始意义，这也就是中国古人所说的"百姓日用而不知"含义之所在。因此，当某种图像，如用于贺寿、喜庆、辟邪、冲喜等的图像成为惯熟的套路时，很多人都不自觉地同样摹画和安排，这时画面背后反映的观念才是我们要研究的东西。[2]以汉代墓葬论，可以从外面看到的墓葬形制等不是本书研究的重点，而仅仅是

[1]　［美］阿瑟·O.洛夫乔伊著，张传有等译：《存在巨链：对一个观念的历史的研究》，江西教育出版社，2002年，第5—19页。洛夫乔伊认为，在人类思想观念中有一些最基本而且相当稳定的成分，它们是构成思想的基本单元。只要抓住了这些基本单元的思想或成分，考察它们的历史形态及历史变迁过程，就可以以相当简练的方法找出历史的主干，把握历史的意义。

[2]　葛兆光：《思想史研究课堂讲录：视野、角度与方法》，生活·读书·新知三联书店，2005年，第142页。

研究背景之一。本书着重考虑的是物质材料背后的内涵，试图在全面了解汉代墓葬基础上，一是要明确汉代墓葬信仰发展的一般过程；二是在东汉末年教团道教形成的背景下，探究墓葬信仰变化的一般情况，即此时人们已经摆脱了先秦时外求仙药以成仙的阶段，反而求诸己，表达出"我命在我不在天"的自力自为精神；三是在此基础上，人们相信墓葬是生死转化的所在，经过其中一系列"装置"，死者可以从墓中重生而去。

相信另外一个世界的存在是汉代墓葬信仰的核心，至于另一个世界的具体位置则有升天与入地两说。升天思想和战国至秦汉时期日趋发达的天文学、占星术以及永恒观念有关，在上层知识界和贵族中比较流行，我们可以从纬书中大量的天文、受命内容看到这一点，而入地说则似乎有着更为古老的历史。[①]前一种研究以鲁惟一（Michael Loewe, *Ways to paradise: The Chinese quest for immortality*, London, 1979）、曾布川宽（《昆仑山への升仙：古代中国人の描いた死後世界》，东京：小学馆，1981年）为代表，此说由于四川画像石上"天门"题榜的发现更加流行［赵殿增、袁曙光《天门考：兼论四川画像砖（石）的组合与主题》，《四川文物》，1990年6月］，后者的倡导

---

① 施杰：《感应：谶纬语境中的神话结构与汉墓艺术》，载朱青生主编：《中国汉画学会第九届年会论文集》（下），中国社会出版社，2004年，第107页注3。

者有信立祥（《汉画像石综合研究》，文物出版社，2000年）、佐竹靖彦［《汉代坟墓祭祀画像中的亭门、亭阙和车马行列》，载朱青生主编《汉画研究（第一卷）》，广西师范大学出版社，2004年］。本书不拘泥于升仙说还是入地说，更为关注的是汉代人所做的在离开尘世后力图重新回到这个世界的努力。

1. 专门研究

汉代墓葬信仰是近年来的前沿研究课题，此前的丧葬礼仪研究为现在的信仰研究打下了良好的基础。杨树达《汉代婚丧礼俗考》（商务印书馆）出版于1933年，从《汉书》《后汉书》等历史著作中摘引大量汉代婚丧材料，将丧葬研究融入社会史研究的范畴，对中国的丧葬研究有相当的推动。之后关于汉代丧葬的研究成果有李如森的《汉代丧葬制度》（吉林大学出版社，1995年）、《汉代丧葬礼俗》（沈阳出版社，2003年）、韩国河的《秦汉魏晋丧葬制度研究》（陕西人民出版社，1999年），这几本书的共同特点是结合考古资料对汉代及以后的丧葬仪式进行研究，开辟了新的研究思路。韩国河认为，与城址、手工业遗址相比，墓葬包含的信息更为丰富，不仅涉及当时社会的政治、经济、文化及社会生活，而且还反映了人的精神、宗教思想以及上层建筑等方面的内容，为我们全面展示了古代生活的面貌，是考古学最终要达到的目标。徐吉军、贺云

翱《中国丧葬礼俗》（浙江人民出版社，1991年）则对中国
传统的丧葬礼仪进行了归纳、考证以及文化分析，开始自
觉涉及丧葬仪式的社会意义。郭于华运用西方文化人类学
理论考察中国丧葬礼仪及文献中关于生命、死亡故事，并
进行死亡意识、通过礼仪、功能主义等方面的解释以及象
征意义的分析（《死的困扰与生的执着：中国民间丧葬仪礼
与传统的生死观》，中国人民大学出版社，1992年），给我
们以有益的启发，该书系文化人类学的应用分析之作。

　　国内集中讨论汉代人生死观念和墓葬信仰的专著并
不多，且出版于近几年。《东汉生死观》（上海古籍出版
社，2005年）是余英时发表于1962年的博士论文中译本，
该书通过对生死观及相关问题的讨论考察了东汉的生死信
仰，强调中国人并不是等到佛教传入才产生地狱观念的，
回应了李约瑟等西方学术界"佛教传入前中国没有来世观
念"这一主流看法。贺西林的《古墓丹青：汉代墓室壁画
的发现与研究》（陕西人民美术出版社，2001年）以汉
代墓室壁画为重点，从大量汉代墓葬艺术中得出"引魂升
天"主题表现的是一种再生观念，对墓室壁画中表现引魂
升天的图像方向问题做出了不同于前人的解释。

　　巫鸿近年来致力于墓葬的美术考古研究，其《礼仪中
的美术：马王堆再思》《"玉衣"或"玉人"：满城汉墓
与汉代墓葬艺术中的质料象征意义》《四川石棺画像的象
征结构》《地域考古与对"五斗米道"美术传统的重构》

［均见《礼仪中的美术：中国古代美术史文编》（上、下），生活·读书·新知三联书店，2005年］所讨论的具体事例及其得出的结论对本书的写作极具启发意义。在2010年新出版的《黄泉下的美术：宏观中国古代墓葬》（生活·读书·新知三联书店）一书中，巫鸿从空间性、物质性、时间性三个角度，阐释了中国墓葬艺术的历史变迁，认为墓葬在本质上是自我封闭和自给自足的建筑形式，各种墓葬观念通过墓葬结构达到多重化的目的，其结果是在墓葬中形成一个表达多重意愿的多中心结构，从而揭示出中国古人对于生死观念的看法与实践。

李清泉虽致力于河北宣化辽墓研究，但他对墓葬空间的认识对我们认识汉晋墓葬不无借鉴（《宣化辽墓墓葬艺术与辽代社会》，文物出版社，2008年）。他指出，古人存在着从祈望死后升仙到祈望投生来世的观念转变，壁画中的车马出行图带着世间的拥有，经由阴间，走向来世。其结论虽有启发，然而其所利用的转世观念得自于佛教，较本书所欲论述的炼形转世观念晚起若干年。

我国台湾学者蒲慕州的《追寻一己之福：中国古代的信仰世界》（上海古籍出版社，2007年）和《墓葬与生死：中国古代宗教之省思》（中华书局，2007年）是近年来考古视角下研究墓葬信仰影响较大的专著。前者以古代信仰世界为主题，对民间信仰进行了梳理，从人外力量的性质、感应式的宇宙观等方面研究民间信仰的特点，并以官方、知识分子、民间三个视角解读古代宗教，其中最给人启发的是他认为官方宗教不能为帝王以至人民提供解决人生的终极关怀——不死升仙的方法，而民间信仰则提供了不止一种解决方法，并得出人死后可能成仙的结论。后者从汉代墓葬形制的变化入手研究汉人对死后世界的安排，认为从战国末期开始，中国人对于死后世界的面貌就有了比较具体的想法和表达这种想法的墓葬形式，表明经过战国时代大变动之后，中国人对于人死之后的归宿已经有了相当成熟的想法。

由于历史的原因，关于道教研究，国外汉学界比国内起步高、起点高，取得了令人瞩目的成就，法国学者索安撰写的《西方道教研究编年史：1950—1990》（中华书局，2002年）概括介绍了四十年间国外道教研究的现状，并专门列出一节介绍墓葬仪式。同时，得益于索安、傅飞岚等法国汉学家发表在1996年开始结集出版的《法国汉学》上的一系列道教研究论文，我们才能得以了解国外道教研究现状，特别是作为国外汉学研究重镇之一的法国汉学界的研究进展。另外一个不能不提的海外汉学研究中心在日本，小南一郎关于壶天的理论（《壶形的宇宙》，《北京师范大学学报》，1991年第2期；《中国的神话传说与古小说》，中华书局，2006年）、曾布川宽关于昆仑仙境的研究（《向往昆仑山的升仙：古代中国人描绘的死后世界》，载《简帛研究译丛》第2辑，1998年）都对我们有所启发。韩国学者具圣姬《汉代人的死亡观》（民族出版社，2004年）将社会、政治、经济、思想等作为背景，以生命观、鬼神观的发展为依托，动态描述了汉代人的死亡观念，但是得出的结论失之于简单。

近年来，国内学者在道教研究与考古资料的综合使用上取得很大成就。刘昭瑞《考古发现与早期道教研究》（文物出版社，2007年）和张勋燎、白彬的《中国道教考古》（线装书局，2005年）以道教文献为主，利用考古学和宗教学的方法，对近年来出土的考古材料进行了研究，复原古代道教活动，对早期道教法术以及注鬼说和尸解说尤为重视。何志国的《汉魏摇钱树初步研究》（科学出版社，2007年）认为巴蜀地区的"神树"信仰是摇钱树出现的历史原因，他将摇钱树作为汉代特定物质文化遗存并置于社会历史发展背景下进行解析，在对摇钱树的起源、分布区域、年代分期、造型风格、图像内涵做深入研究之外，还对当时的丧葬习俗、社会观念、宗教考古、佛像传播与中外文化交流等作了论述，认为摇钱树既是当时人们心目中的生产财富和吉祥之树，又是追求长生不老的升天神树、祈祷丰收的社祭之树、祈求生殖的原始崇拜之树。

黄晓芬的《汉墓的考古学研究》（岳麓书社，2003年）虽说是考古学专著，但她在成功地探讨了汉墓与汉墓研究、传统墓制的特点及其地域性、汉墓的变革与普及、随葬品的考察和分析后，将汉人的墓葬信仰令人失望地简单总结为天人合一。

2. 综合性研究论文

除了专著外，关于汉代墓葬信仰的还有一些综合性的研究论文。姜生自1996年发表《道教崇山的原因和实质》（《复旦学报》，1996年第6期）后，一直关注道教与考古资料的结合研究，发表了大量的论文，《道教的兴起与葬俗之理性化变迁》（《中山大学学报》，1997年第6期）从道教兴起的角度解释了汉代厚葬之所以渐趋衰败的原因。新近发表的《长沙金盆岭晋墓与太阴炼形：以及墓葬器物群的分布逻辑》（《宗教学研究》，2011年第1期）从宗教及考古学的视角找到了早期道教"太阴炼形"信仰的实证，揭示了先民死后在墓葬中重生转化的仪式结构。

王育成多年来致力于考古发现的文物与道教道符的研究。早在1991年，工育成就发表了《东汉道符释例》（《考古学报》，1991年第1期）一文，其后的《徐副地券中天师道史料考释》（《考古》，1993年第6期）、《洛阳延光元年朱书陶瓶考释》（《中原文物》，1993年第1期）、《南李王陶瓶朱书与相关宗教文化问题研究》（《考古与文物》，1996年第2期）、《文物所见中国道符论述》（《道家文化研究》，1996年第9期）、《略论考古发现的早期道符》（《考古》，1998年第1期）、《考古所见道教简牍考述》（《考古学报》，2003年第4期）主要关注镇墓陶瓶等出土文物上的解注文字及符号，其论文多具启发意义。

在葬仪文书的研究方面，青年学者贡献颇多。刘屹的《敬天与崇道：中古经教道教形成的思想史背景》（中华书局，2004年），以汉魏六朝为中心，通过对墓券的编年研究，发现了墓券反映的死后世界信仰的源流、墓券中天帝、天帝使者的来源和形象，认为墓券是买自于鬼神的对于地下土地的所有权的占有。黄景春的博士论文《早期买地券、镇墓文整理与研究》（华东师范大学，2004年）把买地券、镇墓文放在人类文化中加以考察，其对早期买地券、镇墓文整理方便后来者使用。鲁西奇的《汉代买地券的实质、渊源和意义》（《中国史研究》，2006年第1期）在刘屹的基础上更进一步，认为买地券通过向地下鬼神购买葬地以得到地下鬼神的保佑。

秦汉时期的神仙方术是道教的主要来源之一，几成不容争辩的事实，汉末魏晋之际，随着教团道教的逐渐形成，[①]神仙方士渐归于道教，神仙信仰成为道教崇拜的核

---

① 与教团道教相对应的是民众道教。教团道教与民众道教两种类型的划分是学者在研究道教与中国政治、社会和文化过程中引用宗教社会史概念的一种尝试。由于在中国凡不纯粹是佛教或儒教的信仰都被认为具有道教性质，因此研究者认为，教团道教与民间宗教之间有着相互吸收和被吸收的关系。一种观点认为，道教是在中国民众生活文化的总体中形成的产物，它有专门的教义，一方面与其他宗教相抗衡，另一方面又受它们的影响；另一种观点则着眼于拥有权利的道教与民间质朴信仰之间的差异，不轻易使用"民众道教"一词。（［日］福井康顺等监修，朱越利等译：《道教》第三卷，上海古籍出版社，1992年。）

心内容。在仙、道合流过程中，许多神仙方士已是早期道教的成员。张文安认为，汉武帝以后，神仙信仰逐渐成为秦汉一般知识、思想与信仰的重要组成部分。同时，它与黄老道学、宗天神学、谶纬神学相结合，借鉴佛教的经验与思想，与精英思想互动，吸收儒家伦理纲常思想，结合秦汉社会实际情况，形成一个兼收并蓄、面向社会各阶层的信仰体系，使神仙信仰逐渐理论化、宗教化、政治化，并最终促进了早期道教的形成。[①]

　　道教的产生虽在汉末，但是道教思想的产生却远远早于这一时间，许地山将之提前到先秦时代，[②]姜生认为，"在道教的发展史上，从西汉到魏晋，有一个可以称之为

---

① 张文安：《周秦两汉神仙信仰研究》，郑州大学博士学位论文，2005年，第114页。

② 许地山：《道教史》，江苏文艺出版社，2008年，第161页。任继愈认为，道教的前史比较长，其创教活动分散而缓慢，早期教派并非经由同一途径、同一地区和同一时期形成，而且很长时间内没有统一而稳定的教团组织，因而道教史的上限极不易认定。（任继愈：《中国道教史》，中国社会科学出版社，2001年，第7页。）胡孚琛则认为先秦至西汉的方仙道、东汉的黄老道，以及秦汉以来民间和四夷流行的巫鬼道都是道教的前驱形式。（胡孚琛、吕锡琛：《道学通论：道家·道教·仙学》，社会科学文献出版社，1999年，第269页。）朱越利对道教前史的定义更为简单而直接，他认为道教前史就是道教产生之前那些作为道教产生源泉的要素的历史，这些要素大致可分为古代哲学、神仙信仰与方术，自然崇拜与鬼神崇拜、巫术等。（朱越利、陈敏：《道教学》，当代世界出版社，2000年，第58页。）日本学者也将汉代道教之前的道教史称为前道教史。（［日］窪德忠，萧坤华译：《道教史》，上海译文出版社，1987年，第51—57页。）

原始道教的阶段。在这一阶段，总的说来，道教更多地处于民间状态"。[①]我们知道，一种思想的产生与发展有其连续性，不可能在一朝一夕之内完成，道教也是这样，它的思想根源远远早于其教团的建立，如果我们仅以教团道教的成立作为其产生的时间点则失之公允。以道教前史为出发点思考墓葬信仰，不但可以加深对道教的认识，而且也可以使墓葬与信仰的研究产生有益的互动。

　　春秋以降，巫对祭祀的垄断权的消失使他们远离神权中心和政治中心，转而向下层发展，成为专事鬼神的神职人员。同时由于古代巫医不分，巫也是医，他们在无法医治好病者后，只好再承担包办死者入葬的任务。《后汉书》载："顺帝时，廷尉河南吴雄季高……少时家贫，丧母，营人所不封土者，择葬其中。丧事趣办，不问时日，巫皆言当族灭，而雄不顾。"[②]由于汉人相信死者的埋葬方法和日期对活人有影响，因而巫觋自然成为丧家的主要求助对象，从"巫皆言当族灭"一句可知巫觋参与丧葬活动的事实。道教出现后，巫又一变而为道士，并成为主持葬仪的专职人员。白彬认为，北方地区凡是出土有镇墓瓶、斗瓶、陶钵（盆）、铅人、松人、简牍、代人木牌、木简、墓券、名刺、衣物疏、印章、药物的都可称之为道

① 姜生、汤伟侠主编：《中国道教科学技术史》（汉魏两晋卷），科学出版社，2002年，第122页；另见姜生：《曹操与原始道教》，《历史研究》，2011年第1期。

② ［南朝宋］范晔：《后汉书·郭陈列传》，中华书局，1965年。

教遗物，南方地区的道教遗存则多为铅人、铜俑、买地券、名刺、衣物疏等。[①]如此众多道教物品的出现，表明作为中国的本土宗教，道教紧密渗透于民众的日常生活。从考古发现看，墓葬中反映一般民众重生信仰的资料以河南、西南地区为多，陕北、山东地区较少。考察其中的原因，在于墓葬信仰被早期道教吸收，因为很多主持仪式的人是汉时的巫觋，他们是后来早期道士的主要组成部分。因此有学者指出，我们与其震惊于汉代墓葬中神仙信仰存在的过度泛滥，不如反省以往对现实世界中神仙思想的认知是否不足。[②]

在论及道教长生及重生观念对民众墓葬信仰的影响时，我们还必须注意到儒家"孝"的思想在社会上的影响。"孝"是中国自古以来丧葬文化的核心内容，具有强烈的社会性和血缘性，人们在此基础上建立了一套对待死者的丧葬之礼，是否按这些方式行事，成为判断一个人孝与不孝的标志。发展到汉代，有了"死以奢侈相高，虽无哀戚之心，而厚葬重币则称以为孝，显名立于世，光荣著于俗。故黎民相慕效，以致发屋卖业"[③]之举，社会上弥

---

① 白彬：《近年来魏晋南北朝墓葬佛道遗存的发现与研究》，载中山大学艺术史研究中心编：《艺术史研究》（第9辑），中山大学出版社，2007年，第497页。

② 韩吉绍：《知识断裂与技术转移：炼丹术对古代科技的影响》，山东文艺出版社，2009年，第84页。

③ 王利器校注：《盐铁论校注》，中华书局，1992年。

漫着厚葬之风。

厚葬名义上是为死者，但在很大程度上是为了活着的人。从表面上看，厚葬固然是对死者行孝，但在孝的观念下我们可以隐约看到人们对于死者的恐惧，也就是对死者之魂——鬼的恐惧。据新石器时代考古资料，黄河上游的半坡文化、马家窑文化、齐家文化等遗址中常见屈肢葬法，即是将死者的躯体呈扭曲状，研究认为，之所以用这种姿势是为了防止死者的灵魂重返人间作祟危害生者。[①]1957年河南省文化局文物工作队在洛阳老城西北角发掘了一座西汉元、成帝年间的壁画墓，壁画的内容是星图、神话和历史故事，分别画在墓顶、门额、隔墙和后壁上。[②]特别与众不同的是，该墓室的后墙上方的空心砖上，用白粉书写了三个隶体的"恐、恐、恐"字，它不仅表明人们对死后世界尚未产生明确的认识，同时也表露出生者挥之不去的对死者之魂魄的恐惧。

与自己有敌对关系的人会加害于生者，死去的亲人也有可能因为供养不周而作祟于生者，如果鬼能接受人们的祭祀，也就不会作祟于生者，这是厚葬出现的主要原因。害怕死去的先人在另一个世界无法得到供养，因此要在墓

---

① 中国科学院考古研究所：《西安半坡》，文物出版社，1963年，第218页；中国社会科学院考古研究所甘肃工作队：《甘肃永靖张家咀与姬家川遗址的发掘》，《考古学报》，1980年第2期。
② 河南省文化局文物工作队：《洛阳西汉壁画墓发掘报告》，《考古学报》，1964年第2期。

葬中埋入大量死者生前习用物品，兴建甚至超出自身经济承受能力的墓室。人们甚至认为，墓室越大，死者在另一个世界就越会过得舒服；随葬品越丰厚，死者就会生活得更富裕。随着道教对社会思想的渗透，人们对厚葬的想法产生了改变并逐步走向理性化，甚至出现了"事死不得过生"的说法。这种变化是在以神仙思想为核心的原始道教神学影响下产生的。①

墓葬通常有其自身的时代、地域和等级特征，它所暗含的观念方面的特征不会直观地反映出来。②所以我们在研究墓葬时不能忽略其背后的丧制或葬礼背景，换言之，墓和葬都是丧礼的一部分，只有在丧礼的背景下，墓、葬的存在才有可能。在一定的历史和文化中，墓葬和社会之间的关系完全取决于人们对死亡的态度，因此从某种意义上说，墓葬以空间的形式表现了特定时代人们对生与死的信仰，它提供的材料远远超出墓葬制度本身，如果我们的研究能充分考虑到这一点，那么墓葬信仰将可能成为我们认识它所处时代的参照物。因之，将墓葬置于信仰的背景下来讨论和挖掘其深刻内涵是本书的出发点。

---

① 姜生：《道教的兴起与葬俗之理性化变迁》，《中山大学学报》，1997年第6期。
② 美国学者认为，墓葬中的物质文化并不是人类社会的直接反映，由于物质文化是动态的，"反映"一词不能正确甚至错误地表达物质文化和社会之间的关系。（［英］伊恩·霍德、［英］司格特·哈特森：《阅读过去》，岳麓书社，2005年，第3页。）

本书所指的墓葬信仰更多地指的是散布于民间生活中的观念、仪式和象征。由于两汉四百多年在历史中是一个较长的时段，其间所反映的信仰会有许多变化，有的沿袭下来，有的新生而起，各种信仰之间不免有所交叉，不可能存在一个具体而完整的个案，故此本书采取专题研究的方法，在每个专题的讨论中以时间为经、在各个专题之间以墓葬信仰的逻辑为纬加以梳理，以期在零碎的材料中爬梳出关于墓葬信仰的一般理路，梳理出时人对墓葬的理解以及其间的转变过程。

巫鸿认为墓葬研究应该有两种基本方法，一是以丧礼和埋葬过程为对象，包括从死者过世到最后入墓前举行的一系列仪式，这是对基于礼仪过程的重构，强调的是丧礼的时间性；二是侧重于墓葬内部的空间性，发现墓葬设计装饰、陈设隐含的逻辑和理念，阐释明器和图像这些"人造物"折射出的社会关系、历史和记忆、宇宙观以及宗教信仰等更深层面的意义。[①]本文认为这两种分类自有其道理，但是也不能完全割裂其间的关系，研究尚有第三个方向可以加以挖掘，即将墓葬作为一个时间与空间的过渡，探究亡者在进入之前和进入之后的状态所发生的变化。

---

① 巫鸿：《反思东亚墓葬艺术：一个有关方法论的提案》，载中山大学艺术史研究中心编：《艺术史研究》（第10辑），中山大学出版社，2008年，第2页。

　　在一定程度上，我们的历史世界因文献记载而存在。然而，由于书写的产生远远晚于人类对自然界的理解，因此文化的许多方面是通过书写之外的方式传递下来的，如某些物质遗存，特别是人工制品、建筑物等。以考古为例，我们对文献的理解甚至是由对器物的辨析和在对艺术形象解释过程中来决定的。①有感于此，我们既不能完全拒绝文献的价值，也不能完全依赖于文献的信息。众多的汉代墓葬给我们提供了丰富的考古资料，我们可以从墓室内图像和文字了解汉代人的生死、鬼神观念，从墓葬形制、随葬品类型和墓葬材质等方面窥察他们对死后世界的看法，至于汉代人心目中死后世界的具体景况则需要依赖墓室内的文字题记、随葬简牍、解注文、告地策等镇墓文字。墓葬研究之所以成为现在的学术前沿，是因为它可以给我们提供传统文献未曾记载的东西，但与此同时它又以自己的特有方式表达了对社会关系、宇宙论及宗教信仰等的整体性理解。因此，本文的研究重点，是从墓葬形制、结构、墓内随葬品、图像、题记等材料出发考察汉代丧葬信仰，不拘泥于死后升仙还是升天，是进入天界还是进入地下世界，侧重的是时人对于死后重生的努力。

　　道教重生，它宣扬人可长生久视、白日飞升；与此同

---

①　［英］杰西卡・罗森著，孙心菲等译：《中国的丧葬模式：思想与信仰的知识来源》，见其著：《中国古代的艺术与文化》，北京大学出版社，2002年，第348—353页。

时道教又重死，认为人死后可通过相应的手段保护死者尸体和灵魂不受邪鬼侵害、尸解重生成仙，即使不能尸解成仙，也能避免因幽谪不解而成注鬼注害生人，不利子孙。道书文献关于墓葬信仰记载不多，多是一些具体的仪式。本书试图通过考古材料对汉代墓葬信仰做一个梳理，以期使文献的记载形象化。

关于信仰的传统研究多从传世文献着手，这本无可厚非，但是我们必须注意的是，文献记载的多是社会精英的思想，对一般大众记之阙如，而社会大众的观念和意识虽简单，却对人群更有影响和支配力。汉代的墓葬信仰得以成立的原因来自于秦汉以来墓葬形制的改变及社会中弥漫的神仙信仰。汉时，谶纬神学是当时不可忽视的主流思想，甚至远远超过先秦诸子，但考虑到其对社会的影响主要体现在政治生活中，且本书主要集中于讨论出土文物，故在书中不作主要讨论，但在必要时仍会加以解说。

信仰是人类与生俱有的，也是人类特有的需要和体验，这种信仰也叫作崇拜，如自然崇拜、图腾崇拜、祖先崇拜、生死崇拜等，其最终指向是"意义"。先民由于对自然、社会、人生认识不足，无法以自己的言行对某些事实进行合理的解释，而好奇心又促使他们想知道世界的真实面貌，于是他们用自己能理解的方式解释自然、操纵人生，于是产生了各种信仰。叶文宪指出，产生与形成信仰的思维基础是非逻辑的形象思维，即原始思维，人们根据互渗的原理把原本互不相干的东西联系在一起解释世界和控制世界，这在当时来说是非常自然而且顺理成章的。[①]陈寅恪先生在历史研究中力倡"同情之理解"，即要求研究者要将自己的心态放到历史时期，以当时人的心理理解当时的文化，而不是以现代思维诊断古人。这就要求我们在研究汉代墓葬信仰时，对墓中遗留的有关死后重生的文物不能简单地目之以迷信或是文化糟粕，而是以开放性的心态对待之。墓葬信仰是汉代人对生与死的意义追问的结果，因此本书仅在宗教意义上对"信仰"一词进行阐释。

利用出土文物研究墓葬信仰，一个不可避免的缺陷就是出土文物特有的偶然性、片断性和非连续性，以及信仰的不可见性。我们无法从个别器物窥视社会意识形态和宗教信仰的细节，但是如果能够将其看作是与社会其他方面密切相关的一个组成部分的话，考古资料仍可在墓葬信仰的研究中发挥独特的作用，并从中得出合理的解释。本书拟在前人研究基础上，结合汉代考古资料对墓葬信仰作一初步探讨，并结合宗教人类学、象征人类学的相关理论构建一个可行性较强的框架。

---

① 叶文宪：《新概念哲学》，学林出版社，2004年，第319—322页。

第一章

死而不亡者寿：死亡观念中的生命意识

一 没而不殆：从生的重要性到神仙信仰

死亡是生命最后的且不可避免的结局。但先民认为肉体的死亡并不意味着生命的终结，而是生命形式的转化，人死后将以魂魄的形态存在，并前往另一个世界开始新生活。基于这个理由，一系列复杂的灵魂观念得以产生。灵魂观念是早期中国思想与信仰的重要组成部分，也是汉代丧葬信仰的重要思想基础。

1. 神形二元　生死异路

先民笃信灵魂存在，他们相信灵魂是人之所以为人之根本，死亡不是生命的终结而是肉体与灵魂分离。这种信仰的产生，除了先民受环境影响、自身和世界的认识极其有限外，一个最重要的原因是梦的存在。梦境中的人可以承担现实生活中的一切事务，仿佛是另存的"自我"，这个自我就是灵魂。

相信死后灵魂存在是世界多数民族的共同信仰，在中国也由来已久。人类学研究表明，灵魂观念产生之后逐渐演变为图腾崇拜，图腾崇拜进而又演变为祖先崇拜，在对祖先的崇拜过程中逐渐产生了魂魄、鬼神的观念，并将其与死亡联系起来。西安半坡村遗址仰韶文化时期，儿童死后常以陶瓮为棺，底部穿有一个小孔（图1），意味着孩子的灵魂有通路出入；成年人死后会随葬生前用过的生活用具、装饰品等，以供死者的灵魂到另一个世界继续使用。①濮阳西水坡第三组贝制拼图人

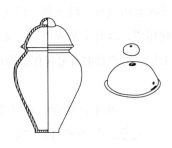

图1 仰韶文化有孔瓮棺
（采自李仰松：《谈谈仰韶文化的瓮棺葬》，《考古》，1976年第6期）

① 李仰松：《谈谈仰韶文化的瓮棺葬》，《考古》，1976年第6期。户晓辉认为，新石器时代瓮棺葬的作用是将幼儿放入象征地母子宫的陶瓮之中使之能够死而复生。瓮棺葬中婴儿头在瓮口，足朝瓮底，正是为了使幼儿能够从地母的子宫门中产出，这些小孔，并非人们普遍认为的是供婴儿灵魂出入的小孔，而是供即将复生或复出的小孩呼吸的通口，象征母腹的肚脐眼或孔窍。（户晓辉：《地母之歌：中国彩陶与岩画的生死母题》，上海文化出版社，2001年，第115页。）

骑龙造型，①寄托了死者之魂在龙虎保护下升天的愿望，表现了中国古代特有的灵魂不死观念。这些刻意的甚至是带有某种隐喻性质的行为表现了先民对死者的态度有别于对动物的处理方式，在某种程度上表现了对死亡的认知。

《礼记·郊特牲》曰："魂气归于天，形魄归于地，故祭求诸阴阳之气。"也就是说，魂为阳，其质清，为天气，故能升归于天；魄为阴，其质浊，为地气，故归于地。许慎在《说文·死部》中说："死，澌也，人所离也。从歺，从人。"认为人死后灵魂依然存在，亡者只是灵魂脱离其身。段玉裁《说文解字注》说死是"形体与魂魄相离，故其字从歺人"。先秦魂魄观念以《左传·昭公七年》子产对伯有鬼魂作祟的评论最具启发性：

> 及子产适晋，赵景子问焉，曰："伯有犹能为鬼乎？"子产曰："能。人生始化曰魄，既生魄，阳曰魂。用物精多，则魂魄强。是以有精爽，至于神明。匹夫匹妇强死，其魂魄犹能冯依于人，以为淫厉。况良霄，我先君穆公之胄，子良之孙，子耳之子，敝邑之卿，从政三世矣。郑虽无腆，抑谚曰'蕞尔国'，而三世执其政柄，其用物也弘矣，其取精也多矣，其族又大，所冯厚矣。而强死，能为

---

① 濮阳市文物管理委员会、濮阳市博物馆、濮阳市文物工作队：《河南濮阳西水坡遗址发掘简报》，《文物》1988年第3期。

鬼，不亦宜乎？"①

作为人体的重要元素，魂魄可以依附在人身上并造成困扰，魄先于魂，性质属阴，魂则具有阳的性质。人若死去，其魂魄仍然有知，普通百姓也不例外，招魂就是为了让魂回来同魄重新合为一体，如生前那样不分开。与此同时，南方地区的楚地出现了魂可以上天入地、无所不知的思想：

　　魂兮归来，君无上天些。虎豹九关，啄害下人些。
　　魂兮归来，君无下此幽都些。土伯九约，其角觺觺些。②

曾侯乙墓漆棺图绘一个小孔，象征死者的灵魂可以由此出入，同时一包头老妇从中探出头来的图像就是这一思

---

① 《左传·昭公七年》，十三经注疏影印本，中华书局，1980年。
② ［宋］洪兴祖撰，白化文等点校：《楚辞补注·招魂第九》，中华书局，1983年。据余英时研究，魄与魂来自于两个不同的传统，魄的观念出现较早，在南方传统观念中，魂比魄更具生机也更活跃。前6世纪时魂的观念由南方传到北方，至迟在前2世纪二者合一产生二元灵魂观，即个体生命由身体和精神两个部分组成，肉体依赖于地上的食物和饮水而生存，精神则依赖于称作"气"的无形生命力，它自天而入人体内。（余英时：《东汉生死观》，上海古籍出版社，2005年，第136—138页。）

想的真实写照。战国时表现灵魂升天的题材多在帛画中体现，但相对来说构图比较单纯，往往在画面中心突出墓主形象，然后墓主在上下左右各种神灵异兽引导下升天而去的景象，如长沙子弹库帛画和长沙市陈家大山帛画。[1]汉代的引魂升天图像则以马王堆帛画为代表，一号和三号墓出土的两幅帛画再现了墓主人在享受亲族的供奉献祭后，在龙凤神灵、虎豹猛兽的引导下准备经过天门登上天界的场景。[2]西汉中期以后，人们对天地的认识有了进一步的发展，山东临沂金雀山帛画除了表现传统的日月、金乌、玉兔、蟾蜍外，还描绘了蓬莱、方丈、瀛洲等新的仙境，具体表明灵魂升天之后到达的理想世界。[3]但与此前有所不同的是，金雀山帛画描绘的新出仙境与汉代文献记载相同，在原来灵魂升天的基础上加入了新内容。

在论述汉代生命更新时，闻一多认为，先是肉体尽毁，灵魂才得永生，后来又演变为纯粹的肉体与灵魂并

① 湖南省博物馆：《长沙子弹库战国木椁墓》，《文物》1974年第2期；湖南省博物馆：《新发现的长沙战国楚墓帛画》，《文物》，1973年第7期。

② 湖南省博物馆等：《长沙马王堆一号汉墓》，文物出版社，1973年；湖南省博物馆：《长沙马王堆二、三号汉墓发掘简报》，《文物》，1974年第7期。

③ 临沂博物馆：《山东临沂金雀山九号汉墓发掘简报》，《文物》，1977年第11期；刘晓路：《临沂帛画文化氛围初探》，《中原文物》，1993年第2期。

生，再之后演变为纯粹的肉体不死。①如果灵魂能从躯体
中化解而出，人将获得第二次生命。既然汉代人相信魂与
魄统一在人体之内，人死的时候两者会分离并脱离人体，
因此其埋葬制度与习俗便具有双重性，一方面要帮助魂气
升入天界，一方面要伺候形魄在地下世界继续人间生活。
东汉时，人们依然相信人死后魂魄的存在与分离，《后
汉书》载"邓晨初娶光武姊元，后没于乱兵，光武即位，
追封为新野节义长公主，及晨卒，召遣中谒者，备官属礼
仪，招迎新野主魂，与晨合葬"。②这说明，东汉人依然
相信肉体、魄魂这两个要素在死时分离，在特殊情况下，
魄和魂会合在一起，准备在必要时返回人世。《晋中兴
书》载东海王妃因东海王灵柩在战乱中被毁而伤痛不已，
特请人为东海王招魂并把招来的魂葬在丹徒县，但中宗皇
帝认为这样做有违礼俗，特下诏旨说："夫冢以藏形，庙
以安神。今世招魂葬者，是埋神也，其禁之。"③这就是
说，当时人们认为墓葬是藏魄之地而不是藏魂之所，魂归

---

① 闻一多：《神仙考》，见其著《神话与诗》，上海人民出版社，
　　2005年，第135页。闻一多进一步认为，肉体尽毁灵魂才可得以飞
　　升，如果土葬则肉体是完整的，灵魂无从飞升，所以古代羌人以战
　　死为吉，以病终为不祥，故人不畏死；而在汉代习俗中，病死为善
　　终，战死为不祥，但这样一来灵魂也就无从飞升了。
② ［南朝宋］范晔撰，［唐］李贤等注：《后汉书·邓晨传》，中华
　　书局，1965年。
③ ［宋］李昉等：《太平御览》卷八八六《妖异部》魂魄条，中华书
　　局，1960年。

于天，埋于地下不合礼俗。在众多汉代图像中，我们可以
看到大量灵魂在龙、凤、鹿、虎、玄武等仙禽异兽引导下
升天的图景，而下归于黄泉的魄则享受着生人的享祭，平
安生活于九泉。1997年7月，陕北绥德四十里铺前街发掘出
土纪年为东汉永元四年（92）的画像石墓，该墓前室后壁
之中柱石上铭文如下：

> 西河太守都集掾圃阳富里公乘田鲂万岁神室。
> 永元四年闰月廿六日甲午卒上郡白土，五月廿九日
> 丙申葬县北鸲亭部大道东高显冢茔

下段招魂辞曰：

> 哀贤明而不遂兮，嗟痛淑雅之天年。去白日而
> 下降兮，荣名绝而不信（申）。精浮游而獐兮，魂
> 魄瑶而东西。恐精灵而迷惑兮，歌归来而自还。掾
> 兮归来；无妄行，卒遭毒气遇匈（凶）殃。①

这段招魂辞用来召唤田鲂平安回到他的坟墓，也就是
汉代人想象的人死后居住的永恒世界。

---

① 榆林地区文物管理委员会、绥德县博物馆：《陕西绥德县四十里铺
画像石墓调查简报》，《考古与文物》，2002年第3期；裘锡圭：
《读〈陕西绥德县四十里铺画像石墓调查简报〉小记》，《考古与
文物》，2003年第5期（本文句读采裘锡圭）。

仙人思想的出现是灵魂不死观念发展到较高阶段的产物。先民因恐惧死亡而祈祷新生命的到来，并以此维持聚落组织的存在，这是群体意义上对生命延续、生生不息的要求。进入阶级社会后，群体意义的"生"所涵盖的范围越来越缩小，周穆王时，个人祈寿逐渐萌芽，到共王时典型的祈寿体例始称完备，共王以降，向祖先祈请个人长寿成为贵族的习尚。[①]大约在西周末年，人间寿命开始与天神产生关联，到春秋晚期，人们对终极生命的认识从原先的祖神转到天，对生的关怀由群体转移到个人，这是仙人思想萌芽的前提。

春秋战国之际，由神仙方士建构并鼓吹、代表人们内心深层愿望的神仙思想横空出世。《左传·昭公二十年》载齐景公曰："古而无死，其乐若何？"其对长生不死与快乐自由的渴求表露无遗，这种愿望与神仙思想已经非常接近，可以说是对神仙思想第一次但又朦胧不清的表述。[②]在先秦传说中，神仙是住在海上仙山或昆仑山的不死之身，他们生而为神为仙，超越了一切自然命运和社会命运，手中持有凡人渴望的不死之药。凡人若想得到不死之药，只能苦心求取。这时人类处于被动的、无为的状态。

汉代时，神仙观念发生了变化，人由被动求药升仙变

---

① 杜正胜：《从眉寿到长生：中国古代生命观念的转变》，《"中央研究院"历史语言研究所集刊》，第66本第2分，1995年。

② 梅新林：《仙话：神人之间的魔幻世界》，上海三联书店，1992年，第23页。

为主动修炼成仙，神仙成为自主自为的结果。汉武帝之后，成仙方式进一步多元化，神仙思想从上层向民间辐射，求仙主体从贵族向平民发展，产生了求仙的世俗化变化。仙人由固有的存在到服食修炼而成，再到点化成仙，理论上的可操作性越来越强，但成仙的难度越来越大，人们从对神的迷恋转变到对求仙的渴望。大致说来，成仙有两大理路：一是希望活时成仙，包含服食药饵、行气导引、房中术等，试图达到成仙不死的目的，但这些修仙活动是一个漫长的过程，甚至需要一生的时间来进行；二是期冀死后成仙，于是不惜重金在墓中营造与生时居室相仿的环境，同时采取特定的手段升天。死后成仙又分为两种，一是直接在墓室画像中描绘灵魂在仙人的引导下升天，二是采用在墓中放入丹丸、五石等神药供死者在墓中炼养，以期达到死后成仙的目的。

神仙世界既被认为是现世生命的最高境界，同样也可以作为死者灵魂最理想的归宿。所以，神仙信仰产生后不久就延至死后世界，成为墓葬信仰的一部分。既然神仙思想源于灵魂不灭观念，所以神仙信仰从现世向死后世界的延伸既是一种拓展又是一种回归。这种拓展与回归不仅为汉代墓葬信仰增添了丰富内容，同时也为灵魂观念注入新的活力。人们普遍相信，死者的魂如果得到某种引导和帮助的话，就会顺利升入仙界。

汉代人认为地下世界与现实世界并无多大不同，人死后不过是到另一个地方生活。因此，汉人把"鬼"看成是生活在另一个地方的人，或把它看成是与人不同种类的生物。王充即说"鬼者，物也，与人无异。天地之间有鬼之物，常在四边之外，常往来中国"。①人死为鬼的起源已不可考，但既然鬼是人死后的存在，它自然就与魂魄有着密切的关系。从个人的观念来看，魂魄是个人的"鬼"，而"鬼神"则是个人以外的如先王先公的魂魄。②魂魄二元论出现之前，人们已经相信死后世界的存在，到汉代时，人们不仅相信祖先会享受后人奉献的祭品，同时人死后也要将生前所用的东西带往地下，并通知地下神祇。1975年湖北江陵凤凰山汉墓出土的西汉早期文书说明了人们对死后世界的信仰：

> 十三年五月庚辰。江陵丞敢告地下丞：市阳五夫＝（大夫），自言与大奴良等廿八人、大婢益等十八人、轺车二乘、牛车一两、駠马四匹、騥马二匹。可令吏以从事。敢告主。③

---

① ［东汉］王充：《论衡·订鬼篇》，上海人民出版社，1974年。

② 蒲慕州：《追寻一己之福：中国古代的信仰世界》，上海古籍出版社，2007年，第72页。闻一多则认为鬼神是生活在一种不同状态的人，他和生人是同一种物质，不是一种幻想的存在（闻一多：《道教的精神》，载其著：《神话与诗》，上海人民出版社，2005年，120页）。

③ 纪南城凤凰山一六八号墓发掘整理组：《湖北江陵凤凰山一六八号汉墓发掘简报》，《文物》，1975年第9期；黄盛璋：《江陵凤凰山汉墓出土称钱衡，告地策与历史地理问题》，见其著：《历史地理与考古论丛》，齐鲁书社，1982年，第202页；陈直：《关于"江陵丞"告"地下丞"》，《文物》，1977年第12期（句读采湖北省文物考古研究所：《江陵凤凰山一六八号汉墓》，《考古学报》，1993年第4期）。

这件文书由江陵丞发给地下丞，通知地下丞世上某人去世，尸体要移居地下，按顺序记录了时间、死者姓名、出生地、身份及主要随葬品和有关事项。文中的"江陵丞敢告地下丞"与马王堆三号墓出土的记事木牍相似，从文书的内容和形式来看，应是墓主离开现实世界往赴地下世界的专用通行证，是特意为葬礼制作的模拟文书，与后来出现的买地券的性质相同。江苏盱眙县东阳出土的西汉末期墨书木札上书写的文字则为：

> 王父母范王父母当以钱自塞祷
> 园山高陵里吴王会稽盐官诸鬼神
> 亦使至祷[①]

"王父母"即大父、祖父，"园山高陵里""吴王会稽""盐官"当为墓地所在，这封祷文的文意似为敬献王父母、诸鬼神的祈祷辞令。从文中内容我们可以看出，这时死者已被全权委托给天上和地下的神祇，从而本与祖灵祭祀无缘的墓地、鬼神也可以直接同祖灵、诸神灵相连起来。

在古代的神仙思想里，只有特选的人才能接近神仙，比如周穆王、汉武帝等人，汉初这一观念发生改变，人们

---

① 南京博物院：《江苏盱眙东阳汉墓》，《考古》，1979年第5期。

开始相信生而为神的特权是不存在的，个体生命经过努力
也可以成为神仙。这时，人们已不再满足于求仙，而是向
修仙过渡。求仙热的盛行，反映了汉代人希望通过某种方
式延长现实生命，并使之达到一种理想存在状态的自觉努
力。与此同时，夹杂着羽人、仙禽、异兽的流云纹开始流
行，西南地区出现了很多含有羽人、西王母、佛像的青铜
钱树，在今天华东地区的山东、苏北一带，河南、陕北的
中原、西北地区，重庆、四川等西南地区的壁画墓、画像
石墓、崖墓中屡见羽人、西王母等图像，这些都是汉代盛
行神仙信仰的产物。

汉代人想象的仙人是人鸟复合体，有时是人头鸟身，
有时是人身有翼而手足为鸟爪，有时完全作人身，只是生
两个翅膀；时代越晚，像人的成分越多。[①]在大多数的古
代宗教中，能够自由飞翔意味着进入了一个超凡入圣的生
存模式，达到为所欲为的自由之境，使灵魂达到一个最佳
状态。[②]西汉中晚期，长生不老、羽化登仙的观念仍旧流
行，但对于仙人的有无、成仙的可能性的怀疑却在知识界
不断加深。

---

① 对于先民来说，《山海经》所描述的国家与他们所处的世界同时而
   并行存在，如同现代人对其他国家的认知一样。袁珂认为，《山海
   经》中的羽人或羽民不是神物，羽人和不死之地也不是神仙信仰，
   它体现的是先民对远方异类的想象。（袁珂.《中国神话通论》，
   巴蜀书社，1993年，20页。）
② ［罗马尼亚］米尔恰·伊利亚德著，王建光译：《神圣与世俗》，
   华夏出版社，2002年，第101页。

吾闻伏羲神农殁，黄帝尧舜殂落而死，文王毕，孔子鲁城之北，独子爱其死乎？非人之所及也，仙亦无益子之汇矣。①

刘子骏信方士虚言，谓神仙可学。尝问言："人诚能抑嗜欲，阖耳目，可不衰竭乎？"余见其庭下有大榆树，久老剥折，指谓曰："彼树无情欲可忍，无耳目可阖，然有枯槁朽蠹；人虽欲爱养，何能使不衰？"②

人禀气于天，气成而形立，则命相须以至终死。形不可变化，年亦不可增加。以何验之？人生能行，死则僵仆，死则气灭，形消而坏。禀生人，形不可得变，其年安可增？……夫人，物也，虽贵为王侯，性不异于物，物无不死，人安能仙？鸟有毛羽，能飞不能升天；人无毛羽，何用飞升，使有毛羽，不过与鸟同况。③

这些观念代表了两汉之际对于生命和死亡有了较为理

① 汪荣宝撰，陈仲夫点校：《法言义疏》，中华书局，1987年。
② ［东汉］桓谭：《新论·辨惑篇》，上海人民出版社，1977年。
③ ［东汉］王充：《论衡·道虚篇》，上海人民出版社，1974年。

智的思考，说明人们的思想开始趋向现实，白日飞升既不
可得，于是人们将目光投向了死后。

2. 地底冥冥　长无晓期

西汉时墓葬已有宅第化的特征，[①]墓室是死者的居所，
随葬器物是生者设想的死者在另一个世界的必需品，人们
或直接搬用生者生前使用的物品，或仿制现实生活用品，
或创造性地制造或描绘出仅存在于人们信仰中的物象，
将无形的概念转化为视觉的、具体的形象，将它们埋入地
下。这一现象的出现，不仅有纪念死者的意义，同时也是汉
代墓葬信仰的组成部分。大致地说，如果一种事物与当时
人们对死后世界的理解无关，是不可能在墓葬中出现的。

从考古发掘的汉代墓葬可以看到时人对死后世界的理
解。马王堆一号墓以独特的模式构建了一个死后的家，这
个家由一个长5.5米、宽3.65米、高2米的大木箱建成，代表
生前的居室，这个大的居室再由隔板分为五个长方形的小
箱，一个在中间，其余四个分置四边，代表居室中功能不
同的房间。随葬品分置四个边箱中，装有死者尸体的套棺
放入中箱，再封顶。在放置随葬品的边箱中，北边箱模拟
房屋的内寝，四壁挂有绸帷，底部铺有竹席，饮食器和矮

① 俞伟超：《汉代诸侯王与列侯墓葬的形制分析：兼论"周制"、
"汉制"与"晋制"的三阶段性》，载其著：《先秦两汉考古学论
集》，文物出版社，1985年，第117页。

几放在中央，卧室用品和家具，包括套盒、绣枕、香囊和彩绘屏风摆放在西边，着衣木俑，包括舞者、乐者和轪侯夫人的内侍放置在东边。大部分日用器具和食品藏在相当于三个贮藏室的三个边箱里，包括154件漆器和48件陶器，其中许多盛有熟食和酒、药和用泥仿做的日用品，以及假钱和乐器。食品是其中最重要的物品，包括10种粮食和20种不同的肉类制品。特别值得指出的是，马王堆汉墓中还出土了辛夷、茅香、桂皮、花椒、干姜、高良姜等药物。据医书记载，这些药物是治疗心痹的，可能是死者生前常服用此药用以治病，故死后家属埋入墓中，希望死者在地下世界中继续治疗。[1]除此之外，满城刘胜墓随葬用酒估计达五千多公斤，[2]王充记载汉元帝时傅后墓中多藏食物，腐朽猥发，以致改葬发棺时臭气熏天，使亲临现场的洛阳丞"闻臭而死"。[3]由这些随葬的日常用品我们似乎可以得到这样的结论：在死者与生者之间并没有明确的界线。

满城汉墓的后室是一座精致的仿木结构的建筑，结构完全模仿当时的居室（图2），平面呈长方形，南北长5.46米，东西宽4.06米，墙高2.28米，由大小不等的石块建

①　湖南省博物馆等：《长沙马王堆一号汉墓》，文物出版社，1973年。
②　中国社会科学院考古研究所等：《满城汉墓发掘报告》，文物出版社，1980年。
③　［东汉］王充：《论衡·死伪篇》，上海人民出版社，1974年。更多相关内容可参看杨树达：《汉代婚丧礼俗考》，上海古籍出版社，2007年，第95—107页。

成。在后侧室中还发现了浴盆、错金博山炉等，据此分析，这个侧室象征着主人生前居室侧面的一个浴室，沐浴后即可进入寝室。北耳室象征刘胜生前的庖厨和巨大的酒房，随葬器物一部分属于生活器皿，大部分为随葬明器，酒器、食器、炊饮器、工具等庖厨之属数量众多，如同一个巨大的储藏室，生活日用品充斥其中，特别是当时的一些食物，仅北耳室即出土陶器500多件。

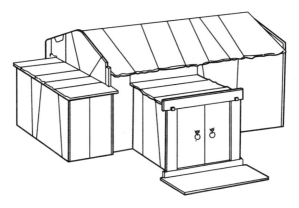

图2 满城刘胜墓（M1）后室石屋复原透视图
（采自郑绍宗：《满城汉墓》，文物出版社，2003年，第85页）

英国著名艺术史学家、考古学家、牛津大学教授罗森在解读了北洞山汉墓、芒砀山汉墓后认为，这些崖洞墓位于诸侯王国地理位置的中心，其凿制主要取决于地理环境因素与自然环境，即是否有适合开凿大型横穴岩洞墓的山体。由于与山体相通，这种形制被纳入一个连接人世与神灵世界的信仰所支撑的宇宙中。考古发现，这些墓室墙壁的大量区域曾覆以朱砂，因此不排除这些当年绘有壁画的可能，其具体内容可能是日月星辰等，与当时较小型的地下墓室图像相仿。之所以在墓葬中描绘这些图像是想说明墓葬不仅仅是一个居所，与此同时它还是一个完整的宇宙模型，其进一步的可能性是，它是通向神灵世界或宇宙空间的一个入口。①在中国墓葬信仰中，与宇宙空间相关的题材在墓葬中持续了好几个世纪，此前的研究一直认为这种图像的出现是为了再现现实生活，然而随着研究的进一步深入，我们不得不思考另一种可能，即这些图像不仅仅是对现实星空的一种描摹与再现，而且是为了给死者创造死后的位置与空间。

1972年嘉峪关新城M1出土了两具黑漆木棺。发掘报告未提木棺盖板是否为素面，但是棺盖内面（图3）清晰可见有朱绘的人首蛇身、手捧圆物的人物图像，发掘报告认为由于圆物中心图案较模糊，可能是象征日、月的金乌、蟾蜍图案，应当即为伏羲、女娲的图像。②棺是盛敛尸体的器具，关于死者及生者对死后世界认知的图像主要绘制在棺的外壁，包括棺盖和前后左右档，这些画面之间构成外

① ［英］杰西卡·罗森著，邓菲译：《汉代墓葬的布局与设计》，载中山大学艺术史研究中心编：《艺术史研究》（第11辑），2009年，第68页。
② 甘肃省文物队、甘肃省博物馆等：《嘉峪关壁画墓发掘报告》，文物出版社，1985年，第23页。

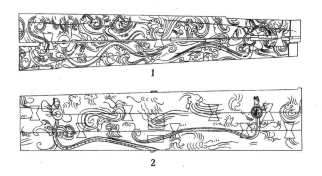

图3 嘉峪关新城出土M1木棺棺盖内面人物画像

（采自甘肃省文物队等：《嘉峪关壁画墓发掘报告》，文物出版社，1985
年，第23页。上为1号墓男棺盖内面，下为1号墓女棺盖内面）

向型关系。一般来说，棺盖图像往往绘于棺盖的表层，除
表现死者及家人的信仰外，还起着一种装饰作用，但是嘉
峪关壁画墓M1男棺盖和女棺盖的画面却是画在了内面，这
就让我们不得不设想其背后这样做的含义。郑岩在《墓主
画像研究》一文中讨论墓室中的画像到底是谁在看的问
题，得出的结论是除死者本人外，还有其他的参观者。[1]
从嘉峪关新城这两个棺盖中我们可以看到，当棺盖最终从
外部合上，只有墓中的死者可以看到死后生活的图像，所
以墓主人虽未在这两幅图像中现身，但他们的灵魂在伏
羲、女娲的引导下将到达神仙世界。

---

[1] 郑岩：《墓主画像研究》，载朱青生主编：《中国汉画学会第九届
年会论文集》（上），中国社会出版社，2004年，第254页。

汉代画像和壁画的主要内容是表现仙境和墓主升仙，但是墓主升仙的途径却表现各异。西汉后期卜千秋墓壁画表现的是墓主在持节仙人的引导下乘神兽升仙，东汉后期画像所表现的则是墓主依靠自己的能力修丹药以成仙，这反映出东汉后期乃至魏晋时期人们求仙观念的转化，也反映出汉代墓葬始终表现着两种互相矛盾的丧葬主题：一是升仙，即进入天界，一是去往地下世界，即所谓永远的家。这两种互相矛盾的丧葬主题说明古人对于死后的归宿并没有明确的认识，因此把各种可供解决的途径全都放入墓葬中去。[①]因而，在表面上就造成了墓葬主题混乱的情境。

中国古代宇宙观自战国中期至两汉发生重大变化，在这次变化中，以昆仑山为代表的仙山和以西王母为代表的仙人世界作为新的宇宙构成部分被创造出来。[②]在秦始皇与汉武帝狂热追求升仙的过程中，西王母由一个半人半兽形的怪异神灵转变成一个有着人的形象的女仙，由一个可怕的刑罚之神一变而为操不死之药的神仙。美国学者詹姆斯甚至认为西

---

① 巫鸿：《马王堆再思》，载其著：《礼仪中的美术：巫鸿中国古代美术史文编》（上），生活·读书·新知三联书店，2005年，第117页。

② 信立祥：《汉代画像石综合研究》，文物出版社，2000年，第143页。信立祥在书中总结了西王母图像发展的三个阶段：第一阶段是哀帝建平四年以前，这时画像石中出现祈求墓主升仙到昆仑山的意蕴却并未出现西王母形象，但是开明兽在图像中的出现表示对仙界的向往；第二个阶段是哀平四年时，民间的造仙运动使西王母彻底蜕去半人半兽的恐怖外形，成为昆仑仙人世界的主人公而受到全社会的崇拜；第三个阶段是东汉中期以后，东王公被创造出来并出现在画像中。

王母是中国宗教中出现最早、位置最高的神。①传说中，昆仑山是一座天帝与百神同在的神山，它不仅是宇宙的中心，还是登天的天梯。根据《山海经》和《淮南子》的记载，昆仑山是微型的宇宙模式。首先，昆仑山是一座神山，它与天帝相连，是天帝的"下都""疏圃"和"百神之所在"的圣地；其次，昆仑山万物尽有，其中不死药、不死树、不死水均与人的长生信仰密切相关；第三，昆仑山有三层境界：最高层叫增城，是天帝居住的地方，上面有倾宫、璇室等建筑，第二层是悬圃，里面有各种珍禽异兽，最下一层是凉风，只要登上这一层的就可以不死。因此，西王母信仰应运而生，墓葬中出现大量此种图像，成为汉代墓葬信仰的主要组成部分。

图4 山东临沂金雀山帛画

① ［美］简·詹姆斯著，贺西林译：《汉代西王母的图像志研究》，《美术研究》，1997年第2—3期。

山东临沂金雀山帛画（图4）上端左右分别绘有由三足乌代表的太阳和由蟾蜍代表的月亮，在太阳和月亮之下，配置三山纹样和一座建筑物的复合体。建筑物的帷幔下绘有一体量巨大的妇人和侍于其前的四个女性，其中一个跪在她的脚下，其下群像再分四段，描绘歌舞、游戏等情景。曾布川宽认为此三山就是昆仑山。[①]但是问题接踵而至，既然三山为昆仑山，那么出现在帛画中的建筑也就应该在昆仑山左近，建筑物内部帷幔下五个女性也应该生活在昆仑仙山。由于无法从这五个人身上发现神的标志，因此她们应该是从下界来的升仙者，右边端坐着的体量高大的妇人就是墓主人，墓主下面的图像描绘的是她升仙后在昆仑仙境生活的场景。帛画最下方的两条龙与马王堆帛画中龙的性质一样，是墓主升仙的工具，只是金雀山帛画把重点放在墓主升仙后的生活上。

陕北绥德等地汉代穹隆顶墓门门扉的图像也是按昆仑山神话模式安排的（图5）。[②]苏家圪坨墓门横楣上栏有云气纹，云气间杂有仙禽神兽，下栏为车马，额内栏左右两边有日月轮图像，是天的象征，左右竖石栏内西王母与东

---

① ［日］曾布川宽著，刘晓路译：《向往昆仑山的升仙：古代中国人描绘的死后世界》，载中国社会科学院简帛研究中心编：《简帛研究译丛》（第2辑），1998年，第321页。也有论者认为此三山是东海的蓬莱、瀛洲、方丈三神山。（刘家骥、刘炳森：《金雀山西汉帛画临摹后感》，《文物》，1977年第11期。）

② 绥德县博物馆：《陕西绥德汉画像石墓》，《文物》，1983年第5期。

图5 陕西绥德苏家圪坨汉画像石墓
（采自绥德县博物馆：《陕西绥德汉画像石墓》，《文物》，1983年第5期）

王公端坐于天柱的悬圃上，由羽人、玉兔、九尾狐等异兽
护拥，下部为拥楯门吏，再下格为博山炉。左右竖石和上
门横额栏均刻云气纹，象征天界的灵气，云气纹又变化成
有生命力的植物涡旋纹，植物纹上又有各种珍禽异兽充斥
其间。中柱石题刻有："西河太守行长史事离石守长杨君
孟元舍永元八年三月廿一日作。"由此题刻可知墓主姓名
和生前职务，从"杨君孟元舍"可知汉代人把死去的墓穴
称作"舍"，也就是死后世界的住所。墓室虽建在地下，但
就整个图像来说，由于左右门柱下所刻博山炉图像象征昆
仑山，因此整个图像都位于博山炉的上部，象征墓室实际
上是天上的房舍，是人们死后世界的居所。此类墓门门扉
艺术往往在墓门上装饰有铺首衔环，铺首上有朱雀，下有

青龙与白虎、玄武。朱雀是太阳的象征，表现的是南方或上方，铺首所衔之环，是天圆的象征。因此，墓门是进入昆仑仙境的通道，墓主经过门及描绘于其上的装饰物所代表的死后旅程，就可以直接进入仙界，在此之前，他只是凡人的一员，经此，则有可能与仙人同列，成为仙界的一员。

二　顺与逆：再生信仰的逻辑依据

"不死"或曰"长生"是道教神仙信仰的核心，也是与其他宗教最显著不同之处。从现代人的观点来看，神仙是人们的观念世界或是心理世界，是人们想象出来的对死后世界的向往，而非真实存在的生理世界。在生理世界中，人类能达到的高度至多是祛疾、长寿与健康，不可能真正超越死亡。从这个意义上说，道教所说的不死，实质上乃是由道德价值转换而来的审美境界，而非实际过程。[①]

1.道教对生死的认知

道教对生死的认知颇为复杂：

> 夫生死之道，弘之在人。生死常也，确乎在

---

① 姜生：《道教与人类自我控制》，巴蜀书社，1996年，第132页。

天。但禀以自然，则生死之道，无可无不可也。或
未生而已死，或已死而重生；或不可以生而生，或
不可以死而死；或可以死而不死，或可以生而不
生；或有生而不如无生，或惜死而所以致死。是以
致死之地则生，致生之地则死。或为知而不可以
死，或为时而不可以生。或云劳我以生，生者好物
也，不可恶其生。或云休我以死，死者恶物也，不
可好其死。凡人心非不好其生，不能全其生；非不
恶其死，不能远其死。①

道教生死观约有两说：其一为刻意求长生不死，试图
以人为方法免死永生，令人寿无穷极；其二为听其自然，
生死无可无不可。②但是，人自出生以后就不可避免地走
向死亡，生命的衰败一日甚于一日，死亡的阴影始终令人
不寒而栗：

百年之寿，三万余日耳。幼弱则未有所知，
衰迈则欢乐并废，童蒙昏耄，除数十年，而险隘忧
病，相寻代有，居世之年，略消其半。计定得百年
者，喜笑平和，则不过五六十年，咄嗟灭尽，哀忧

---

① ［宋］张君房编，李永晟点校：《云笈七签》卷九十《七部语要》，
中华书局，2003年。
② 王明：《论道教的生死观与传统思想》，载其著：《道家与传统文
化研究》，中国社会科学出版社，1995年，第226页。

昏耄，六七千日耳，顾眄已尽矣，况于全百年者，万未有一乎？谛而念之，亦无以笑夏虫朝菌也。盖不知道者所至悲矣。里语有之：人在世间，日失一日，如牵牛羊以诣屠所，每进一步，而去死转近。……且夫深入九泉之下，长夜罔极，始为蝼蚁之粮，终与尘壤合体，令人怛然心热，不觉咄嗟。①

对个体生命来说，如何避免死亡的恐怖成为摆在人们面前的一个难题，葛洪认为天地无穷、龟鹤长存，并不是所有生物都遵循自然的生存规律，生命最后的出口不一定就是死亡。他举例说，既然养生可以延年，由此扩展下去，人自然可以长生成仙。"若夫仙人，以药物养身，以术数延命，使内疾不生，外患不入，虽久视不死，而旧身不改，苟有其道，无以为难也。"②在葛洪看来，神仙虽是一种特殊的、具有特殊能力的人，但凡人通过特定的方法和途径也可以修炼而成。除此，葛洪还以形神关系论证修道可以成仙："夫有因无而生焉，形须神而立焉。有者，无之宫也。形者，神之宅也。故譬之于堤，堤坏则水不留矣；方之于烛，烛糜则火不居矣。身劳则神散，气竭则命终。"③葛洪的形神观把"神"看成是第一位的，既

① 王明：《抱朴子内篇校释·勤求》，中华书局，1985年。
② 王明：《抱朴子内篇校释·论仙》，中华书局，1985年。
③ 王明：《抱朴子内篇校释·至理》，中华书局，1985年。

重视命，又为神的独立存在提供了依据，从肉体长生和精神永恒两个方面论证人能够成仙。

对于神仙是否永生不死问题，葛洪在《论仙》中开宗明义地说：

> 虽有至明，而有形者不可毕见焉。虽禀极聪，而有声者不可尽闻焉。虽有大章竖亥之足，而所常履者，未若所不履之多。虽有禹益齐谐之智，而所尝识者未若所不识之众也。万物云云，何所不有，况列仙之人，盈乎竹素矣。不死之道，曷为无之？

> 而浅识之徒，拘俗守常，咸曰世间不见仙人，便云天下必无此事。夫目之所曾见，当何足言哉？天地之间，无外之大，其中殊奇，岂遽有限，诣老戴天，而无知其上，终身履地，而莫识其下。形骸己所自有也，而莫知其心志之所以然焉。寿命在我者也，而莫知其修短之能至焉。况乎神仙之远理，道德之幽玄，仗其短浅之耳目，以断微妙之有无，岂不悲哉？①

葛洪认为，聋子听不到雷声不表示雷声不存在；盲人

---

① 王明：《抱朴子内篇校释·论仙》，中华书局，1985年。

看不到眼前的世界与自然的色彩，也不表示自然与色彩不存在。葛洪由此推断，世人看不见仙人也并不表示仙人不存在。葛洪对外界的认知受到时代的局限，但是我们不能否认的是，他对仙人存在的逻辑认知有其自身的道理。

崇拜神仙是道教神仙信仰的一个方面，但实质上另一个更为重要的方面却是它把人放在第一位，试图以修炼成仙解决人的生死问题。在道教看来，生命的存在具有神圣的或曰绝对的终极意义和价值，"尊生""贵生"的观念贯串始终。《太平经合校·乐生得天心法》云：

> 人最善者，莫若常欲乐生，汲汲若渴，乃后可也。①

葛洪《抱朴子内篇》卷十四《勤求》云：

> 古人有言曰：生之于我，利亦大焉。论其贵贱，虽爵为帝王，不足以此法比焉。论其轻重，虽富有天下，不足以此术易焉，故有死王乐为生鼠之喻也。
>
> 凡人之所汲汲者，势利嗜欲也。苟我身之不全，虽高官重权，金玉成山，妍艳万计，非我有也，是以上士先营长生之事。

---

① 王明：《太平经合校》卷四十《乐生得天心法第五十四》，中华书局，1960年。

　　虽贵为帝王，死不及生鼠，要达至生命之不死，最直截了当的方法就是通过服食丹药实现与道同体的境界。在这里，道教已将"道"视作生命的本体：道不死，则与道同体者亦不死。

　　一般地说，修炼而成的神仙虽然可以长生不死，但他们与古代神话中描写的神仙有本质之别。仙主要是指通过修炼而具有不死或死而复生功能的超人，神却不一定由人而来，天地万物皆能为神；神侧重于灵性方面，仙侧重于形性方面。[①]神、仙之称虽不同，但因神与仙皆有着异于常人的能力，秦汉时二者开始连称，彼此的界限渐趋于模糊。对仙与人来说，二者没有本质的不同，仙不是天生而成，而是人们长期修炼后的必然结果，是人的精神或形体存在的两个阶段。既然人可以"仙化以变形为上"，那么人变成神仙就只是一个采用什么方法的问题。由此出发，葛洪的修仙术是"所为术者，内修形神，使延年愈疾；外攘邪恶，使祸害不干"，[②]进一步提出了服药为长生之本的看法，认为要超越生命的局限，还要"假求外物以自固"，这个"外物"就是金丹。既然神仙手里的仙丹是模仿天地运行规律炼制而成，那么只要模仿神仙的举动也可

①　萧登福：《先秦两汉冥界及神仙思想探源》，台北：文津出版社有限公司，1990年，第219—267页。
②　王明：《抱朴子内篇校释·微旨》，中华书局，1960年。

以炼出长生仙丹。这样，人可以盗取阴阳之机，不借求外力就可以去死还生，逆转生命的走向。

2. 逆宇宙变化而动

冯友兰在区分道家和道教时说：

> 宋明道学家，常将道家与道教相混。实则二者中间，分别甚大，道家一物我，齐死生，其至人的境界是天地境界。道教讲修炼的方法，以求长生为目的，欲使修炼底人维持自己的"形"，使之不老，或维持自己的"神"，使之不散。道教所注意者，是"我"的继续存在，其人的境界是功利境界。道教承认，有生者有死，生死是一种自然底程序。但以为，他们有一种"逆天"的方法，可以阻止或改变这种程序。他们可以说是有一种"战胜自然"的精神。[1]

万物在生长的同时不可避免地走向死亡，这是生命运行的常规态势，即顺生变化观，也就是《道德经》所说"道生一，一生二，二生三，三生万物"，由生入死，顺宇宙生成而化。除顺生变化观外，道教尚有其逆生变化

---

[1] 冯友兰：《贞元六书》，华东师范大学出版社，1996年，第689页。

观，指修道者沿着与万物化生相反的途径，通过一系列逆向修行，返回最初的出处"道"。逆生理论认为"万物含三，三归二，二归一"，[①]人若欲求长生不死就必须逆生而行，回复到本初的道，获得与"道"长存的永恒，即由死入生。如果说儒家的时间观是一种由过去、现在、未来所连接的直线时间，[②]则道家的时间观则是要复归于从前，希望时间能够倒流。《老子》中的"能婴儿乎"（10章）、"复归于婴儿"（28章）、"比于赤子"（55章）反映了希望回归生命起点的愿望。在道家看来，人不应抗拒自然，而是顺应自然，取得和谐。

由于时间可以改变世间万物，使人由生到死，使万物由荣到枯，于是征服或逃避时间的控制就成为人类的渴望，他们幻想可以到达一个没有时间控制或时间过得极慢的世界，这样，天界与人间就会出现一个"时间差"。小南一郎认为，神仙世界的时间结构与现实世界不同，在前者那里，时间的进展较现世为缓，而其迟缓的比例似乎又没有一定。[③]所以神仙世界与人间的时间并不是一比一等比例存在

---

① 《上阳子金丹大要·精气神说下》，见《道藏》第24册，文物出版社、上海书店、天津古籍出版社，1988年，第1页。

② 孔子在川上感叹"逝者如斯夫，不舍昼夜"，明确地表达了时间直线运动的特点（《论语·子罕》）。在直线观念之前，世界各民族都把时间看作是一种圆形有如车轮般循环的东西。（王孝廉：《中国的神话世界》，作家出版社，1991年，第101页。）

③ ［日］小南一郎著，孙昌武译：《中国的神话传说与古小说》，中华书局，2006年，第237页。

的，一天或被当成现实的一年，如《神仙传》中的壶公，或一天被当作一百年，如《神仙传》卷六所载的吕文敬。

对修道之人来说，山中之洞与天界极为相似。山洞是外部宇宙的一个具体而微的等比例缩小物，它的内部自成一个时空世界，依自己的规律和节奏运行，道士的炼丹炉与之十分相似。《述异记》载：

> 信安郡石室山，晋时樵者王质伐木至，见童子数人，棋而歌，质因听之。童子一以物与质，如枣核，质含之，不觉饥。俄顷，童子曰："何不去？"质起视，斧柯尽烂。既归，无复时人。[1]

可见，洞天世界有自己的时间节律，自然界的变化以加速度的方式再现，也就是说，洞天世界的时间流速要比人间慢上许多，那里的时间运行与人间不同，"天上方一日，人间已千年"和"山中无甲子"的说法证明仙乡的刹那就是人间的万劫，烂柯山故事以特殊方式表明了"仙乡时间的超自然的经过"。[2]

时间问题的产生源自于仙人不死的古代神话信仰，凡人在几十年中衰老并死亡，而仙人却可以摆脱凡间的时间

---

[1] ［梁］任昉：《述异记》（卷上），见《钦定四库全书荟要》之《述异记说新语》，吉林出版集团有限公司，2005年。

[2] 钟敬文：《古传杂钞之一》，见其著：《钟敬文民间文学论集》（下），上海文艺出版社，1985年，第215页。

控制从而到达另一个绝对而且无限的自由空间去。①仙界
与凡间的时差构建了"神圣"和"世俗"两种空间。在这
里，"俗"指日常生活秩序，指现实时间，而"圣"则指
超越现实时间的神话时间。神圣与世俗之间的界限一旦被
人们打破，神圣的过程就会自然中止，人也就无法享受时
间的恩惠。因此时间差与神圣的空间同时存在，二者是相
辅相成的关系。王质回到凡间时发现世上一切已与他去往
深山时大不相同，从他回家之时起，他的时间流速又重新
回到了从前，面临着加速进行的态势。因之，洞天是具有
完全不同于凡人经验的特殊时空系统，它随时可以按照神
仙的意志发生时空伸缩变化。②这正是两汉魏晋时人醉心
于寻觅山中洞室、以为修道之"仙馆"的根本动机。

　　对于急于成仙的凡人来说，除了去仙界享受"时间差"
而成为神仙或暂时与神仙为侣外，另一种延长生命的方法则
是进入神圣的容器。由于人们相信死后可以进入另一个世
界，墓室是他们死后进行修炼的所在，因此，墓葬由于形制
上的关系成为人们死后的洞天。"由于墓葬实为在地下建造
的秘穴，不难想象洞天的观念很容易和墓葬发生关系。在更
深的意义上，洞天和墓葬通过同一个想象互相联系：这两个
地方虽然都位于此岸世界，却都在想象中从属于彼岸世界

①　王孝廉：《中国的神话世界》，作家出版社，1991年，第85页；万
　　建中：《时间差：神圣与世俗边界的构建及洞穿》，《广西民族学
　　院学报》，2001年第6期。
②　姜生：《论道教的洞穴信仰》，《文史哲》，2003年第5期。

的特殊时空秩序。"[①]通过墓室内特定器物的转换作用，门内的空间就成为道教的洞天，即通向不朽世界的神奇入口。

道教认为整个自然界处于不断变化中，物类之间可以互相转变，金石矿物随时间推移也会在自然界逐步演化，《淮南子·坠形训》就说"黄埃五百岁生黄澒，黄澒五百岁生黄金"，"白礜九百岁生白澒，白澒九百岁生白金"。这种观念是道教金丹黄白术的基础，也是道教神仙思想的依据，[②]被用来解释凡人羽化成仙、炼铅汞为仙丹的可能性。信道之人热衷炼制金丹是欲利用黄金特有的不易败朽之性，将黄金的属性转化为人体之性，使服用的人同黄金一样长生不朽。这种说法说来深奥，其实却暗含着原始交感巫术的思想。交感巫术认为，巫术赖以建立的思想原则可归纳为两个方面，一是同类相生或果必同因，二是物体一经互相接触，在中断实体接触后还会继续远距离互相作用。前者是相似律，后者是接触律或触染律。[③]道教所谓金丹之性可以转化为人体之性的思想就是这种相似

① 巫鸿著，施杰译：《黄泉下的美术：宏观中国古代墓葬》，生活·读书·新知三联书店，2010年，第61页。
② 追溯炼丹术的起源，则采矿和冶金技术的发展是炼丹术的技术背景，战国时燕齐方士的神仙信仰与传说及对神仙不死之药的寻求是炼丹术的观念背景。（戈国龙：《道教内丹学溯源》，宗教文化出版社，2004年，第124页。）从科技史上看，炼丹术的出现意义重大，但就其对道教而言，炼丹术却是道教达成神仙境界的修炼方式之一。
③ ［英］詹姆斯·乔治·弗雷泽著，徐育新等译：《金枝》，中国民间文艺出版社，1987年，第19页。

律，即把金丹之性和人体之性当作同类，认为人可以模拟金丹的不朽而达至肉身的不朽。

虽然宇宙中存在天然演化而成的神丹妙药，然而由于这一过程过于缓慢，修道之士遂将金石药物放入丹鼎中炼制，通过阴阳配合，辅之以水火相济，将天地造化之理在实践中加以模拟，加快变化速度，使漫长的进化时间高度浓缩。对他们来说，将炼丹与天地造化等同起来非常重要，不如此不足以说明所炼的是长生金丹。凡人服食仙丹后，被压缩的时间又被释放了出来，从而使服食者的寿命延长，甚至扭转时间之矢，逆修成仙。因此，道教中流传着"顺则生人生物，逆则成仙成佛"的说法，人的生命可以从逆的方向进行反演，这种逆化成仙的思想，被称为夺造化之秘。① 有限的个体生命通过某种特殊方式，逆生命的一般态势在丹炉或坟墓中逐步升华提炼，就可以回归本源之道。由于"道"的特征是不生不死，所以"道"既是顺化的起点也是逆化的终点，起点与终点虽是同一东西，但通过逆化后，它们在内容上却有本质的区别。

从现代化学来看，丹鼎只不过是炼丹所用器具之一，至于设计和制作以及炼制金丹所需的材料也是技术问题，本身既不神秘也没有形而上的意义。但是丹炉一经使用就被赋予神秘的色彩，它的一些技术被编成口诀，仅在师徒间传

① 胡孚琛：《道教内丹学揭秘》，《世界宗教研究》，1997年第4期。

授，即使写成文字也是故弄玄虚，其最有代表性的就是《周易参同契》。同时，丹鼎的圆形的外形设计本是出于技术需要，但从义理解释时却涉及对宇宙观的认知。卢国龙指出，炉鼎问题蕴含了宇宙观，丹药问题蕴含了本元论，而"所谓火候，也不仅仅是关于丹药之化学反应的量化说明，而是按照天地自然的造化对其化学反应做出理论性的阐释。天地自然之造化有其节序，炼丹火候也因此有进退。所谓修丹与天地造化同途，基本含义就是炼丹火候效法于阴阳造化之消息"。[①]对炼丹术进行宇宙论、本元论的解释，这是使炼丹术由技术性的实验程序转化成超越性的成仙理论的途径。

考古发现的一些资料可以证明汉代人以炼求仙思想。四川乐山麻浩99号东汉阳嘉三年（134）的画像崖墓的前堂出土有一小罐，罐内装有云母片和硫铁矿石；四川新都清白乡东汉末年画像砖墓的中后室后壁外，也有内装有鸡骨和云母片的小陶罐。[②]广州南越王墓出土的药石有辰砂、铅

---

① 卢国龙：《道教哲学》，华夏出版社，2007年，第363—366页。

② 唐长寿：《乐山崖墓和彭山崖墓》，电子科技大学出版社，1994年，第122页；四川省文物管理委员会：《四川新繁清白乡东汉画像砖墓清理简报》，《文物》，1956年第6期。陆游在《藏丹洞记》载宋时即有类似发现，"……石室屹立。室之前地中获瓦缶、耀矮，贮丹砂、云母、奇石，或灿然类黄金。意其金丹之余也"。（参见龙昭显、黄海德主编：《巴蜀道教碑文集成》，四川大学出版社，1997年，第134页。）罗二虎认为，这些小陶罐的用途可能并不仅是放置药石所用，还有可能是东汉时常见的解注器，用以复除厌镇。（参见罗二虎：《东汉画像中所见的早期民间道教》，《文艺研究》，2007年第2期。）

块、紫水晶、硫黄和孔雀石，总量有五千克，除此之外还在药杵臼旁发现了铅丸和覆在器物表面的丹砂，因此发掘报告推测这些与药杵同出的小铅丸可能是精心炼制的矿物丹药。[①]考虑到第一代南越王赵佗来自河北真定（今正定），处于燕齐方士活动频繁的中原区域，赵氏家族或多或少会受到神仙思想的影响，在墓中出现丹丸也是不足为奇的。

　　东汉中晚期画像中出现了丹鼎或持丹等内容。1987年出土于泸州市市中区的十一号画像石棺[②]侧档画像分三格（图6），从左至右分别为车马图、升鼎图和宴饮图，高文将此图命名为"泗水捞鼎·车马·饮宴图"，[③]罗二虎也

图6 泸州十一号画像石棺侧档

（采自罗二虎：《汉代画像石棺》，巴蜀书社，2002年，第124页）

---

① 广州象岗汉墓发掘队：《西汉南越王墓发掘初步报告》，《考古》，1984年第3期；广州市文物管理委员会等：《西汉南越王墓》，文物出版社，1991年，第50页。

② 谢荔：《泸州博物馆收藏汉代画像石棺考释》，《四川文物》，1991年3月。

③ 高文、高成刚：《中国画像石棺艺术》，山西人民出版社，1996年，第53页。

采此说。①实际上考虑到鼎在修炼中的作用，此图仍是一
个升仙图，车马将死者载到墓地，在经过丹鼎修炼后，墓
主人到达天国，图右中的宴饮描绘的是天国的图景。实际
上这个鼎的上面有三个树枝一样的东西，可能是仙药。这
个石棺的头档是一单阙（图7），象征天门，阙左右各一
人，皆露一腿及上身，另一腿隐于阙里面。阙左刻一人躬
身捧盾做迎候状站立阙前，阙右刻一人双手作揖头，二人
正面带笑容迎接已修炼成仙的墓主。尾档刻一朱雀振翅而
舞（图7右），表明是西王母的仙界，其头部前方有一正在
放光的圆珠，应为不死之药，结合右档的鼎图像的出现，

图7 泸州十一号画像石棺头档及尾档
（采自罗二虎：《汉代画像石棺》，巴蜀书社，2002年，第124页）

① 罗二虎：《西南汉代画像与画像墓研究》，四川大学博士论文，
2002年，第207页。

这个圆珠也可能就是鼎中炼出的丹丸。左侧档画像也分三格，中格刻两鹰啄鱼，一鱼位于正中做跳跃状，右侧刻菱形纹，左侧阴刻二人像，二人坐于树丛之中正在交谈。

再如四川泸州大驿坝一号东汉画像石棺（图8），棺

图8 泸州市大驿坝一号墓画像石棺

1. 柿蒂纹画像，石棺盖板；2.双阙画像，石棺头档；3.女娲画像，石棺足档；4. 鼎与道士画像，左侧板；5.仙人天禄与持丹人物画像，右侧板（采自罗二虎：《汉代画像石棺》，巴蜀书社，2002年，第116页）

盖顶为柿蒂纹，棺身前端为天门，后端为女娲，侧档刻有
一硕大的鼎，鼎旁站立头戴特殊装饰、手持节杖的人物形
象，另一侧档刻仙人天禄与一持圆珠形物品的人物，结合
整个画面，这个圆珠形的东西应为鼎中炼出的仙丹，而持
丹的很可能就是道士。这幅画像表现的应是当时道士用鼎
炼丹的情景，寓意墓主服仙丹后乘天禄升仙。另外四川乐
山麻浩一号东汉晚期崖墓画像、长宁七个洞合川东汉画像
石墓中也出现同类人物形象（图9；图10）。[①]画像中出现

图9 乐山麻浩一号崖墓持节道士画像
（采自罗二虎博士学位论文：《西南
汉代画像与画像墓研究》，2002年，
图174）

图10 持药仙人像
（采自重庆市博物馆等：《合川东
汉画像石墓》，《文物》，1977年
第2期）

① 乐山文化局：《四川乐山麻浩一号崖墓》，《考古》，1990年第
2期；罗二虎：《长宁七个洞崖墓墓群汉画像研究》，《考古学
报》，2005年第3期。

这种特殊人物，墓主的身份可能是道士或修炼者，他们生前也许曾炼丹以求升仙，也许他们的家人是道教信徒，因此在墓中描绘此种图像。更有一种可能是当时社会上弥漫的求道风气使得这种图像成为一种流行性的装饰，但是由于此类石棺画像的数量毕竟有限，我们现在尚无法对此进行统计。

中国文化的特点之一是它与天地、宇宙的泛对应系统，人与宇宙有大小、内外之分，但其实质是相同的，大宇宙是天地万物，小宇宙是人体自身，小宇宙的生存之道应顺应大宇宙的天道，在物质和精神上与大宇宙合而为一。[①]西方汉学家在研究道教时，也认为中国人将身体看作是微观的宇宙，是一幅宇宙的地图，其中的每一点都与其他现实领域中相对应的点联系，微观的身体对应于天体、社会实体和宗教地理场所。[②]通过对大宇宙的体认，小宇宙可以摄取大宇宙的生命精神，同时小宇宙的充实又会让大宇宙的生命更加充盈，达到天人合一的境界。天人合一的实质就是相信大宇

[①] 张广保认为在渺小的人与无限的宇宙之间有着息息相通的全息关系，人不仅是构成宇宙的一个细微的部分，同时也是大宇宙的全息缩影，是具体而微的小宇宙。在原始道家心目中，宇宙论和道论之间的关系乃是一种不证自明的理论预设。正是依据这一思想，道教通过将完整的宇宙或纳入丹鼎（外丹），或纳入人体（内丹），并通过在丹鼎或人体中逆向模拟宇宙的整个演化过程。（张广保：《原始道家诣论的展开：道家形而上的梦论与生死论》，《中国哲学史》，2002年第3期。）

[②] ［法］索安著，吕鹏志等译：《西方道教研究编年史：1950—1990》，中华书局，2002年，第51—56页。

宙、小宇宙不但同构，而且能互相感应，互相影响，甚至根本就是同一的。如果将人的身体比作内在宇宙的话，鼎炉就是外在宇宙。人鼎同构，人体本身也是一个小宇宙，只要运用宇宙演化的法则，逆着宇宙演化过程而修炼，从后天返回先天就可得道成仙。

三　生死世界的相对存在与相互通达

对先民来说，死亡是漫长生命过程的中间阶段，因为死亡，死者的灵魂将通过墓葬仪式"过渡"到另一个世界。即使在死亡后，生者与死者、生界与他界之间的联系也难以割断，生者希望得到死者的护佑，死者要享受后辈的供奉，两界之间适度沟通与交流成为必然。布留尔认为，葬礼的实质是把死者从活人中彻底排除出去，中断死者与生者的互渗，保证生者的安宁，给死者一个既让他满意也让活人得到安宁的地位，解除死亡带给人的恐惧。① 只有经过葬礼，死者的生命才能从生过渡到死，也只有经过葬礼，死者的灵魂才会到达彼岸世界，否则亡魂会围绕生者不散，并给生者带来不利影响。

---

① 　[法]列维·布留尔著，丁由译：《原始思维》，商务印书馆，1981年，第305页。

1. 隔离：过渡仪式

一个社会如果要得以延续，死去的社会成员必须得到合适的处置，只有这样整个集群才会形成凝聚力。埋葬并不是葬礼仪式的第一阶段，在此之前的一系列对尸体的清洁仪式，之后的纪念程序，如定期的祭祀等聚合在一起构成墓葬信仰。墓葬信仰可以建立过去与现在之间的连续性结构关系，并以这个关系建立起现存社会的合法性。[①]基于此，丧葬信仰既包含着社会功能因素，同时也包含人们宗教、意识层面的意义。

宗教包括信仰与仪式两个范畴，信仰是对超自然及宇宙存在信念的假设，仪式是对信仰的表达与实践。《宗教百科全书》将仪式定义为"有意识的、自愿的、重复的、仪式化的象征性身体行为，它们以宇宙的结构和神圣的存在为中心"。[②]此外，与仪式的身体行为同时出现的还有非行为要素，如时间、场所、次序、主持者、参与者、所用器物、服饰、修规、禁忌、所用文书或颂词、须打交道的鬼神等。[③]仪式肯定信仰的行为，信仰反过来又可以强

---

① 蒲慕州：《鬼魅神魔：中国通俗文化侧写》，台北：麦田出版事业部，2005年，第8页。

② Mircea Eliade, ed., *The Encyclopedia of Religion*, New York: MacMillan, Second Edition, 2004, pp.7834.

③ 吕鹏志：《唐前道教仪式史纲》，中华书局，2008年，第6页。

化仪式，使行为更有意义。与日常活动相比，信仰中的行
为更具象征性而非实用性。墓葬信仰虽然围绕死亡进行，
但它最终指归是指向利生，它关注的对象是死者后代或者
是死者的来生。两汉魏晋墓葬信仰说明当时人认为死亡仪
式与生存直接相关，它决定着死者在另一世界的生存境遇
以及子孙后代的盛衰兴亡。这样，由生到死，由死到生，
构成了圆形生命过程，亦即生与死的转化。但是，我们不
能将墓葬信仰显示出的两个世界并存，以及将死者由生界
送往另一世界的过程理解为两个世界完全隔绝。事实上，
二者之间密切交涉与渗透并达到统一，即相对存在中有渗
透与沟通，相互通达中又力图保持两个世界的界限分明。

　　传统社会将死亡看成是一次新生，但这次新生与第一
次初临人世不同，它是被仪式性地创造出来而不是生物性
诞生出来的。在这个意义上，死亡更像是进入一个新的存
在方式的入门仪式。此外，任何从一种存在形式到另一种
存在形式的转移都意味着一次必要的象征性的死亡行为。
为了重新降生到新的、更优越的状态，人们必须要死去回
复到先前的状况。①

　　无论个体还是群体，终其一生都会在空间、时间以
及社会地位上经历着从一种状态到另一种状态的过渡。如
果说出生是从无形体到有形体的转换，成年是从个体生命

---

① 　米尔恰·伊利亚德著，宋立道、鲁奇译：《神秘主义、巫术与文化
　　风尚》，光明日报出版社，1990年，第48页。

到社会生命的转换，结婚是从阴阳未调到阴阳结合的转换，死亡则是从现实世界进入另一个世界的转换，从地上世界转换到地下世界并开始新的生活，每一次转换都可以理解为一次再生。《列子·天瑞第一》载："死之与生，一往一反。故死于是者，安知不生于彼？故吾（安）知其不相若矣？吾又安知营营而求生非惑乎？亦又安知吾今之死不愈昔之生乎？"泰勒也指出死亡不是生命的终结，而是达到再生的过渡。[1]死亡是人生旅途的转换，墓葬信仰以此为出发点，最多关注的是将死者送往他界并开始新的旅程。

在信仰的范畴内，人的出生是起点又不是起点，同样，人的死亡是终点又不是终点，一个人在咽下他在此生的最后一口气后，就处在生者世界和死者世界这个既彼此割断又相互联系的交叉点，死人这时既不是生者也不是死者。必须指出的是，他虽在生理意义上已不存于世，但是在社会心理意义上尚未离开人世。只有经过葬礼仪式程序后"创造"出新身份，他才算是正式离开生者，灵魂进入新居所，仪式性地进入祖先的行列并与他们融为一体。然而也正是经过这一系列仪式，他又以另一种形式回到生者中间，为此，入葬时要举行一系列仪式，在墓门进行扫除活动，解除死者可能遇到的危险，在墓室中放置解注文

---

① ［英］爱德华·泰勒著，连树声译：《原始文化》，上海文艺出版社，1992年，第355页。

书，解决死者在地下的生计，放置大量随葬品希望死者在死后享用。经过生者一系列仪式后，死者重新回到人世，与此前去世的祖先受着生者的供奉。生前他过着世俗的生活，死后进入了神圣的领域。[①]

宗教仪式试图解释一些常人看来不可能解释的东西，但它更经常的是将完全可以解释的事情搞得更加神秘：

> 经过深入分析，通过仪礼可以进一步划分为分离仪式（rites of separation）、过渡仪式（transition rites）和融入仪式（rites of incorporation）。对所有民族而言，或者在每个典礼模式中，这三个亚类并非同等程度的发达。分离仪式在葬礼中比较明显，融入仪式则在婚礼中突出，过渡仪式则可能在诸如怀孕、订婚礼和入会等仪式中扮演重要的角色，但是也可能在收养、次子诞生、再婚以及从第二个年龄群体向第三个年龄群体的过渡等仪式中被淡化到最低程度。因此，尽管一个通过仪礼完整的模式理论上应包括前阈限仪式（分离仪式）、阈限仪式（过渡仪式）和后阈限仪式（融入仪式），但是在具体的案例中，这三类仪式并不总是同等重要或均

---

① 此时的神圣是一个相对的标准，它是与依然活在世上的人相比较而言的。（梭纶·T.金博尔著，岳永逸译：《〈通过仪礼〉英文版导言》，《民俗研究》，2008年第1期。）

等操演的。①

由墓葬信仰我们可以看到，范·根纳普的理论有不同的适用性。葬礼作为分离仪式的特点最为显著，通过仪式的完成，达到死者被死人世界认同、接受的意义。有的社会在葬礼之后才确认某人的死亡，没有被埋葬就是没有死。因此葬礼是死人的世界为接受死者的灵魂而履行的手续。分离仪式固然在葬礼中比较明显，但不可否认的是过渡仪式在墓葬信仰中所起的作用更为重要。在这个过程中，死者暂厝墓中，离开这个世界进入另一个世界，通过一系列的转化重返这个世界，并重新进入生者的生活。这个生死转换过程，强化了一种复活或再生的意识，死者已不是原来的他，而是获得了新生命、具有新人格的他。葬礼从形式上看是围绕尸体处理和灵魂观产生的，但其内容和形式在不同的阶段有着不同的意义。

死亡打破了正常的生活秩序和持续状态，先民认为死

---

① 　[法]范·根纳普著，岳永逸译：《通过仪礼》第1章《仪式的类型》，《民俗研究》2008年第1期。特纳对通过礼仪的第二个阶段，即阈限阶段最感兴趣，并认为阈限礼仪与社会结构的关系更加密切。在阈限期，过渡者尽管在形体上可见，但从结构上不可见，这时新人既没有等级也没有标志，既不在这里又不在那里，既非死者又非生者，既非孩子又非成人。特纳指出，如果我们的基本社会模型是"位置结构"的模型，那么，我们就必须把边缘时期即"阈限"时期视为结构间的情况。阈限时期一些象征的主题，具体表达了有关"位于结构之间的"人的本性方面的固有概念。

亡不过是由此到彼的关卡，这种对生命的思考方式，促使他们形成了一种循环往复的概念，即生与死是一个连续不断的过程，经由死亡可以获得回归的契机与力量。因此死亡是通往隔离的过渡，是精神的再生，是由俗到圣、由死而再生所不可或缺的过程。①死亡与重生是由俗到圣必须经历的通过仪式，换言之，死而复生的过程即由俗到圣的过程，借由这一过程的分判，死去的是世俗的、有限的生命，复生归来的新生命则是神圣永恒的。因此伊利亚德说，生命、死亡和来世之间存在着一致性，因而存在着宇宙循环的概念，这种循环通过历法展开，通过仪式而实现。②

对死亡感到的危机与恐惧使人们不得不精心构建他们死后的家，反映在墓室中就是要模天象地，不仅要在里面开始新的生活，而且开始了重生的努力。这个重生在道教中也可以称作"炼形"。"炼形"的状态介于死亡和重生之间，其所构想的时间观念是一种环状的可逆的时间观念，以及人与世界无穷尽的复生。

2. 变通：新生命的展开

新石器时代遗址和原始部落建筑中常有被称为"圆形子宫世界"的房屋遗迹，其平面基本为圆形，中央为灶

---

① 王孝廉：《中国的神话世界》，作家出版社，1991年，第107页。
② ［美］米尔恰·伊利亚德著，晏可佳等译：《宗教思想史》，上海社会科学院出版社，2004年，第463页。

坑，墙壁上开有面积很小的入口。世界各地也都发现过与之类似的"子宫房屋"，有半球形体、圆锥及圆台等形体，其间虽稍有差异，但从未失去圆形母题，这些足以证明先民对圆形体认的共识性与普遍性。伊利亚德认为，人类-宇宙对应的系统只是在比较高级的文化中，如中国、印度、古代近东和中美洲得到充分的阐释，但是这种思想的萌芽在古代文化中就已经存在了。[①]

对古人而言，时间是循环运行的，这种认识来自于他们对四季循环、对作物播种与收获周期的观察，对他们来说，紧接着死亡之后的再生是不言而喻的结论。在古代埃及人观念中，坟墓是一个变形的地方，在这里死者成为阿克（akh），即变形的精灵，他的肉体则以木乃伊和雕像的形式存在，坟墓为他的来世生存提供了一个基础。[②]金布塔斯根据英文"坟墓"（tomb）与"子宫"（womb）二词的词根关联，认为史前墓葬有回归大地母神身体之意。[③]因此，死亡是回到大地母亲怀抱的一个契机，回到坟墓中也就是重新回到大地母亲的怀抱。地母被设想成孕育和生出宇宙万物的巨大容器，它不仅是生之门户也是

① ［罗马尼亚］米尔恰·伊利亚德著，王建光译：《神圣与世俗》，华夏出版社，2002年，第96页。
② ［美］亨利·富兰克弗特著，郭子林、李凤伟译：《古代埃及宗教》，上海三联书店，2005年，第75页。
③ M.Gimbutas, *The Living Goddesses*, Berkeley: University of California Press, 1999, pp.55–71.转引自叶舒宪：《蛙人：再生母神的象征——青海柳湾"阴阳人"彩陶壶解读》，《民族艺术》，2008年第2期。

死之门户，隐喻着阴间地狱和生者的归宿。《说文》释"地"曰："地，元气初分，轻清阳为天，重浊阴为地，万物所陈列也。从土，也声。"段注曰："坤道成女，玄牝之门，为天地根，故其字从也。"《说文》又据"也"的篆文形象将其释之为女阴。据《广雅·释亲》，"母"字释为："母，本也。"《释名·释亲》则云："母，冒也，含生己也。"《后汉书·隗嚣传》则直接说："地为母。"由土与女阴之"也"合成"地"字，实际上蕴含了先民视土地如女性一样具有孕育万物的生殖功能。在这种类推思维模式下，认为生人者称母，生万物之母则称作"地"。土重在自然属性，而地则更多地融入了人文因素。[1]作为地母子宫象征的容器，不论其为瓮、罐、篮子或其他器物，它所蕴含的价值是双重的：既是生命的终结和归宿，又是生命孕育和再生的起点。除此之外，人类又制造出一种人工的大地子宫——坟墓，[2]让死者之灵能够重新回到万物的生命本源——地母腹中。

伊利亚德曾描绘过一个当代（1966）北美印第安科吉部落的葬礼：

---

[1] 杜正干：《论史前时期"地母"观念的形成及其信仰》，《农业考古》，2006年第4期。

[2] 人工制造的地母子宫形态在考古学上体现为瓮棺葬，与此相应的葬俗为屈肢葬，因为尸体曲折成团的形状正是模拟胎儿在子宫中的形态。

在为墓穴选定位置后，萨满便作出一系列的仪式性姿势，宣布："这里是死人村；这里是死人的房屋；这里是子宫。我要打开这房子。这房子是关着的，我要打开它。"他这样宣布以后，"房子"打开了，萨满指示出挖墓穴的地方。……接着，萨满试图抬起尸体，给人的印象是尸体似乎很重，他试了九次才将其抬起。尸体的头部朝向东方，然后"房子关上了"，也就是说墓穴将被填满。然后围绕着墓穴举行其他活动，最后所有的人都离开。整个仪式要持续两个小时。……他们将墓地称为死人村和死人的房屋，而将墓穴比作房屋和子宫（这说明了为什么要将尸体安置成向左侧卧的胎儿姿势），接着将祭品称作给死人的食物，以房屋-子宫的开启和关闭来象征仪式的开始与结束。最后，以一个仪式性的围绕墓穴举行的洁净礼，完成整个葬礼。①

伊利亚德认为重返子宫的观念在人类宗教意识发展中

① ［美］米尔恰·伊利亚德著，晏可佳等译：《宗教思想史》，上海社会科学院出版社，2004年，第15页。在叙述完整个事件后，伊利亚德不无担忧地说，日后若有考古学家发掘此墓，看到的不过是一具头朝东的骷髅和一些石块、贝壳，但这个葬礼最重要的仪式程序以及在这仪式程序中所包含的宗教观念形态却不能与其他的东西一起再重新复原，而这个宗教仪式却是整个葬礼的重点所在。

起着十分重要的作用。科吉人将大地之母的子宫等同于每一个村庄、每一个祭祀的房子、每一所住宅以及每一座墓穴，萨满9次抬起尸体，指通过9个月的反向怀孕，人的身体又回到了胎儿状态。而且，因为墓穴被等同于世界，所以葬礼的祭品就获得了一种宇宙的意义。

荣格早就注意到，重返子宫的象征意义在于为再生做准备。[①]当一个人死后，他的尸体被埋在墓中，象征性地进入女神的子宫中等待再生。道家一再强调的"复归婴儿"和"复守其雌"也应该来源于这种史前流传下来的葬礼实践。道家炼身的终极目标是让"人"重新回归到母胎状态中，对于已经生下的人，《老子》还提供了一套维持"活死人"状态的死亡崇拜，亦即是要一个人不要自我开展、不要热爱生命，只将生存的意向导向"身"这个臭皮囊的保存。这其实是一种"生中之死"的状态。因此，重新钻回娘胎中去其实是钻进坟墓中去。[②]这样一来，死亡成为过渡，而非永久的事实，然后再由复生化解死亡，生命得以复生。如此一来，死而复生神话中的复生变化似乎只是建立在消亡死亡所带来的冲击中。

① ［瑞士］卡尔·荣格：《集体无意识的概念》，载叶舒宪编：《神话：原型批评》，陕西师范大学出版社，1987年，第107页。
② 孙隆基：《中国文化的深层结构》，广西师范大学出版社，2004年，第117页。

第二章

清理：解除术给身体以圣洁

　　由凡入仙的一个重要先决条件是人必须洁净自己的心灵与肉体，去除身上的"浊臭"，这是凡人为何在生前或死后不断地炼养自己的原因。人类学家认为，对不洁的看法包含着对生命与死亡的认识。死亡是人生最大的不幸，死者是人群中最大的不洁。不洁意味着危险，如果一个人进入不洁状态，特别是因为横死，就会成为无所依归之鬼，变成异类的存在。这时，人群会产生本能的拒斥，感到生命与生活受到威胁，担心可怕的灾难产生，他们会急不可待地将死者从人群中排斥出去。将死者与活人隔绝开来十分必要，生者对死者造成的污染有着非常简单的去除化解方式，人们只要花上少许时间及力气就可以将它们适度除去，如埋葬、清洗、擦拭、反向操作、解开死结等。①神圣与不洁是相互对立的两端，只有去除不洁才能达到神圣。这样，我们就可以理解何以在东汉末年出现了大量的解除活动。

古代时人们认为，正常死亡指人按顺序走过了生育、成年、结婚等人生阶段，经历了完整的生命周期，而非正常死亡指的是人生过程突然中断，遭遇暴病、溺水、伤害、被杀甚至是自杀，它意味着生命周期的突然中断；如果死于传染病，还会给生者留下巨大的恐怖，死者会化作厉鬼向人索命，使生者不得安生。对于正常死亡和非正常死亡，生者会处以不同的安葬方式，但有一点必须提出，这种特意的造作的安葬在一开始时人们是知道其中的含义的，但随着时间的流逝，其间的信仰因素会逐渐消失，并成为人们随意而行的、不自知的丧葬行为。

一　汉代巫觋方士解除之法

解除又名解适或解谪，是秦汉魏晋时的一种避祸除殃方术，也是汉代墓葬信仰的核心内容。汉代人认为，人死后，各种恶鬼是灵魂升仙的最大障碍，必须为死者行解除仪式。

---

① 　［英］玛丽·道格拉斯著，黄剑波等译：《洁净与危险》，民族出版社，2008年，第1—6页。

原始思维以人死亡为"再生"，刚埋入墓穴中的尸体就如初生婴儿一般，没有能力对恶鬼进行防卫。为避免鬼魂干扰，帮助亡人开始下一步旅程，生者要借助巫术的力量行解除之术，对死者进行护卫，后来这种方法逐渐为道教吸收，常见于各种丧葬活动中。在某种意义上说，先民的葬礼就是以神秘的仪式化的禳灾法术展示功能上的无限性，建立起以宗教为基础的解释话语体系，为渴望神仙世界的人提供通过主体自我努力和到达通天之梯的途径，其深层含义掩藏在特定的标志或文字游戏中。①

针对中国人普遍而广泛的鬼神信仰，德·格鲁特曾说：

> 在中国人那里，巩固地确立了这样一种信仰、学说、公理，即是死人的鬼魂与活人保持着最密切的接触，其密切的程度，差不多就跟活人彼此接触一样。当然在活人与死人之间是划着分界线的，但这个分界线非常模糊，几乎分辨不出来。不论从哪个方面来看，这两个世界的交往都是十分活跃的，这种交往既是福之源，也是祸之根，因而鬼神实际上支配着活人的命运。②

① 姜生、汤伟侠主编：《中国道教科学技术史》（汉魏两晋卷），科学出版社，2002年，第93页。
② 转引自［法］列维·布留尔著，丁由译：《原始思维》，商务印书馆，1981年，第296—297页。

安抚生者仅仅是葬礼的一个作用，它的另一个而且是更为重要的作用是为了保护死者在走向坟墓、进入冥界时不受邪祟的危害，因此葬礼中驱除不洁的解除活动很重要。

关于解除的法术起源很早，睡虎地秦简《日书》即有关于解除的记载，并详述驱逐鬼怪解除灾祸的方术。[①]汉代时，解除术成为一种普遍的民俗并逐渐发展出一套完整的墓葬解除仪式。

1. 墓门区域解除术

在墓门区域解除邪祟的危害是保护死者的第一条防线，它的习见做法一是在墓门驱鬼，二是在死者下葬前取得与地下之主的和解，以避免对死者及其家庭带来不好的影响。

汉代人通常认为人死后会归于鬼神统治的地下世界，所以他们在建墓时往往要进行解除仪式驱逐恶鬼，解除鬼神对死者的侵扰和可能对生者造成的危害。在举行墓葬仪式时，人们会在死者进入墓门时施行解除术。墓门驱鬼习俗由来已久，它直接来源于鬼魂尤其是恶鬼作祟的观念。先民把所有的疾疫、灾难、不幸统统归于鬼魂作祟，鬼不仅作祟生者，而且还会危及墓中死者的安全和命运，而死

---

① 李晓东、黄晓芬：《从〈日书〉看秦人鬼神观及秦文化特征》，《历史研究》，1987年第4期；刘乐贤：《睡虎地秦简日书〈诘咎篇〉研究》，《考古学报》，1993年第4期；蒲慕州：《追寻一己之福：中国古代的信仰世界》，上海古籍出版社，2007年，第77—84页。

者受到侵扰后反过来又会降灾祸于生者。在这种情形下有必要对鬼采取敌对手段，实行强制性的驱赶、劾杀、镇压。

墓门驱鬼仪式来源于驱傩仪式，通常有巫觋参与。驱傩仪式是行为巫术与口头巫术的统一体，在仪式过程中，一方面要有模拟性的驱赶追杀动作，另一方面则是要有命令式的驱赶、厌杀咒语。汉代时，驱傩仪式分为按节令而行的时傩和在墓前举行的驱鬼傩两种。时傩每年举行四次，年终一次称"大傩"。方相氏身披熊皮，头戴黄金制成的四眼面具，上黑下红，一手操戈一手执盾，率"百隶"搜索宫室各个角落以驱鬼逐疫。丧葬的时候，方相氏则率驱鬼队伍在灵柩前开道，到墓地后，方相氏进入墓圹，用兵器击打墓圹四角，将潜伏在里面的恶鬼赶出来。

驱逐疫鬼仪式不仅在皇宫举行，民间也有类似活动，《荆楚岁时记》载"十二月八日为腊日，村人并击细腰鼓，戴胡头，及作金刚力士以逐疫"。① 如果说《荆楚岁时记》记载的是南方风俗的话（图11），那么从《风俗通义》中可以看到北方民众的宗教活动：

墓上树柏，路头石虎。《周礼》：方相氏，葬日入圹，殴魍象。魍象好食亡者肝脑，人家不能常

---

① ［南朝梁］宗懔著，姜彦稚辑校：《荆楚岁时记》，岳麓书社，1986年。

令方相立于墓侧以禁御之，而魍象畏虎与柏，故墓
前立虎与柏。[1]

可见驱鬼除了在岁时举行外，还适应汉人对墓葬的要
求，成为葬仪中一个重要程序。在汉代画像石中，我们常
常可以在墓门门扉、门柱、门楣等邪祟容易侵入的地方看
到众多方相氏或其他凶神恶鬼的图像。这些图像放置在这
里的目的，就是为了阻止一切可能进入墓室的邪祟，保证
墓室宁静吉祥、无灾无恙。

图11 曾侯乙墓内棺绘方相氏形象

图12 沂南汉墓方相氏形象

---

[1]　［东汉］应劭撰，王利器校注：《风俗通义校注》卷八《祀典》，
　　中华书局，1981年。

沂南汉画像石墓中描绘的执五兵、戴假面、蒙熊皮的正是大傩的首领方相氏（图12）。汉墓壁画不仅将行傩式的场景描绘下来，也将汉人的信仰观念具体地记录下来。汉墓中保存了许多打鬼、为墓主解除的傩仪图。孙作云对洛阳烧沟61号墓和卜千秋墓内的壁画图像释读后认为，烧沟61号墓是打鬼图，卜千秋墓是升仙图，"打鬼是为升仙扫清道路，升仙是打鬼的最终目的"，[①]两者存在着因果关系。沂南汉墓前室北壁上方横额刻的方相氏带领十二兽逐凶恶图像，就是这样一幅盛大的行傩驱鬼图。这十二兽蒙兽皮戴面具，做直立并追捕之状，它们在方相氏的带领下正在驱除可能会给墓主带来危害的潜在的因素。

可能与驱鬼镇墓有关的道士形象可见于长宁县七个洞7号崖墓墓门右方，[②]为三人一组，上为一人戴有双翼的尖顶帽，两侧各有帽翅翘起，着齐膝长袍，腰以下饰纵横云气纹各二道，左手上扬，右手执一有柄的椭圆形物，非工具，亦非兵器。下有二人光头，一人手持短棍，一人持物不明，均扬起双臂。从其所在的位置和动作观察，大概与驱鬼镇墓有关。

魌头是打鬼仪式中人戴的假面具，在汉代多作熊形或虎形，魌头侈吻即表示它能吃鬼怪、避邪恶之意。《风俗

① 孙作云：《洛阳西汉卜千秋墓壁画考释》，《文物》，1977年第6期。
② 四川大学考古专业七八级实习队、长宁县文化馆：《四川长宁"七个洞"东汉纪年画像崖墓》，《考古与文物》，1985年第5期。

通义》载:"俗说亡人魂气浮扬,故作魌头以存之,言头体魌魌然盛大也。或谓魌头为'触圹',殊方语也。"①从这个记载看,魌头的作用除了可以"入圹,以戈击四隅,驱方良"外,它的另一个主要作用是可以存放亡人的魂气。因此,我们在汉墓中可以看到多处刻有魌头,常位于墓室的内壁、前壁等位置,它与方相氏虽为两物,但起的作用相同。出土于河南南阳麒麟岗汉墓的方相位于前室北壁假门西立柱正面,头戴蛇尾冠,冠前椭圆似二目,额部刻饰垂三角似口,三角之上为鼻,两颊部椭圆又似二目。方相头上戴着的奇特的东西就应该是文献所载的四目,也就是魌头。方相圆腹兽爪,圆腹之下刻饰毛羽,右手操剑,左手执盾,左肩斜插一物。②(图13)方相守在墓室前,等待着可能存在的对墓主的威胁。

将葬地与生者吉凶联系到一起的想法很晚才出现。《吕氏春秋》孟冬季第十一《节丧》云:"古之人有藏于广野深山而安者,非珠玉国宝之谓也,藏不可不藏也。藏浅则狐狸抇之,深则及于水泉。故凡藏必于高陵之上,以避狐狸之患、水泉之湿。"这就是说早期选择葬地关注的只是地理位置的好坏及对死者躯体的影响,尚未赋予凶吉的意义,更多地表现为随意性。文献显示,战国时期人们对安葬

---

① [东汉]应劭撰,王利器校注:《风俗通义校注》卷八《祀典》,中华书局,1981年。

② 黄雅峰:《南阳麒麟岗汉画像石墓》,三秦出版社,2008年,第152页。

图13 河南南阳麒麟岗
汉墓护墓方相（采自黄
雅峰：《南阳麒麟岗汉
画像石墓》，三秦出版
社，2008年，图版51）

之地有了明确要求，《礼记·杂记》提出"大夫卜宅与葬日"一说，孔颖达疏曰："宅谓葬地。大夫尊，故得卜宅与葬日。"可见选择葬地已经成为墓葬信仰中一个重要环节。当然必须指出，这时人们还没有认识到"卜宅葬日"与解土有关系。秦时，人们开始相信自己的命运与地脉关系密切，《史记·蒙恬列传》载蒙恬自杀前对自己起土建长城深以为憾，曰："我何罪于天，无过而死乎？"良久，徐曰："恬罪固当死矣。起临洮属之辽东，城万余里，此其中不能无绝地脉哉？此乃恬罪也。"[①]蒙恬把自己死于非命的原因解释为破坏了地脉，足以说明当时人认为地脉与人的凶吉是密切相关的。

为安葬死者举行解土仪式和汉代人忌讳破土有关。汉代

---

① ［西汉］司马迁：《史记·蒙恬列传》，中华书局，1982年。

人认为动土而不解土会得罪地下神祇，土神反过来会作祟于人，因此死者家属要设法为死者解除因动土而带来的罪谪，请巫师拜祭家中宅土之神。王充在《论衡》中说当时"缮治宅舍，凿地掘土"之后就须"解谢土神"。

破土的反面是敬土，敬土的原因《太平经》中即有解说。

> 泉者，地之血；石者，地之骨也；良土，地之肉也。洞泉为得血，破石为破骨，良土深凿之，投瓦石竖木于中为地壮，地内独病之。……地者，万物之母也，乐爱养之，不知其重也，比若人有胞中之子，守道不妄穿凿其母，母无病也。妄穿凿其母而往求生，其母病之矣。[①]

> 今有一家有兴功起土，数家被其疾，或得死亡，或致盗贼县官，或致兵革斗讼，或致蛇蜂虎狼恶禽害人。大起土大有凶恶，小起土有小凶恶，是即地忿忿，使神灵生此灾也。故天地多病人，此明证也。[②]

基于这种认识，道教反对人们挖掘土地。

---

① 王明：《太平经合校》卷四十五《起土出土诀第六十一》，中华书局，1960年。

② 王明：《太平经合校》卷四十五《起土出土诀第六十一》，中华书局，1960年。

　　葬者，本先人之丘陵居处也，名为初置根种。
宅，地也，魂神复当得还，养其子孙，善地则魂神
还养也，恶地则魂神还为害也。五祖气终，复反为
人。天道法气，周复反其始也。欲知地效，投小微
贱种于地，而后生日兴大善者，大生地也；置大善
种于地，而后生日恶者，是逆地也；日衰少者，是
消地也。……故大人小人，欲知子子孙孙相传者，
审知其丘陵当正，明其故，以占来事。①

　　道教认为墓地是"先人"的"根种宅地"，是亡魂生
活和居住的场所，死者埋入地下后依然会对生人起作用，
影响生人的生活的命运，因此葬地的好坏会直接影响到后
世子孙的幸福。基于此，动土时就不得不对所要占用的土
地进行解除，以期弃恶择善，即使碰到不好的土地，也要
想方设法化凶为吉：

---

①　王明：《太平经合校》卷五十《葬宅诀第七十六》，中华书局，
　　1960年。到陶弘景时代，道教发展出一整套修建冢墓的方法："夫
　　欲建吉冢之法，去块后正取九步九尺，名曰上玄辟非。华盖宫王气
　　神赵子都、冢墓百忌害气之神尽来属之。能制五土之精，转祸为
　　福。侯王之冢招摇，欲隐起九尺，以石方圆三尺题其文，埋之土
　　三尺也。世间愚人徒复千条万章，谁能明吉凶四相哉？辟非之下
　　冢墓，由此而成，亦由此而败。非神非圣，难可明也。必能审此
　　术，子孙无复冢墓之患。"（［日］吉川忠夫、麦谷邦大编，朱越
　　利译：《真诰校注》卷十《协昌期第二》，中国社会科学出版社，
　　2006年）。

能知坟墓之法，千禁万忌，一皆厌之，必反凶
为吉。能得此法，永为吉冢。……夫施用此法，慎
不可令人知。若云冢墓王相刑害诸不足者，一以填
文厌伏，无不厌伏，反凶为吉。①

大约出土于汉灵帝光和时期的"张氏朱书镇墓文"就
是这样一件解土文书。此件镇墓文云："天帝使者黄神越
章，为天解仇，为地除央，主为张氏家镇利害宅，襄四方诸
凶央，奉胜神药，主辟不详，百祸皆自肖亡。张氏之家大富
昌。如律令。"②这件镇墓文书是道教冢墓埋理论的具体化。

2. 墓室内部解除术

既然已在墓门区域作了解除之法，但是对死者及鬼神
的恐惧依然无法得到解除，生者于是在墓室内又采取了种
种方法试图再次减轻压力，主要是利用镇墓瓶及放置在其
中的一些物品以达到驱鬼辟邪的目的，其主要做法主要有
以下几种。

一是假人代形。假人代形就是利用人偶，或人的模拟
物为替身，通过它们达到影响或作用于被替代者的目的，

---

① ［日］吉川忠夫、麦谷邦夫编，朱越利译：《真诰校注》卷十《协昌
期第二》，中国社会科学院出版社，2006年。

② 中村不折：《书道全集》卷三，转引自黄景春：《早期买地券、镇
墓文整理与研究》，华东师范大学博士论文，2004年，第137页。

在墓中代替死者承受地下各种劳役和罪过,目的是断绝各种重复,代替死者接受地下神的惩罚,起解谪的作用。汉代墓葬活动中,人们多以金、锡、铅等金属材料或木质材料制成人形,或用其他类似于人形的东西,如人参等代替生人受注或代生人受谪。由于木质器物不易保藏,考古发现的代形物多为金属类,并以东汉人形为多,[1]且往往和朱书陶瓶同出,其余金人、锡人主要见于道书记载。《赤松子章历》载这种方法是"随家口多少,一人一形,无银用铅"。[2]

汉墓出土或汉墓解除文字记载中的铅人、松人、人参、蜜人明显带有解谪意味,一是代死者受谪,让死者魂魄脱离苦境,不再成为注鬼注害生人;二是代替生人受注,使生人免于注殃。[3]

今故上复除之药,欲令后世无有死者,上党人

---

① 吴荣曾:《镇墓文中所见到的东汉道巫关系》,《文物》,1981年第3期。铅人实物最早见于西周墓葬,河南洛阳北窑西周墓葬遗址发现一对铅质人形物,体形扁平,正面为浮雕状,双目圆睁,着长衣,高12厘米,做站立状,发掘报告认为是奴隶形象,身份应为舆夫。(贺官保等:《洛阳北窑西周墓发掘的重要收获》,参见蔡运章主编:《甲骨金文与古史新探》,中国社会科学出版社,1996年,第62页。)

② 《赤松子章历》,见《道藏》第11册,第642页。古代指锡为铅,因此墓葬中出土多为铅人,且不止一枚。

③ 张勋燎:《试论我国南方地区唐宋墓葬出土的道教"柏人俑"和"石真"》,载陈鼓应主编:《道家文化研究》(第7辑),上海古籍出版社,1995年,第317页。

参九枚，欲持代生人，铅人持代死人。黄豆瓜子，死人持给地下赋。①

建和元年十一月丁未朔十四日解。天地使者谨为加氏之家别解地下后死。妇加，亡年方二十四。等汝名借，或同岁月重复，钩校日死，或同日鸣重复，钩校日死。告上司命、下司禄，子孙所属，告墓皇使者，转相告语。故以自代铅人，铅人池池，能舂能炊，上车能御，把笔能书。告于中高长伯上游，徼千秋万岁，永无相坠物，与生人食□，九人□□□□。②

天地使者谨为杨氏之家镇安隐冢墓，谨以铅人金玉为死者解适，立代生人除罪过。③

按汉人的观念，活人有罪要受到惩处，死人有罪也会成为地下的刑徒，在墓中埋入铅人，就可以替死者服役，为此，为死者解除罪谪时要辅之以贿赂或奉献，除金银外还要用铅人。多数情况下，巫者施用人形的主观意图是善

---

① 郭沫若：《由王谢墓志的出土论到兰亭序的真伪》，《文物》，1965年第6期。
② 陕西省文物管理委员会：《长安县三里村东汉墓葬发掘简报》，《文物参考资料》，1958年第7期。
③ 河南省博物馆：《灵宝张湾汉墓》，《文物》，1975年第11期。

良的，主要用来代替生者承受各种厄咎、灾祸、疾患，或作为厌镇工具解除邪殃与可能发生的危害，保护生者的生命安全。1999年咸阳教育学院东汉墓朱书陶瓶中出土形状如人体的八枚铅人（图14），均头戴巾帻，袒露双乳，肋骨明显，双腿细长，其中有一枚似女性。[1]与此相似的是河南陕县刘家渠东汉墓地出土三件铅人除四肢齐全，铸有脊柱、肋骨外，下体也有性别的显示（图15）。[2]这表明

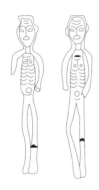

图14　永平三年出土铅人
（采自岳起主编：《文物考古论集》，三秦出版社，2000年，第233页）

图15　刘家渠铅人
（采自黄河水库考古工作队：《河南陕县刘家渠汉墓》，《考古学报》，1965年第1期）

---

[1]　咸阳市文物考古研究所：《咸阳教育学院东汉墓清理简报》，载岳起主编：《文物考古论集：咸阳市文物考古研究所成立十周年纪念》，三秦出版社，2000年，第233、164页。

[2]　黄河水库考古工作队：《河南陕县刘家渠汉墓》，《考古学报》，1965年第1期。

虽则铅人有男女之分，但从考古报告指出的其"轻薄易碎"的特征来看，当初铅人不只有现在发现数量的铅人放在墓中，极有可能是按照道书所说的数量按性别按家口放在墓中的，可能由于年代久远已经不存。这些铅人在墓中起到的更多是象征性的意义。

香港中文大学藏建兴廿八年松人解除简，该简是一长方形木版，中央墨绘一人，着长袍，作揖，上写松人二字，四周及木简背面有长篇解除文：

建兴廿八年十一月丙申朔，天帝使者合同重复拘校，八魁九坎，年望朔晦，东井七星。死者王群洛子所犯，柏人当之，西方有呼者，松人应之，地下有呼者，松人应之。生人有所□，当问柏人，洛子死注咎，松人当之，不得拘校重复父母兄弟妻子。欲重复酒，松柏能言语。急争如律令。（四周）

无拘校重复，松柏人当之。（上方）

日月时拘校重复，柏人当之。（右）

岁暮年命重复，松人当之。（左）（两旁）

建兴廿八年十一月丙申朔二日丁酉，北所住者谨为王氏之家解复。死者洛子，四时不食，重复拘校与生人相妨，故作松柏人以解咎殃。谨解：

东方甲乙之复，鬼令复五木，谨解。

西方庚辛之复，鬼令复五金，谨解。

南方丙丁之复，鬼令复五火，谨解。

北方壬癸之复，鬼令得五水，谨解。

中央戊己之复，鬼令复五土，无复兄弟妻子妇女孙息宗亲，无罚无负，齐一人止。急急如律令。

主人拘校重复，松人应之，死人罚谪作役，松人应之，六畜作役，松人应之，无复兄弟，无复妻子，若松人前却，不时应对，鞭笞三百，如律令。（背面）①

在这篇解除文字中，松人和柏人代替死者承受各种灾厄，包括解谪、解注和解重复拘校。"拘校"读如"钩校"，在汉代原指核对计算，道教则指司命之神依人的品德计算寿命，解除"拘校"是消除罪恶免受惩罚的方术。②松人和柏人作为解除术中假人代形的一种方法，代替死人与生者承受各种灾厄。

---

① 饶宗颐：《记建兴廿八年"松人"解除简：汉"五龙相拘绞"说》，载李学勤主编：《简帛研究》（第2辑），法律出版社，1996年，第390页；连劭名：《建兴廿八年"松人"解除简考述》，《世界宗教研究》，1996年第3期。建兴为西晋愍帝司马邺年号，但只使用五年即废，前凉张氏政权继续使用，故廿八年相当于东晋咸康七年（341）。另甘肃高台魏晋墓曾出土题为"建兴廿四年三月"墓券。（赵雪野、赵万钧：《甘肃高台魏晋墓墓券及所涉及的神祇和卜宅图》，《考古与文物》，2008年第1期。）

② 连劭名：《建兴廿八年"松人"解除简考述》，《世界宗教研究》，1996年第3期。

就目前所知，柏木制成的木人最早见于战国初期。[1]
汉人则对柏人有一种莫名的恐惧。史载刘邦某次行军住
宿时突感"心动"，当得知此县名为柏人时，曰："柏人
也，迫于人也"，以为柏人和厄运有某种联系，遂连夜出
走，未在此地停留，从而使预谋的行刺未能得逞。[2]《三
国志·吴书·何姬传》裴松之注引《江表传》说，吴主孙
皓"夫人死，皓哀愍思念，葬于苑中，大作冢，使工匠刻
柏作木人，内冢中以为兵卫"。这是用柏人为死者辟除厄
殃，抗击神鬼咎邪的侵扰，并不针对生者。

第二种常见的做法是药石厌镇。这种方法起源较早，
《抱朴子》记载：

> 以酒和丹一斤，用酒三升和，曝之四十日，服
> 之一日，则三虫百病立下；服之三年，仙道乃成，
> 必有玉女二人来侍之，可役使致行厨。此丹可以厌
> 百鬼，及四方死人殃注害人宅，及起土功妨人身。
> 悬以向之，则无患矣。[3]

---

[1] 王育成：《中国古代人形方术及其对日本的影响》，《中国历史博物馆馆刊》，1997年第1期。
[2] ［东汉］班固撰，［唐］颜师古注：《汉书·高帝纪》，中华书局，1962年。
[3] 王明：《抱朴子内篇校释·金丹》引《羡门子丹法》，中华书局，1985年。

　　汉代神药分为两大类，一是植物类神药，一是矿物类
神药。矿物类神药是指"上者丹砂，次则黄金……次则雄
黄……次则曾青"。[①]考古发现中也往往在汉墓中出土神
药，新沂东汉晚期墓葬出土的3件陶罐上均有用铅粉书写
七行文字，内容为："西方大白，其帝上皓，其神羞收，
其日庚辛，其虫毛，当以丹砂除凶耗，□家常贵，当延
寿。"同时出土的还有水晶、雄黄等物。[②]陕西潼关吊桥
汉墓M2出土5件陶罐，外壁朱书"中内雄黄，利子孙，安
土"，罐内均装有雄黄。[③]雄黄自古以来被作为安神、辟
邪之药，战国时方术经常用到，马王堆《五十二病方》中
多次提及。

　　汉墓中常有五石等名称或实物出现，它们常常被装在
朱书陶瓶内，压镇冢墓四方及中央。"五石者，丹砂、雄

---

①　王明：《抱朴子内篇校释·仙药》，中华书局，1985年。王育成认
　　为神药分为上下两品，上品可使人成仙，下品可为人驱邪除患；刘
　　昭瑞认为神药就是五石，其作用在于镇墓；刘卫鹏认为矿物性神
　　药用来冢厌镇墓，植物性神药用来解除咎殃和代人。详见王育成
　　《东汉天帝使者类道人与道教起源》，载陈鼓应主编：《道教文化
　　研究》（第16辑），生活·读书·新知三联书店，1999年，第181
　　页；刘昭瑞：《东汉镇墓文中所见到的"神药"及其用途》，载饶
　　宗颐主编：《华学》（第7辑），中山大学出版社，2004年，第191
　　页；刘卫鹏：《汉代镇墓瓶所见"神药"考》，《宗教学研究》，
　　2009年第3期。
②　李鉴昭、王志敏：《江苏新沂县炮车镇发现汉墓》，《文物参考资
　　料》，1955年第6期。
③　陕西省文物管理委员会：《潼关吊桥汉代杨氏墓群发掘简记》，
　　《文物》，1961年第1期。

黄、白礜、曾青、慈石也。"[1]丹砂为红色，雄黄为黄色，
礜石为白色，曾青为青色，磁石为黑色，代表了五行五色
说。一般说来，镇墓瓶内并不一定将五石全部放入，一般
只是装一两种作为象征，其中以礜石、雄黄的发现较多。
灵宝张湾M5出土朱书瓶5件，中室之东南、东北、西北、
西南各置1件，前室东南角放1件。[2]洛阳李屯元嘉二年墓
出土朱（白）书罐4件，墓室四角各放1件。[3]虽然这些镇墓
瓶中并不五石俱全，但其功用同五石一样，代表五石压镇
冢墓的各个方位。三门峡南交口出土的镇墓瓶完全按东南
中西北"五行"方位埋置，且每个瓶中分别放有曾青、丹
砂、雄黄、礜石、慈石。[4]道教徒认为五石可以用来厌镇各
种凶邪鬼魅，不让死者的亡魂重新回到地面危害活人。

　　1974年洛阳李屯出土东汉陶瓶，瓶腹朱书文字11行，
共约110字（图16），文曰：

　　　　元嘉二年十二月丁未朔十四日［甲］申，黄

① 　王明：《抱朴子内篇校释·金丹》，中华书局，1985年。
② 　河南省博物馆：《灵宝张湾汉墓》，《文物》，1975年第11期。
③ 　洛阳市文物工作队：《洛阳李屯东汉元嘉二年墓清理简报》，《考古与文物》，1997年第2期。
④ 　陶瓶朱书记载瓶内装有五石，但经化验测定，有两瓶装的矿物与朱书名称相符，其余三种不符。但是从这些文字中依然可以看出汉代人对于五石的作用是极为相信的，否则不会将五石名称一一写出。（河南省文物考古研究所：《河南三门峡南交口汉墓（M17）发掘简报》，《文物》，2009年第3期。）

帝与河南缑氏□□中华里许苏阿□□刑宪女，合会
神药，×镇。　冢宅□□，七神定冢阴阳，死人无
□□，生人无过。苏窝之后，生人阿铜宪女适过，为
敬（冶）五石人参，解□□□安井（注）瓶，神明利
家，许苏氏家生人富利，从合日始。如律令。[1]

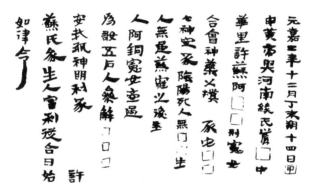

图16 许苏氏镇墓文（采自洛阳市文物工作队：《洛阳李屯东汉元嘉二年墓
发掘简报》，《考古与文物》，1997年第2期）

这一段话记录了墓主人之女苏阿铜，为了解除凶邪
之气并使家人富贵平安，求助于主宰阴阳的七神和天帝使
者黄神，以五种矿物和人参"合会神药"，用以镇墓。出
土于咸阳的东汉明帝永平三年（60）的朱书镇墓陶瓶，文

---

[1]　洛阳市文物考古工作队：《洛阳李屯东汉元嘉二年墓发掘简报》，
《考古与文物》，1997年第2期。

字、铅人、五石一应俱全（图17）：

图17 咸阳东汉明帝永平三年镇墓文摹本
（采自岳起主编：《文物考古论集》，三秦出版社，2002年，第233页）

　　永平初三年十月九日丙申，黄神使者□地置
根，为人立先。除央去咎，利后子孙，令死人无
适，生人无患，建立大镇，慈、礜、雄黄、曾青、
丹沙五石会精，宸药辅神，冢墓安宁，解薿□草，
□□为盟，如律令。[①]

　　与陶瓶同时相伴出土的还有一长4厘米的白色砂质石

---

① 咸阳市文物考古研究所：《咸阳教育学院东汉墓清理简报》；刘卫
鹏：《汉永平三年朱书陶瓶考释》。二文均参见《文物考古论集：
咸阳市文物考古研究所成立十周年纪念》，三秦出版社，2000年，
第233、164页。

条，一长2厘米的黄色砂质小石块、三粒蓝色或青灰色的小颗粒及一片鸡蛋壳，这些石质物品可能就是朱书文中提到的"慈、礜、雄黄、曾青、丹沙"。

1998年，河南三门峡南交口东汉墓出土5个按东、西、南、北、中五行方位埋置的镇墓陶瓶。①这5个陶瓶内装曾青、丹砂、雄黄、礜石、慈石五种矿石，瓶身有朱书陶文。每个朱书陶文二字分别写有东方、南方、中央、西方、北方字样，自右向左竖行隶书，且文字前都绘有北斗七星图案，斗身在上，勺口朝外，七星之间有线相连（图18）。之

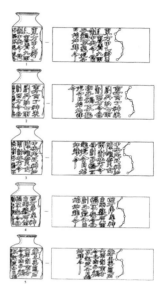

图18 河南三门峡南交口汉墓镇墓瓶及镇墓文摹本

（采自河南省文物考古研究所：《河南三门峡南交口汉墓发掘简报》，《文物》，2009年第3期）

① 河南省文物考古研究所：《河南三门峡南交口汉墓（M17）发掘简报》，《文物》，2009年第3期。郝本性等人在对文字进行考证后认为，西方瓶漏写"制东方"三字，北方瓶漏写"神玄武"三字。（郝本性、魏兴涛：《三门峡南交口东汉墓镇墓瓶朱书文考略》，《文物》，2009年第3期。）

所以将北斗七星绘在解注瓶上是因为古人相信北斗七星能解注，①这种传统观念从汉代一直延续到唐代，孙思邈《千金翼方》载禁注文中有"北斗七星食一百二十种注"的说法。②这些朱书文字分别为：

> 东方瓶。"东方、甲乙、神青龙，曾青九两、制中央，令母守子，祸（祸）不起，从今日始，如律令！"
>
> 南方瓶。"南方、丙丁、神朱爵（雀），丹沙（砂）七两，制西方，令母守子，祸（祸）不起，从今日始，如律令！"
>
> 中央瓶。"中央、戊己、神如（勾）陈，雄黄女（七）两，制北方，令母守子，祸（祸）不起，从今日始，如律令！"

---

① 王育成：《中国古代道教奇异符铭考论》，《中国历史博物馆馆刊》，1997年第2期。吴荣曾认为汉代人把北斗看作是掌管生死的神灵，人死后归天上北斗管属（吴荣曾：《镇墓文中所见到的东汉道巫关系》，《文物》，1981年第3期）；宝鸡铲车厂出土东汉解除文载"黄神北斗主为葬者阿丘镇解诸咎殃"，"黄神北斗主为葬者睢方镇解诸咎殃"（《宝鸡市博物馆：《宝鸡市铲车厂汉墓：兼谈M1出土的行楷朱书陶瓶》，《文物》，1981年第3期）；陕西西安市长安区三里村出土东汉解除文称北斗可"主乳死咎鬼，主白死咎鬼，主币死咎鬼，主星死咎鬼"。（王育成：《南李王陶瓶朱书与相关宗教文化问题研究》，《考古与文物》，1996年第2期。）

② ［唐］孙思邈著，李景荣等校释：《千金翼方校释》卷三十《禁经下》，人民卫生出版社，1998年，第461页。

西方瓶。"西方、庚辛、神白虎，礜石八两，
祸（祸）不起，令母制子，从今日始，如律令！"

北方瓶。"北方、壬癸、慈（磁）石六两，制
南方，令母守子，祸（祸）不起，从今日始，如律
令！"①

古人相信五石具有神秘力量，可用于驱邪解祸。秦
汉以降，人们将五种颜色的矿石置于镇墓陶瓶中，并按
照五行方位将陶瓶放在墓中，上刻符文以镇劫邪鬼。通
常的方位是东方青石、南方赤石、西方白石、北方黑
石、中宫黄石，交口出土的代表五石的镇墓瓶就严格按
照这种说法放置。墓中出土五石或墓中文字论及五石的
并不少见，如广州象岗山西汉南越王墓就出土数量众多
的五色药石，即紫水晶173.5克、雄黄1130克、赭石219.5
克、硫黄193.4克和绿松石287.5克，并配备了药具铜杵、
铁杵和铜臼等器物；②陕西潼关吊桥汉代杨氏墓群2号墓
曾出土5个东汉陶瓶，瓶身书有"中央雄黄，利子孙，安
土"文字一行；③西安市和平门外2号墓出土献帝初平四

---

① 此处句读采郝本性、魏兴涛：《三门峡南交口东汉墓镇墓瓶朱书文
考略》，《文物》，2009年第3期。

② 广州象岗汉墓发掘队：《西汉南越王墓发掘初步报告》，《考古》
1984年第3期；广州市文物管理委员会等；《西汉南越王墓》，文
物出版社，1991年，第50页。

③ 陕西省文物管理委员会：《潼关吊桥汉代杨氏墓群发掘简记》，
《文物》1961年第1期。

年陶瓶（图19），内装类似汉白玉石料一块，朱书138字，其文末载有"谨奉黄金千斤两，用填冢门，地下死籍削除，文他央咎。转要道中人，和以五石之精，安冢莫，利子孙。故以神瓶震郭门，如律令"字样。[①]

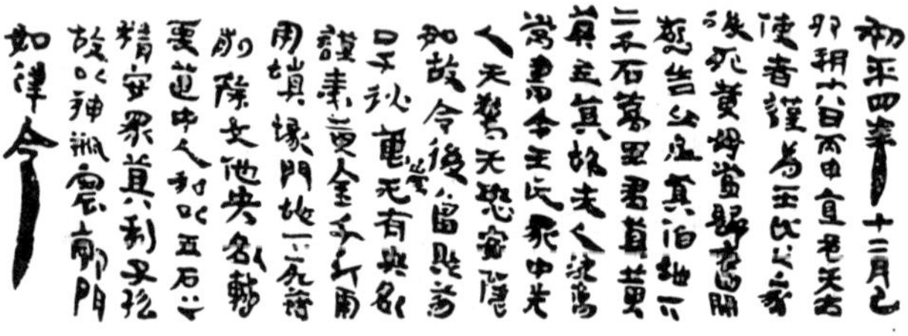

图19 初平四年王氏陶瓶腹部朱文

（采自唐金裕：《汉初平四年王氏朱书陶瓶》，《文物》，1980年第1期）

五石是道教烧炼外丹的原料。葛洪载："墨子丹法，用汞及五石液于铜器中，火熬之，以铁匕挠之，十日，还为丹，服之一刀圭，万病去身，长服不死。"[②]可见五石也被认为是可使人不死的仙药，《黄帝九鼎神丹经诀》卷十一《炼药使不散法》："五石者，丹沙，太阳之精也；磁石，太阴之精也；曾青，少阳之精也；雄黄，石上之精也。感阴阳之正气，配五方之正位，能相制伏，无所发

---

① 唐金裕：《汉初平四年王氏朱书陶瓶》，《文物》，1980年第1期；陈直：《汉初平四年王氏朱书陶瓶考释》，《考古与文物》，1981年第4期（句读采陈直）。

② 王明：《抱朴子内篇校释·金丹》，中华书局，1985年。

动，调炼去毒，故能令人不死者。"①刘昭瑞在对现在可见到的题及"神药"或具体药物的18件东汉镇墓文分析后指出，这些神药或具体药物，迄今未见其表露出有生人服用或死者死后服用的任何迹象。②实际上，这些当初被埋入地下的药物并不是为了给死者服用，而是作为"复除厌镇"的法物的。

符篆劾鬼是行墓室内部解除术的第三种常用的手段。《淮南子》载"昔者仓颉作书而天雨粟，鬼夜哭"，③所谓"作书"就是发明文字，至于鬼神哭的原因，高诱注云："鬼恐为书文所劾，故夜哭。"汉字因象形性的特征，从被先民发明之日起，其字形和指代的事物之间就发生着密切的联系，先民相信文字具有厌镇鬼神的力量。先民相信，只要控制文字就可以控制事物，通过调整文字就能清理事物之间的秩序，《易》、八卦、河图、洛书等都是通过文字和图形获得某种神秘意义的例证，战国秦汉时的术士普遍使用图、符、印、章等集文字与图形于一体的象征性物品，即符，来增强其法术的可信度，使仪式产生预期的效果，使对鬼神的祈请和命令产生效力。

① 《黄帝九鼎神丹经诀》，见《道藏》第18册，第795页。
② 刘昭瑞：《东汉镇墓文中所见的"神药"及其用途》，饶宗颐主编：《华学》（第7辑），中山大学出版社，2004年，第201页。
③ 刘文典撰，冯逸、乔华点校：《淮南鸿烈集解》卷八《本经训》，中华书局，1989年。

　　江苏高邮邵家沟汉代遗址中出土多件巫觋施法后留下的遗物，其中一件木牍画有朱书道符一通（图20），文曰：

　　　　乙巳日，死者鬼名为天光。天帝神师已知汝名，疾去三千里。汝不即去南山，给□令来食汝。急如律令。[①]

　　这块木简是一份由符画和咒辞构成的驱鬼文书，目的在于驱除一个在乙巳日所死之人变成的恶鬼。此件道符直行竖写，符首为南斗六星，斗柄上写"符君"两字，符与解除文并见，下符文层层接续不断，直至书写完道符。"天帝神师"又称"天帝使者"，多见于道书和出土的道家印和朱书陶瓶，是古人观念中上帝派遣沟通天地的神仙，可除魔降鬼，神通广大。行符者以"天帝神师"的名义警告"天光"鬼赶快远离，并威胁说如果不立即远去，就要派专门吞食恶鬼的神来吃掉它。这块符的最后部分，是将模仿官府文书"急如律令"样的文字书于符上，以此厌劾鬼神，结束整个活动。同址还出土一陶罐，上面的字多已漫漶不清，仅可见"玉池坤神"语，与木简一样，应同为劾鬼的文书。

----

① 江苏省文物管理委员会：《江苏高邮邵家沟汉代遗址的清理》，《考古》，1960年第10期。与木牍同时出土的还有写着朱书解除文的残陶瓶、桃核和"天帝使者"的封泥等，发掘简报认为该件木牍、封泥和朱书陶等是道教遗物。

在古人的观念中，鬼神皆有名字，掌握了这些名字就可以有效地控制和驱除鬼怪，《抱朴子·登涉》说："山中山精之形，如小儿而独足，走向后，喜来犯人。人入山，若夜闻人音声大语，其名曰蚑，知而呼之，即不敢犯人也。"除此之外，葛洪还列举了许多入山可能碰到的精怪。因此，在行符时特意写出鬼名说明知道鬼名对驱鬼活动十分重要，上引劾鬼文谓"已知汝名"，含意即在于此。"永寿二年洛阳陶瓶镇墓文"载"摄录百鬼，名字无合得桃亡"；[①]"南李王陶瓶朱书镇墓文"载"游光、地柱、南组、北斗、三稆、七星，主别解张氏后死者句伍重复钩技"。据王育成考证，"游光"为东汉著名厉鬼；"地柱"为凶恶之神；"南组"是南极老人星与南斗的合称；"三稆"指三种嘉禾；"七星"是二十八宿中的星

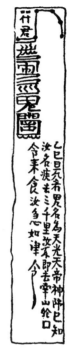

图20　江苏邵家沟劾鬼符摹本（采自江苏省文管会：《江苏高邮邵家沟汉代遗址的清理》，《考古》，1960年第10期。）

---

① 蔡运章：《东汉永寿二年镇墓瓶陶文考略》，《考古》，1989年第7期。

宿。[①]一篇镇墓文中同时出现这么多鬼名和神名,可以让我们从侧面了解东汉解除仪式中获知鬼神名字的重要性。

学者们还认为,与木简同时出土的其他遗物也可能与驱鬼活动有关,如王育成推测说,洁白的河光石和小块砺石,可能就是文献中所说解除活动使用的礜石;[②]吴荣曾认为,"天帝使者"的封泥及朱书文陶罐,应是方士或巫觋作法之后留下来的;[③]刘乐贤指出,考古发现的符画多见于陶瓶,邵家沟出土木简是唯一一件带符画的汉代简牍,其价值可想而知。[④]据此推测,东汉时应有许多书于简牍的符画存在,即使简牍不再作为书写材料使用之后,在木板上画符的做法依然流行,如"桃符"就是在桃木板上画符。再者,出土之汉代符画多见于北方地区,邵家沟木牍出于古代三吴之地,与所谓"滨海地域"很接近,自古巫风昌盛,魏晋时期则是道教流行地区之一,说明后来天师道等在这一带盛行并非偶然。

符图的出现早于有组织的道教,传达给鬼神的文书有了符才可靠,符图和符字的作用是使仪式生效,使对

---

① 王育成:《南李王陶瓶朱书与相关宗教文化问题研究》,《考古与文物》,1996年第2期
② 王育成:《东汉道符释例》,《考古学报》,1991年第1期。
③ 吴荣曾:《镇墓文中所见到的东汉道巫关系》,《文物》,1981年第3期。
④ 刘乐贤:《邵家沟汉代木牍上的符、咒及相关问题》,载《简帛研究汇刊》第1辑《第一届简帛学术讨论会论文集》,台北中国文化大学史学系及简帛学文教基金会筹备处,2003年,第567—584页。

鬼神的祈请和命令产生效力。①神仙方士中流传的符图和印章也起源于文字崇拜，与咒相比，符在时间的衡持性和空间的自定性上优势明显，后人在提到巫术性的符时，主要针对神秘的图形和文字而言，至于符的载体属于何种质料，采用何种形制，是否与实用符节相近似，都已经不重要了。②早期道符分六种形态：复文式道符、符篆式道符、符书式道符、组合式道符、横排式道符、直行竖写式道符六种。③符通常用丹砂书写在纸、帛、竹、木、铜等物上，从符的早期历史来看，符原本是写有契约的书版，分成两半后双方各执一半，"合符"对方术士意味着他从经由符而通达的神圣力量那里得到了回应，取得了祈福禳灾、厌劾鬼神的力量。在鬼神世界，道符使法师具有崇高的不可抗拒的法力，它可以通神、致真、保命、劾鬼、镇邪，④是修道者得之于神灵的强大神秘力量。在这个意义上，镇墓所使用的符可以魇镇一切为人所惧的鬼神。

---

① ［法］索安著，吕鹏志等译：《西方道教研究编年史：1950—1999》，中华书局，2002年，第44页；刘仲宇：《符、篆异同辩》，《宗教学研究》，2010年增刊。

② 胡新生：《中国古代巫术》，山东人民出版社，1998年，第62—65页。

③ 王育成：《略论考古发现的早期道符》，《考古》，1998年第1期。严格说来，此六种的划分并不是很理想，因为前四种是从道符的书写符号着眼，而后两种则是从书写形式入手。

④ 刘仲宇·《道符溯源》，《世界宗教研究》，1994年第1期。刘仲宇认为，墓门解除活动是在道团形成以前出现的，现在解注器上所见到的符应当是民间巫师所为，是巫符而非道符，后来巫符中的成分为道符所继承，巫符是道符的前身。

　　符箓造型奇特，将文字、图画和各种神鬼、星云形象
以复杂方式组合，为增强通神的效果，方术士往往有意将之
写得不可辨识，并用丹砂将拼合文字写在帛、纸等物之上，
人佩在身上后就可以驱邪镇妖，避鬼厌魅、治病驱祛、护身
防鬼。东汉道符多由"日"字形或星象形所组成，[①]之所以
要在符上画日字形或星象，是因为"符出于老君，皆天文
也"。[②]古人认为星辰可以产生超自然力量，在陶瓶或陶罐
上用丹砂画出日月或某些星象图形可以获得辟邪镇魔的特殊
效用。

　　道教长于画符，东汉时张道陵"造作符书"，张角用
符水治病，于吉"制作符水以治"，《后汉书》卷八十二
《方术列传》载"河南有魏圣卿，善为丹书符，劾厌杀鬼
神而使命之"。可见，墓葬中出现的解注符并不是一时兴
起的，而是有着很长的历史渊源。《抱朴子内篇·登涉》
卷十七收录了十几种不同的符，带有日月及星辰图像，
《太平经》卷一百〇四、一百〇五、一百〇六、一百〇七
中也收录用文字堆砌而成的符号，即"复文"道符。这种
复文由汉字堆叠而成，间或仅由一个汉字构成者，除个别
变形较大者外，几乎全可以汉字释出。罗二虎认为文字符

---

① 郭宝钧等：《一九五四年春洛阳西郊发掘报告》，《考古学报》，
　　1956年第2期。东汉时星象符已成为道符中独立的一类，存在单独
　　由星象符构造的道符，晋代道士仍在使用。（王育成：《东汉道符
　　释例》，《考古学报》，1991年第1期。）
② 王明：《抱朴子内篇校释·登涉》，中华书局，1985年。

号化的趋势体现了某种宗教倾向，是该宗教的物化表现，其背后隐藏的是东汉早期民间道教的出现和流行。[1]

符是诅咒的书面形式，一道符就是一句咒语或一篇咒文。作为一种解除法术，施法者往往声称符中融入了法力和神力，这样，方术士的权威性和术数的可信度可以得到提升。有的符用文字直接记录咒语用以杀鬼，有的则是通过象征符号间接地表现诅咒内容和巫术观念，通常情况下则是符与文字并出（图21；图22），洛阳西郊解注陶瓶和户县曹氏朱书解注陶瓶上的从符形上看已具备晚期道符的主要特征，形制已经成熟，它们是在某种宗教氛围中借文字和图像表达出来的信仰。

1954年洛阳西郊出土东汉朱书陶瓶（图21），朱书

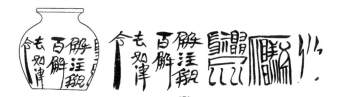

图21 洛阳西郊解注瓶朱书符箓、解除文摹本
（采自郭宝钧等：《一九五四年春洛阳西郊发掘报告》，《考古学报》，
1956年第2期）

---

① 罗二虎：《东汉画像中所见的早期民间道教》，《文艺研究》，
2007年第2期。

由三个符和一段文字组成。发掘报告指出此瓶上的文字及符号是以符驱病习俗的实物遗存，属于道教禳解之举。第一符以川水之神表示除殃去祸的决心，第二符向鬼魅指明它们应当遵守的规则，第三符则是表现震慑对手的力量。①

户县曹氏解注瓶由两个符及一段朱书解注文组成（图22）：

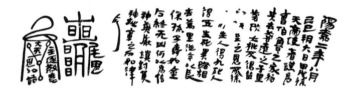

图22 东汉阳嘉二年户县曹氏朱书解注瓶摹本
（采自禚振西：《陕西户县的两座汉墓》，《考古与文物》，1980年
第1期）

阳嘉二年八月己巳朔六日甲戌徐。天帝使者，谨为曹伯鲁之家移央去咎，远之千里。咎印大桃不得留。□□至之鬼所。生人得九，死人得五，生死异路，相去万里。从今以长保子孙，寿如金石，终无凶。何以为信？神葬厌镇，封黄神越章之印。如

① 王育成：《东汉道符释例》，《考古学报》，1991年第1期。

律令！ [①]

通观全篇，其目的就是要请天帝使者为墓主"移殃去咎"，"保子孙，寿如金石，终无凶"。就这两个符来说，左边的符实际上是一个星图，代表的是"太一锋"，即代表太一的天极星与天一星合在一起的星图，意思是具有驱鬼职守的太一、天一星在此，持节以待各种恶鬼。右边的符由三个日及月、尾、鬼等字组成。日月向为古人所崇拜，尾、鬼是二十八宿之一，古人常把天上的星宿与地上的人事联系在一起，所以在这个符里用了星宿之名。这个符的意思是万物的生死是由日月决定的，活人属于日所代表的阳世，死人属于月所代表的阴间，尾宿保佑曹氏之家多子多福，鬼宿管理死人祠祀之事。两个符合起来表达的就是表现御鬼的力量，申明天帝的神意。[②]

1984年中国社会科学院考古研究所洛阳唐城队在烧底沟墓东部挖掘清理了一批汉晋墓葬，其中在M24出土一件延光元年（122）朱书陶罐，发掘简报认为朱书文字后面的

---

① 禚振西：《曹氏朱书罐考释》，《考古与文物》，1982年第2期。

② 王育成：《东汉道符释例》，《考古学报》，1991年第1期。禚振西考释右符意为：五行运行，日明昌明，五谷番丰，百姓安宁；生死天命，长寿延龄；左符通符文字应为"大天主逐敦（大）恶鬼以节"，祈求逐鬼和节制鬼魅活动的意思非常明显。综合全符，可解释为：敬祈苍天大天主坟墓神逐除恶鬼。符策所绘之圈点连线图，也应用天象图来解释。（禚振西：《陕西户县的两座汉墓》，《考古与文物》，1980年第1期。）

几个符号是类似于道教符咒的符号（图23）。

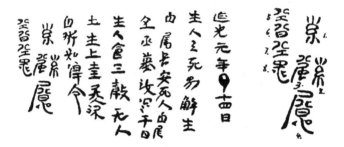

图23 （左）洛阳延光元年朱书陶罐摹本 （右）朱书符号
[采自中国社会科学院考古研究所洛阳唐城队：《1984年至1986年洛阳市区汉晋墓发掘简报》，《考古学集刊》（第7辑），科学出版社，1991年，第60页]

延光元年□□十四日。生人之死易解。生自属长安，死人自属丘承墓。汝□干日生人，食三谷，无人。土生上，往□人。汝自祈。如律令。[1]

朱书文字的后面紧跟八个符号，这八个符号书写疏离，从形态上并不构成一个完整的整体，也与一般所见多字多形叠垒在一起而又有统一构形的道符有很大区别。王育成认为这是早期的道符，即《太平经》的复文。[2]

---

[1] 中国社会科学院考古研究所洛阳唐城队：《1984年至1986年洛阳市区汉晋墓发掘简报》，《考古学集刊》（第7辑），科学出版社，1991年，第60页。

[2] 王育成：《洛阳延光元年朱书陶罐考释》，《中原文物》，1993年第1期。

第四种方法就是使用解注瓶。解注瓶劾鬼术在汉代极为流行，考古出土了很多这种带有文字的文物。前文所述的1954年洛阳西部出土东汉陶瓶，因符文后有"解注瓶，百解去，如律令"字样，故称为"解注瓶"，文字称为解注文。[①]在此之前，类似的文字早已被发现，罗振玉首发其义，他说："东汉末叶，死者每用镇墓文，乃方术家言。皆有天帝及如律令字，以朱墨书于陶甀者为多，亦有石刻者，犹唐之女青文也"，[②]"汉人冢墓中往往有镇墓文，或书铅券上，或书陶器上"。[③]

解注文又称镇墓文，是以朱书或墨书写于陶器等随葬器物上的文字，主要出土于陕西、山西、甘肃、河南的东汉至魏晋南北朝时期的墓葬中。之所以被称为镇墓文，是因为这些材料中常有"注"或"解注"等字样，强调的是厌镇的意义。对"解"的解释学界看法一致，多认为是解除、禳解之意，但是在对"注"的解释上出现了歧义。多数人认为"注"即疾病或伤寒之类的传染病，但张勋燎根据《赤松子章历》《登真隐诀》《正一法文经章官品》等道教文献，认为将"注"看作是疾病还不够准确和完善，

---

① 郭宝钧等：《一九五四年春洛阳西郊发掘报告》，《考古学报》，1956年第2期。

② 罗振玉：《贞松堂集古遗文》卷十五铅券条，北京图书馆出版社，2003年，第360页。

③ 罗振玉：《古器物识小录》，载其著：《雪堂类稿》（甲）《笔记汇刊》，辽宁教育出版社，2003年，第497页。

"注"更多地具有宗教上含义，是天师道形成的一个标志。①从现代医学角度去理解看，"注"应该是传染病或被古人误认为是传染病的烈性病，因此解注瓶多出现于墓中强调的是"解注"，同时也是"镇墓"。

与买地券相比，镇墓瓶的道教特点更明显，在许多镇墓瓶上，都画有道教的符箓。这些符箓与文字的使用应与法术相配合，但由于现在所存文献不足征，我们无法得知当时行法的详尽情况，但《汉书·艺文志》载有《执不祥劾鬼物》和《请官除訞祥》之类的作品，很可能就是此类文献。

现在考古发现的镇墓文应该就是当时为死者行解除之法时所读的咒文之类的文字，由此我们可以推想当时巫者的行为。1980年洛阳东郊史家湾出土镇墓陶瓶（图24）：

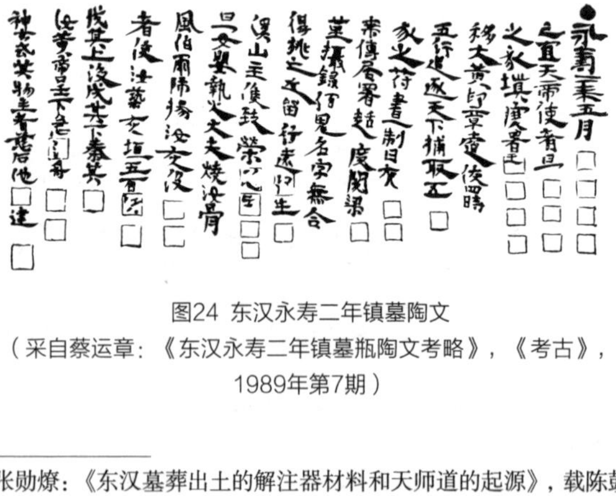

图24 东汉永寿二年镇墓陶文
（采自蔡运章：《东汉永寿二年镇墓瓶陶文考略》，《考古》，
1989年第7期）

---

① 张勋燎：《东汉墓葬出土的解注器材料和天师道的起源》，载陈鼓应主编：《道家文化研究》（第9辑），上海古籍出版社，1996年，第253页。

永寿二年五月□□□□巳直，天帝使者旦□□□之家填塞，署□□□□移大黄印章，□佼四时五行，追逐天下，捕取五□，豕之符书一制，日夜□□乘传居署，趑度阁梁，□董摄录百鬼，名字无合得桃亡，近留行，远□生，□傒山主只致荣□□□□旦女婴，执火大夫烧汝骨，风伯雨师扬汝灰，没□□者使汝筑灰垣五百□，□成其上，没成其下，奏其□汝，黄帝呈下，急□舟□，□神玄武，其物主者慈石，他□建□。①

这件镇墓文是天帝使者进行解除仪式的法物，专用于劾墓杀鬼，在已发现的镇墓文中极为少见。"摄录百鬼，名字无合得桃亡"一句表明天帝将根据名单，按百鬼的名字拘捕他们，名字不在其上的可以暂时得以解脱。道书中记载了大量的鬼名，《女青鬼律》更是其中的代表，计有"无头坏军死将逆恶大鬼姓李名三可，北斗三台招摇大鬼姓伴名玩，西斗三台鬼姓车名球，南斗三台鬼姓溟名温夫，中斗三台鬼姓王名咸，东斗三台鬼姓角名车，右五斗煞鬼名姓主煞人，东方凶神鬼姓坚名角子，南方凶神鬼姓精名玉又名后竹，西方凶神鬼姓天邪名古子，北方凶神鬼姓王名精，

---

① 蔡运章：《东汉永寿二年镇墓瓶陶文考略》，《考古》，1989年第7期。句读采黄景春博士论文，第105页。此瓶内出土有大量绿豆大小的小丸，王育成认为是道教的神药。

中央凶神鬼姓戴名应子"等几百个名字。天帝使者是上天的代表，他代天而言，替天行道，劾鬼时打出天帝的旗号，因此，在实际执行过程中，行巫觋之法的人就成为天帝的使者或天师的化身。《太平经》中多次提到天师、天帝使者、天帝神师，认为能充当这样角色的是"神真圣人"，"是故古今神真圣人为天师，受天心，主当为天地谈话。天地立事以来，前后以是为常法，故圣人文前后为天谈语，为天言事也"。①关于这些人的身份，王育成认为在汉代人的心目中天帝使者与天地神师是一回事，仅为同一种有神通的道人的不同名称而已。②他们行法之举为当时人所习见，《后汉书·方术列传》载："章帝时有寿光侯，能劾百鬼众魅，令自缚见形。其乡人有妇为魅所病，侯为劾之，树盛夏枯落，见大蛇长七八丈，悬死其间。"可见，由方士或巫觋来作法劾鬼，是东汉时常见的一种巫术活动。关于这些人的生活背景，《搜神记》卷三淳于智条载：

（淳于智）少为书生，能易筮，善厌胜之术。高平刘柔夜卧，鼠啮其左手中指，意甚恶之。以问智，智为其筮之，曰："鼠本欲杀君而不能，当使

---

① 王明：《太平经合校》卷五十三《分别四治法第七十九》，中华书局，1960年。

② 王育成：《东汉天帝使者类道人与道教起源》，载陈鼓应主编：《道家文化研究》（第16辑），生活·读书·新知三联书店，1999年，第181页。

其反死。"乃以朱书手腕横文后三寸，为田字，可方一分二寸，使夜露手以卧。有大鼠伏死于前。

书生出身的淳于智竟然会一般巫者才会的书符术，说明相信符劾术的人不仅有道士，一般的读书人对此也深信不疑，成为一种普遍的社会风尚。

二　汉代葬仪文书

东汉墓葬出土及传世的大量解除实物，包括朱书或墨书的陶瓶解除文、铅券、铁券、陶券、木简及黄神越章、天帝使者等法印上的文字等是早期巫道进行解除活动的遗物，属葬仪文书的范畴。①但是必须指出的是，在随葬品中不时出现的诸子经典文献不具备宗教性质，与丧葬仪式和死者死后命运直接相关的文字才是葬仪文书。随着考古发现的增多，原来仅在文献中记载的镇墓文在墓葬中不断被发现，由于它们多出土于棺木旁，因此很难认为它们是现世经济生活

---

① 索安研究汉代宗教时首发其凡，第一次使用"葬仪文书"这个概念〔［法］索安：《从墓葬的葬仪文书看汉代宗教的轨迹》，载《法国汉学》丛书编辑委员会编《法国汉学》（第7辑），中华书局，2002年，第118页〕。现在很多研究将葬仪文书看作是早期道教活动的遗迹，但是这种看法应需审谨地加以对待，因为葬仪文书体现出的巫道信仰早于道教产生，不能因为后世道教参与其中，就将其根源也认作道教的。

的反映，其中所包含的宗教因素受到学界关注。

1. 汉代的葬仪文书

法国道教学者索安在研究汉代宗教时将各种类型的丧葬文献统称为"葬仪文书"，并将之分为四类，即买地券、镇墓文、衣物券和符、咒、印等小而庞杂的文书。[①] 她认为，这些葬仪文书在置于棺木旁、封存于坟墓后已不具备其现实世界所有权的世俗功能，而是属于土地之神和阴间世界，在本质上有宗教性质。买地券是埋葬资料中最为著名的一种，它用以证明死者对其葬身之处有土地所有权；镇墓文辟邪于墓外，由最高天神颁发，将死者介绍到阴间管理系统，严格隔离死者与生者，保护死者家庭成员免遭更大的灾难；衣物券是最古老的向地下之神致辞的墓葬文书，是死者拥有的全部随葬品的清单；符、咒、印等则是葬仪文书中的小类。

葬仪文书的存在是生死转换过程最直接的文字交代，对认识汉代墓葬信仰有很大帮助。从广义上说，所有置于墓中用以厌镇死者亡魂和鬼神的文字都可称为镇墓文，它们多书写于镇墓瓶、买地券上，其中带有解注文字的器物称为解注瓶、文字称为解注文，除文字外，部分器物还画有神符，用于交通鬼神、解除咎殃，是民间信仰的产物，

---

① ［法］索安：《从墓葬的葬仪文书看汉代宗教的轨迹》，《法国汉学》（第7辑），第118页。

具有宗教性质。买地券原是东汉以来随葬的一种反映地下土地所有权的文书，随葬死者于地下，也带有镇墓的性质。解注文和买地券在广义上都是镇墓文的一种，三者在作用和意义上互有交叉。解注文多写在陶瓶上，买地券写在铅质或铁质券板上，但它们在墓中都起镇墓作用，使死者在墓中安于其位，不再与生者互相牵涉，同时在可能的情况下护佑生人。

在早期的研究中，学者们常常误以为买地券就是现实里的真实的土地交易契书，它们的格式极为相似，但随着研究的不断深入，同时考虑到买地券出土于墓葬，不可能是现实土地买卖的反映，不然生者不会将如此重要的契约交由死者带往地下。实际上，买地券是东汉以来的一种随葬文书，它以文字方式镇墓，一是象征死者对阴间土地的所有权，二是要为死人解适，为生人祈福，断绝死人与生人的联系，在广义上讲也是一种镇墓文。

罗振玉"以传世诸券考之，殆有二种：一为买之于人，如建宁、建初二券是也；一为买之于鬼神，则术家假托之辞"，并将买之于人者称为地券，买之于鬼神者称之为镇墓券，[①]治史者多以此为出发点，认为汉代的买地券是真实的土地文书，并以之研究汉代的土地关系。随着研究的深入，20世纪七八十年代以来，对买地券的研究深

---

① 罗振玉：《蒿里遗珍》，转引自吴天颖《汉代买地券考》，《考古学报》，1982年第1期。

入到当时的信仰领域。李寿冈认为土地买卖契约不会刻写
在铅制的券上，因此所有汉代的地券，包括买地券和镇墓
券都是明器。[1]吴天颖将地券分为甲乙两种，早期的为甲
种，它们模仿实在的土地文书，记有买卖双方的姓名、土
地来历、位置、四至、面积、地价、钱地交割过程及证人
的报酬，真实性较强，史料价值较高，晚期的买地券则为
乙种，宣称土地是买之于鬼神，带有浓厚的迷信色彩。[2]
韩森认为，汉代人之所以要将买地券埋入地下是他们相信
地下土地所有权属于神明，挖地修墓侵犯了神的领土从而
招致神怒，因此死者家属要为死者向地神购买土地，并解
谢土神。[3]鲁西奇在肯定韩森的观点后认为买地券虽非实
在的土地买卖文书，却是实在的冥世土地买卖契约，强调
墓地归亡人所有，通过向鬼神购买葬地的方式求得地下鬼
神的接纳与护佑。[4]

---

① 李寿冈：《也谈"地券"的鉴别》，《文物》，1978年第7期。
② 吴天颖：《汉代买地券考》，《考古学报》，1982年第1期。
③ ［美］韩森著，鲁西奇译：《传统中国日常生活中的协商：中古契
   约研究》，江苏人民出版社，2008年，第143页。另见韩森：《宋
   代的买地券》，载邓广铭、漆侠主编：《国际宋史研讨会论文选
   集》，河北大学出版社，1992年，第133—149页；《为什么将契约
   埋在坟墓里》，朱雷主编：《唐代的历史与社会》，武汉大学出版
   社，1997年，第540—547页。
④ 鲁西奇：《汉代买地券的性质、渊源与意义》，《中国史研究》，
   2006年第1期。鲁西奇认为，六朝时买地亡人不再标有具体姓名，
   天地人及地下神祇逐步代替了具体姓名的亡人鬼魂而成为地下土地
   的所有者。（《六朝买地券丛考》，载《文史》，中华书局，2006
   年第2辑，第158页。）

　　如果说买地券是真实的现世土地买卖契约，此一说法似乎有一个死结：既是真实的土地文书，为什么要埋入地下？对此问题的追问，使我们不得不重新审视买地券的真实目的。如果卖地人是依然现存于世的人，那么他何以不忌讳死亡而愿意将其真实名姓附于墓主的买地券中并随买地券葬于墓内？考建宁四年（171）孙成买地铅券载"田中若有尸死，男即当为奴，女即当为婢，皆当为孙成趋走给使"①文句，生者又如何将田地中的伏尸亡魂卖与墓主？光和二年（179）王当地券"买谷郏亭部三陌西袁田十亩以为宅，贾直万钱"，"四角封界，界至九天上，九地下"，②其土地价格及其土地四至已有明显的夸张成分，表明它是亡人与鬼神之间订立的契约，其买地人已亡故，卖地人及见证人也是早已亡故之人，亦即鬼魂，不是生人。如果我们怀疑买地券的见证人为生人，就不能理解武昌任家湾113号墓出土黄武六年（227）铅地券之卖地人为地下主吏的"主县"，见证人为"东王公、西王母"了。③以上种种暗含的含义即为，卖地者是先于墓主死亡之人。买地券所涉及的买卖双方、见证人均为亡人，他们

---

① 张传玺：《中国历代契约会编考释》，北京大学出版社，1995年，第50页。

② 洛阳博物馆：《洛阳东汉光和二年王当墓发掘简报》，《文物》，1980年第6期。

③ 武汉市文物管理委员会：《武昌任家湾六朝初期墓葬清理简报》，《文物参考资料》，1955年第12期；程欣人：《武汉出土的两块东吴铅券释文》，《考古》，1965年第10期。

所买卖的是冥世土地所有权，其田亩的面积与价格仅具冥世意义，交易双方所用的钱也是冥钱而不是现世的钱，不可能与现世亩数一一对应，与现世土地价格并无直接关系。在这个意义上，买地券是冥世土地买卖契约，是文字性质的随葬明器，如果有其他亡人的魂灵也来争夺该地所有权，亡人可持买地券作为法律凭证进行抗诉。

买地券的出现是对汉代人相信另一个地下世界的存在的一个有力证明，它真实地反映汉代民间宗教信仰。出现在买地券中的地下鬼神名号繁多，计有墓上、墓下、墓皇、墓伯、魂门亭长、地下二千石、中都二千石、主墓狱吏、上游徼、冢侯司马、蒿里父老等。根据黄景春的研究，巫觋道士作法分为口章和书章，口章用于念诵，转瞬即逝不可保留，书章则书写于简牍器物上，现在考古所见的东汉墓葬中镇墓陶瓶、镇墓铅券、买地券等应是当时遗留下来的书章，[①]方诗铭也认为镇墓文书用朱书写在陶瓶上，陶瓶本身即成为巫师作法的法器之一。[②]因此，买地券、镇墓文、解注文是自古以来就存在的驱鬼辟邪巫术，在东汉天灾人祸不断、疾疫带来巨大痛苦和大量死亡的情

---

① 黄景春博士论文，第33页。赖亚生也认为镇墓文文句合辙押韵的特点不是偶然的，应该是巫祝方士在主持解适仪式时讴唱的巫词实录。（赖亚生：《神秘的鬼魂世界：中国鬼文化探秘》，人民中国出版社，1993年，第290页。）

② 方诗铭：《黄巾起义先驱与巫及原始道教的关系：兼论"黄巾"与"黄神越章"》，《历史研究》，1993年第3期。

况下，巫觋道士为解除百姓的困苦和死亡而施行法术时遗留下来的文字材料。这些材料是东汉道教活动留下来的明确证据。

给死者买地是为了死者在地下得到安居之所，不再返回阳间祟扰生者。时间发展到东汉，买地券镇墓性文字增加，其内容和镇墓的目的合在一处，买地券作为镇墓文的作用更加明确。

狭义上的镇墓文是指东汉中后期出现的用朱砂写在镇墓陶瓶陶罐上的解殃文辞，其目的是为生人除殃祈福，为死者解适祛过，免受罚劳之苦；同时隔绝死者与其在世亲人的关系，使之不得侵扰牵连生人。镇墓文和买地券性质不同，镇墓文的前身是买地券，两者的作用和功能有一定的重合，它们都是随葬明器，某些买地券也带有镇墓的性质，前文引用的王当买地券，券文中"无得劳苦苛止易，勿繇使，无责生人、父母、兄弟、妻子、家室，生人无责，各令死者无适负"一句就是如此。[①]

按道教的说法，世上之人无论身份如何显赫，都是鬼的潜在谋害对象，因此死者家属在墓中放置镇墓文的目的，一是为死者解适，为生人除殃。二是要向地下鬼神说明自此以后生死异路，死者归冥府接受地下鬼神的管辖，若有任何灾殃和生人无关。三是假人代形与"神药厌

---

① 洛阳博物馆：《洛阳东汉光和二年王当墓发掘简报》，《文物》，1980年第6期。

镇"。四是要在镇墓文中说一些利生人或后世子孙的吉祥
话，最后多以"如律令"或"急急如律令"结束。镇墓文
书写时大体上有一定的格式，现在所见的镇墓文几乎未见
相同者。

镇墓文的厌镇对象有两种：死者和地下的鬼神。对
死者的厌镇是分别生死，告诫死者不得侵扰生者，强调
"生人属阳，死人属阴"，"生人属西长安，死人属东泰
山"，"生死异途，不得相见"，同时要求死者保佑后世
子孙，如张湾汉墓镇墓文云：

> 天帝使者谨为杨氏之家镇安冢墓。谨以铅人金
> 玉为死者解适，生人除罪过。瓶到之后，令母人为
> 安。宗君自食地租，岁二千万，令后世子子孙孙士
> 宦，位至公侯，富贵将相不绝。移墓□□当用者。
> 如律令。①

另如：

> 光和二年二月乙亥朔十一日乙酉直破厌，天
> 帝神师黄神越章谨为段氏甲□家通东南□□土□，
> □王四方当生者。死者直□□□□□□□土□道神

---

① 河南省博物院：《灵宝张湾汉墓》，《文物》，1975年第11期。

□。东方起土，大白□之。南方起土，辰星威之。西方起土，营惑□之。北方起土，填星□之。甲乙庭坐冥收左旁趣召□己辰先恐□丑末，封状急还土央。段氏移央去咎，远行千里；移咎去央，更到他乡。故礜石厌直，□曾青厌东南人辰上土气。辟祸达志，远行千里。如律令。[1]

在这两段镇墓文中，施术者自称天帝使者或天帝神师，在举行一定的仪式、念完咒语后，以"如律令"和"黄神越章"对墓葬进行厌镇，达到隔绝死者与生者的目的。《抱朴子内篇》对黄神越章解说为："古之人入山者皆佩黄神越章之印，其广四寸，其字一百二十，以封泥著所住之四方各百步，则虎狼不敢近其内也。行见新虎迹，以印顺印之，虎即去；以印逆印之，虎即还。带此印以行山林，亦不畏虎狼也。不但只辟虎狼，若有山川社庙血食恶神能作福祸者，以印封泥，断其道路，则不复能神矣！"[2]由此可见，在对墓葬实施的法术中，黄神越章所起的作用是厌镇死者和护佑生者。

对地下鬼神的厌镇相较前者为少。初平四年（193）王氏朱书陶瓶镇墓文曰：

① 中村不折：《书道全集》第三卷，转引自黄景春博士论文，第129页。
② 王明：《抱朴子内篇校释·登涉》，中华书局，1985年。

初平四年十二月己卯朔十八日丙申，直危。天帝使者，谨为王氏之家，后死黄母，当归旧阅。慈告丘丞莫（墓）伯（柏）、地下二千石、蒿里君、莫（墓）黄（皇）、莫（墓）主，莫（墓）故夫人决曹尚书令王氏冢中。先人无惊无恐，安隐（稳）如故。令后曾（增）财益口，千秋万岁，无有央（殃）咎，谨奉黄金千斤两，用填（镇）冢门。地下死籍削除，文（无）他央（殃）咎。转要道中人，和以五石之精，安冢莫（墓），利子孙，故以神瓶震（镇）郭（椁）门，如律令。[①]

买地券的内容从大的方面来说包括买地和镇墓两个方面。东汉多只述买地的内容，镇墓的作用较少提及，魏晋时其则多侧重于镇墓的内容而较少涉及买地（图25；图26），如下列三种敦煌祁家湾镇墓文：[②]

泰熙元年四月庚寅朔六日乙未直平吕阿丰之身死今下斗瓶五谷铅人用当复地上生人青乌子北辰诏令死者自受其央罚不加尔移央传咎远与他乡如律令

---

① 唐金裕：《汉初平四年王氏朱书陶瓶》，《文物》，1980年第1期；陈直：《汉初平四年王氏朱书陶瓶考释》，《考古与文物》，1981年第4期。

② 甘肃省考古文物研究所：《敦煌祁家湾西晋十六国墓葬发掘报告》，文物出版社，1994年，第103—111页。

（M321：24）。

天注去，地注去，月注去，日注去，如律令
（M218：19）。

建兴十八年六月丙寅朔三日戊未直定西郭□子
之身汝自薄命早终□□尽寿□汝自生□告莫□辰□
莫相死别无令死□注仟生人千秋万岁如律令
（M328：2）。

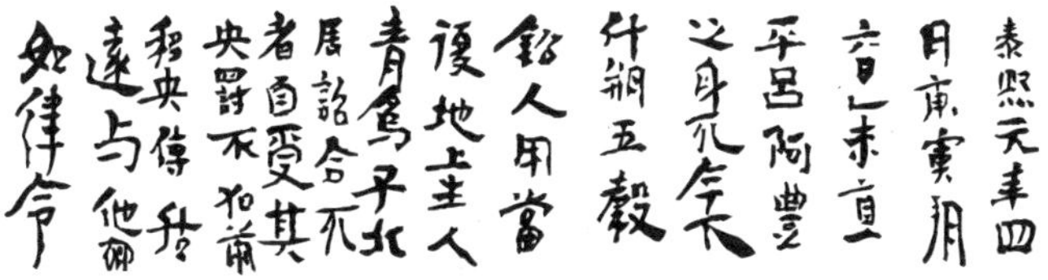

图25 敦煌祁家湾M321：24镇墓文摹本
（采自甘肃省文物考古研究所：《敦煌祁家湾西晋十六国墓葬发掘报告》，
文物出版社，1994年，第103页）

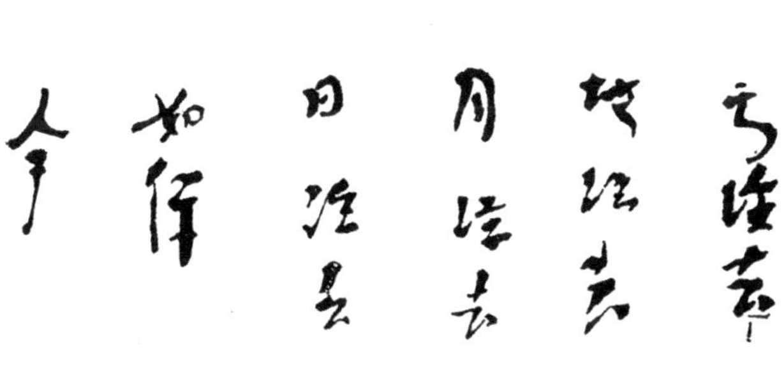

图26 敦煌祁家湾M218：19镇墓文摹本
（采自甘肃省文物考古研究所：《敦煌祁家湾西晋十六国墓葬发掘报告》，
文物出版社，1994年，第111页）

镇墓文的主要目的是分别生死,强调生死异路,厌镇死者不得重回人间作祟,保佑生者子孙。买地券模仿现世地契的形式,有的买地券甚至没有一句镇墓文字,这也是后人将之与真实的土地买卖文书混而为一的原因,如建初六年武孟子男靡婴买地玉券即是如此。粗看起来,这个文书似乎是真正的土地买卖文书,但实际上仍是为了在阴间作为墓地之凭证使用:

> 建初六年十一月十六日乙酉,武孟子男靡婴买马起发、朱大弟少卿冢田。南广九十四步,西长六十八步,北广六十五步,东长七十九步,为田廿三亩奇百六十四步,直钱十万二千。东,陈田比分,北、西、南朱少比分。时知券约赵满、何非。沽酒各二千。①

> 建宁二年八月庚午朔廿五日甲午,河内怀男子王末卿从河南街邮部男子袁叔威买皋门亭部什三陌西袁田三亩,亩贾钱三千一百,并直九千三百。钱即日毕。时约者袁叔威。沽酒各半。即日丹书铁券为约。②

① 张传玺:《中国历代契约会编考释》,北京大学出版社,1995年,第45页。
② 张传玺:《中国历代契约会编考释》,北京大学出版社,1995年,第47页。

这也就是吴天颖所说建初买地券尚未渗入迷信色彩，更接近实在的土地文书原因之所在。① 再往后发展，镇墓文的宗教作用更加明显，发展到晚期，买地券和镇墓文的内容有合而为一的趋势，很难说应该把它划分到何处，如著名的王当买地券：

　　光和二年十月辛未朔三日癸酉，告墓上墓下中央主士，敢告墓伯、魂门亭长、墓主、墓皇、墓囟：青骨死人王当、弟伎偷及父元兴□，从河南□□□□□子孙等，买谷郏亭部三陌袁田十亩以为宅。贾直万钱，即日毕。田有丈尺，券书明白。故立四角封界，界至九天上、九地下。死人归蒿里地下，□□何□姓□□□佑富贵，利子孙。王当、当弟伎偷及父元兴等，当来入藏，无得劳苦苛薯，勿繇使，无责生人、父母、兄弟、妻子家室。生人无责，各令死者无适负。即欲有所为，等焦大豆生、铅券华荣、鸡子之鸣，乃与□神相听。何以为真？铅券尺六为真。千秋万岁，后无死者。如律令。券成。田本曹奉祖田，卖与左仲敬等，仲敬转卖□□□、弟伎偷、父元兴。约文□□，时知黄唯留

① 吴天颖：《汉代买地券考》，《考古学报》，1982年第1期。

登胜。^①

整个券文买地和镇墓合而为一，全文可分三个部分。第一段从开头到"九地下"，向地下神祇报告，这块土地已由王当之弟伎偷买下，并作为王当等人在阴间所用之宅，作为凭证的铅券由王当亲自带到地下，其上写有买地的时间、地点、涉及的人物、土地亩数、成交价格、土地四界等；第二段接上到"如律令"，主要是镇墓内容，写死人魂归蒿里，地下官吏不得喝止，他姓不得占有墓宅，王当的后人来葬，也不得劳苦、喝止或役使，要求死人"佑富贵、利子孙"，不要责怪生人亲属，死人与生人永远不相往来，并以铅券为厌胜；第三段，写田地转卖情况和券约证人。

随着买地券中镇墓成分的增加，买地券中原先暗含的镇墓成分更加突出，买地券转化为镇墓文成为事实上的存在。这其中的原因在于随着早期道教的传播，越来越多的民众接受了这一理论。主持葬仪的道士以天帝使者自命，将天帝的令旨传达给地府的各路神祇。这个买地券虽然没有明确写出地价、田亩四至等内容，但它却注明地下主的存在，央告他们对死者网开一面，镇墓内容明确。

① 洛阳博物馆：《洛阳东汉光和二年王当墓发掘简报》，《文物》，1980年第6期。

概括说来，一篇完整的镇墓文应有两个基本功能，一是为生者除殃祈福，为死者解适祛过，免除再次受罚作之苦；二是隔绝死者与其在世上亲人的关系，使之不再侵扰牵连生人。在这两个基本功能中，第二点在东汉镇墓文中尤为突出，南北朝以后，类似主题的镇墓文相对来说少见出土，这一变化反映了人们对生死观看法的改变。[①]同样，王仲殊认为镇墓瓶的作用在于以天帝使者的名义为生人解罪，使生人家宅安宁，死者冢墓稳定，从其上的文字来看，镇墓瓶的出现与巫术有关。[②]

镇墓文以铅人、金玉奉献给地下土神，以解除丧葬动土对地下神的侵犯，买地券则通过向地下鬼神购买葬地得到地下鬼神的护佑，合法获得阴阳宅使用权，二者本质上相同。[③]倘若未经此种程序就不能赶走其他占地的凶神恶煞，寓居于阴界的祖先或阳界中的生人都将不得安宁。质言之，这种信仰是人们建立阴阳两界的良性交流模式的理性尝试，代表着人神之间合法化的交易，无论生者还是死者，由此也消解了潜在的威胁。现存诸券没有一种说明买地是为了耕种，而是要建立阴间的冢宅并祈求地下神护

---

① 刘昭瑞：《〈太平经〉与考古发现的东汉镇墓文》，《世界宗教研究》，1992年第4期。

② 王仲殊：《汉代考古学概说》，中华书局，1984年，第102页。

③ 鲁西奇认为如果说买地券和镇墓文存在着逻辑与历史发展的先后之别的话，那么很可能是镇墓文在先，而买地券在后（鲁西奇：《汉代买地券的性质、渊源与意义》，《中国史研究》，2006年第1期）。

佑，制作材料大都是铅、陶、石、砖等不易朽坏的东西，其所隐含的象征是持久、永恒和不朽，总之是一种独立于时间的存在模式。

2. 注鬼说与解注术释义

解注术和解除术内涵稍有不同。解除术系继承早期逐疫巫术而来，是召神镇邪、驱鬼和消灾的宗教活动。"解"除"解除"外，还包括"解谢"，意为解除殃咎灾厄，保护生人。解注术则是为了解除死者对生人的牵连，解注若是解决不好，就会引起冢讼，影响到生人在地上的生活。

东汉以后墓葬中常发现用朱砂书写在陶瓶上的解殃文字，现多称之为解注文，陶瓶被称为解注瓶。[①]这些文字的内容多是为世上生人除殃祈福，保佑生人家宅安全，为地下死者解适除过，隔绝死者与生者的关系，使死者不得再侵扰牵连生人。把解注器物放在墓葬中，它的作用自然与镇墓有关，但镇墓只是一个笼统的概念，"镇"的对象有所不同，有的是指墓主以外的妖邪精怪，有的则包括墓

---

① 禚振西认为陶瓶出土于陈设相对简陋的墓中，因此它所反映的是汉代下层民众的信仰。（《陕西户县的两座汉墓》，《考古与文物》，1980年第1期。）余欣也持此说，并认为这原是流行于民间的方术杂迷信，后来被天师道吸收，对早期道教的鬼神系统产生了一定的影响。（余欣：《唐宋敦煌墓葬神煞研究》，《敦煌学辑刊》，2003年第1期。）

主本身。[①]由现存文献和考古发现的镇墓文可以看到，解注的目的是为了解除当时被称为"注"的灾殃。张勋燎根据道书记载，认为"注"最基本的宗教含义是：

> 一般男女老少之人，或由生前为恶，与人仇怨，或死于非命，亡日不吉，或尸形未得安葬，坟墓为人侵败，或葬埋触犯三官，冥司争讼，谪罚受罪，或阴邪近胁，遭受种种折磨，魂鬼不安，不堪痛苦，因之返回阳间祟害生人，不分亲疏内外，贪图让生人魂魄遭受谪罚，以求自身得到解脱。这种妄求生人魂魄以为代替之鬼，称为"注鬼"、"鬼注"、"死注"或"逆注"、"咎注"。因注鬼多系在冥司官吏将其罪过与有关规定条律对照考察判罚，故又称"考注"。又其罪谪多系由冥讼所致，故又称"讼注"或"注讼"。注鬼之气称为"注气"。注鬼为害生人，称为"注祟"、"殃注"、"蛊注"、"注害"或"注逮"。因为祟害生人的方式与自身死亡的方式一样，甚至地点和年岁（干支）、月、日、时辰亦偶有相同，看起来完全是一种前后相连重复发生的事，所以又称为"复注"、"注复"、"复连"（其后又以字音相同而转出"伏连"）、"连注"、

---

① 张勋燎、白彬：《中国道教考古》，线装书局，2006年，第4页。

"延注"、"引注"、"连引"等等。①

王育成则通过"解注瓶，百解去，如律令"九字认为"解"字的意思是解除或解脱，即通过鬼神祭祀而除去凶灾邪气，"注"则是裁除或消除，指附裁除百邪。②"注"字之解说当见其误也。

注鬼说的起源由传染病而起，并由传染病发展到一般疾病，然后再发展到其他认知范围，成为宗教意义上的鬼神观念，认为人的一切祸殃都是由于注鬼作祟。

郑玄注《周礼·天官·疡医》曰："祝当为注，读如注病之注，声之误也"，说明郑玄认为"注"是一种疾病。刘熙在《释名·释疾病》中曰："注病，一人死，一人复得，气相灌注也"，说明他已注意到注病的特征是人死后其病疫之气会转移灌注到另一人身上，也就是死者与生人之间相互传染。最早解释尸注和鬼注的文献是葛洪撰、陶弘景增补的《肘后备急方》卷一《治尸注鬼注方第七》，载：

> 尸注鬼注病者，葛云：即是五尸之中尸注又

---

① 张勋燎：《东汉墓葬出土的解注器材料和天师道的起源》，《道家文化研究》（第9辑），第254页。张勋燎认为，道教注鬼说的起源最初与传染病有关。由于传染病的发病性质很容易被宗教利用，被说成是由于死者鬼魂在冥世受苦，求生人魂魄以替代。之后由于这种宗教的发展，注鬼说由传染病发展到一般疾病，然后再发展到疾病以外的其他范围，认为人之一切灾殃都可能是注鬼作祟所致。
② 王育成：《东汉道符释例》，《考古学报》，1991年第1期。

挟诸鬼邪为害也。其病变动乃有三十六种至九十九种，大略使人寒热淋沥，忱忱默默，不的知其所苦而无处不恶，累年积月，渐就顿滞，以至于死。死后复传之旁人，乃至灭门。觉知此候者，便宜急治之。①

　　此条文献说明魏晋时人认为尸注和鬼注是因鬼怪作祟所致，并且在人死之后还会传染他人，具有传染性。《太平经》多处记有"尸咎"一词，卷七十二《不用大言无效诀》云："夫天地之间，时时有暴鬼邪物凶殃尸咎杀客，当其来著人时，比如刀兵弓弩之矢毒著人身矣。所著疾痛不可忍，其大暴剧者，嘘不及噚，倚不及立，身为暴狂。"②同卷《斋戒思神救死诀》云："今承负之后，天地大多灾害，鬼物老精凶殃尸咎非一，尚复有风湿疽疥，今下古得流灾众多，不可胜名也。"③又有"尸鬼"一词，《事死不得过生法》云："敬其兴凶事大过，反生凶殃，尸鬼大兴，伤病害人，为怪变纷纷。"④尸咎、尸鬼皆是尸注，也是生者一向害怕的"谪"，对人的生命有着巨大威胁，既能置人于死地，又可以转注牵连生人，如不严加防

---

① ［晋］葛洪：《肘后备急方》，人民卫生出版社，1956年。
② 王明：《太平经合校》卷七十二《不用大言无效诀》，中华书局，1960年。
③ 王明：《太平经合校》卷七十二《斋戒思神救死诀》，中华书局，1960年。
④ 王明：《太平经合校》卷三十六《事死不得过生法》，中华书局，1960年。

范，将给死者之家带来灭顶之灾。因此，在死者入墓之前不得不请从事这一职业的巫道以严厉手段加以禳除。

解注瓶的大量出现是以尸注的大量出现为背景的，而尸注则是以两汉疾疫大暴发为背景。根据文献资料，两汉有两个疾疫发病高峰期，[①]其一发生于西汉末年王莽新政时期，短短18年发生3次大的疾疫，死亡率很高，西南、江南地区，特别是洛阳地区是疾疫流行的重灾区；其二发生于东汉末年，"建安二十二年，疠气流行，家家有僵尸之痛，室室有号泣之哀。或阖门而殪，或覆族而丧"。[②]张仲景记载其"宗族素多，向余二百，建安纪年以来犹未十稔，共死亡者三分有二，伤寒十居其七"。[③]张仲景和曹植大致的活动区域分别在南阳和洛阳一带，现在考古发现的解注瓶多出现在这里，并以东汉和、顺、桓、灵及献帝时期为多，[④]壁画也多有逐疫内容，山东微山县两城画

---

① 王文涛：《汉代的疫病及其流行特点》，《史学月刊》，2006年第11期；王永飞：《两汉时期疾疫的时空分布与特征》，《咸阳师范学院学报》，2008年第3期；龚胜生：《先秦两汉时期疫灾地理研究》，《中国历史地理论丛》，2010年第3期。
② ［魏］曹植著，赵幼文校注：《曹植集校注》，人民文学出版社，1984年，第177页。
③ ［宋］成无己：《注解伤寒论》，商务印书馆，1955年。
④ 饶宗颐：《敦煌出土镇墓文所见解除惯语考释：〈魏晋南北朝敦煌文献编年〉序》，载季羡林主编：《敦煌吐鲁番研究》（第三卷），北京大学出版社，1998年，第13页。吴荣曾根据出土文物也注意到这一特点，见吴荣曾《镇墓文中所见到东汉道巫关系》，《文物》，1981年第3期。

像石墓和嘉祥宋山、嘉祥村汉画像石墓等汉画像材料中，都刻有羽人披发为病人针灸的内容，病人多排作一行，以三五之数代表其数量之多，而且同墓其他石刻中还有蟾蜍抱臼、玉兔捣药的内容。这些画像反映了当时疫病流行情况和人们对控制疫病的祈盼。这些图像是汉代疫病流行的真实表现，也是人们在疫病流行时希望生者和死者永不牵连的反映。

在当时，"注"被认为是得"注病"而死的人为恶生者的结果，天帝以此惩罚死者和生者。《太平经》卷四十七《上善臣子弟子为君父师得仙方诀》云："今人实恶，不合天心，故天不具出其良药方也，反日使鬼神精物行考笞击其无状之人，故病者不绝，死者众多也。"注病既能置人于死地，又能由死者转注别人，其可预见的后果十分可怕。为此，东汉时人在为亡者下葬时，往往将解注文字或图形以朱书或墨书书写于陶瓶上置于墓中，1954年洛阳西郊东汉遗址出土朱书陶瓶解注文及符文为："解注瓶，百解去，如律令。"①故这种器物被称为解注器，其上的文字被称为镇墓文或解注文。把解注器和镇墓文放在墓中，其作用自然与镇墓有关，如解注文要求死者对生者"乐莫相念""苦莫相思"，并诅咒死者"自注应之"，隔绝死者与其在地上的生人的关系，使之不得再注连亲人。

---

① 郭宝钧等：《一九五四年春洛阳西郊发掘报告》，《考古学报》，1956年第2期。

敦煌晋墓所出朱书陶瓶解除文云："翟宗盈，汝自薄命早终，寿穷算尽，死见八鬼九坎。太山长阅（？），汝自往应之。苦莫相念，乐莫相思。从别以后，无令死者注于生人。祠腊社伏，徽于郊外。千年万岁，乃复得会。如律令。"①由此可见，生者对死去的亲人抱有复杂的心理，一方面厚葬以奉死者，另一个主要的方面则是怕死者作祟，对死者行解注之术，目的是为了"无令死者注于生人"。

相信"注"的存在是当时的普遍迷信，时至魏晋时依然流行，颜之推《颜氏家训》载：

> 今无教者，辰日有丧，不问轻重，举家清谧，不敢发声，以辞吊客。道书又曰："晦歌朔哭，皆当有罪，天夺其算。"丧家朔望，哀感弥深，宁当惜寿，又不哭也。亦不谕。

> 偏傍之书，死有归杀，子孙逃窜，莫肯在家；画瓦书符，作诸厌胜；丧出之日，门前然火，户外列灰，被送家鬼，章断注连。凡如此比，不近有情，乃儒雅之罪人，弹议所当加也。②

---

① 夏鼐：《敦煌考古漫记》（一），《考古通讯》，1955年第1期；又见氏著：《敦煌考古漫记》，百花文艺出版社，2002年，第53页。
② 王利器：《颜氏家训集解》卷二《风操第六》，中华书局，1993年。

多年来，颜之推文中的"章断注连"不为人所理解，直到王利器《颜氏家训集解》引《道藏·赤松子章历》所收《断亡人复连章》《大断骨血注代命章》《断子注章》《夫妻离别断注消怪章》，认为"章断注连"就是"谓上章以求断绝亡人之殃注复连也"，①即以巫者或道士行"上章"等解除仪式，断绝亡人之注对生者的牵连。正是出于解除章断注连的需要，解除术应运而生，数量众多的巫觋术士从事解注活动，加之汉代医巫仙关系复杂，医巫分流，医仙结合，相当多的巫术因素进入道教信仰中，②为死者解注的应有一部分是担当医者身份的巫者。行解除术的目的，一是要解除注产生的根源，一是要在注形成之后隔绝注对人的伤害。

解注的出现是宗教、巫术、医学三者在汉代墓葬信仰背景下结合的产物，"解"是手段，即解除、禳除，重在形式，而"注"则是促使这种信仰出现的本质所在。认识到"注病"具有传染性，魏以降出现了"注易""注

① 王利器引《赤松子章历》之《断亡人复连章》《断子注章》《夫妻离别断注消怪章》等，考证"章断注连"为"谓上章以求断绝亡人之殃注复连也"。（王利器：《颜氏家训集解》。）王利器认为，注病就是现代医学所说的传染病。

② 古代巫术治病绝非现代人理解的单纯跳神弄法和诵念咒语，它既是行为状态也是信仰系统。据《登真隐诀》记载，魏华存把千二百官仪中的一小部分抽出来，另取名为"治病制鬼之法"。由此可知，道教治病就是要治鬼，治鬼则是医疗行为，这些鬼和死人有关系，特别是和死去的亲人有关系。（陶弘景：《登真隐诀》，见《道藏》第6册，第606页。）

连"的说法，这两个词都有转相连注、连绵不断之意。

古代医学文献中，记载注病的除较早的《肘后备急方》外，还有隋代巢元方《诸病源候论》卷二十四《注病诸候》中记有"生注"和"死注"："与患注人同共居处，或看侍扶接，而注气流移，染易得注，与病者相似，故名生注"，"人有病注死者，人至其家，染病与死者相似，遂至于死"。从这里我们可以看到，注病在患者死后也会传染，因此在墓葬仪式中举行解除仪式、放置解注瓶应是题中应有之意。根据林富士的研究，汉人治疗疾病的方法或诊察手段多为厌胜法、祷解法、禳解法、探命之术等，同时，巫者是两汉时期社会上不可或缺的疗病者，以鬼神信仰为根基的巫术疗法盛行于社会各阶层。①

古代巫医不分，巫医其实就是巫师，对职业巫师而言，为人治病本来就是他们的主要服务项目，就其法术而言可谓之巫，就其治病而言则可谓之医。②医者在人生前为人治病，在人死后又担当了巫者的作用，因此当时的一

---

① 林富士：《中国六朝时期的巫觋与医疗》，参见林富士主编《台湾学者中国史研究论丛》之《礼俗与宗教》，中国大百科全书出版社，2005年，第105、79页。

② 詹鄞鑫：《心智的误区：巫术与中国巫术文化》，上海教育出版社，2001年，第405页。从字的结构来看繁体字的医写作"毉"，医从巫作，可见早期医学的形成和发展与巫术信仰有着密不可分的联系。如果严格区分，古代文献所谓医巫或巫医当有三种不同的解释：一为巫者和医者之合称，一为行巫之医者，一为行医之巫者。本文采信第一种解说。

般情形应是一部分医者以巫者的身份为死者解注。《幽明录》载"巴丘县有巫师舒礼,晋永昌元年病死,土地神将送诣太山。俗人谓巫师为道人。……太山府君问礼云:'卿在世间,皆何所为?'礼曰:'事三万六千神,为人解除、祠祀'",①明确记述了巫师、道人与解除的关系。

由于人们把致病的原因归于鬼神的作用,巫者就充当了沟通人鬼之间中介人的身份,以巫术行医,安抚死神而消除人间的病患。同时也是由于医巫不分,巫师从事的神职,一个重要的方面就是巫术行医,故巫与医的相通成为古代社会的一大信仰系统。由于传染病大盛,那些掌握书符念咒、忏悔解襀能力的巫道术士有了更多的活动机会。他们利用宗教法术解除注鬼注害生人的问题,这种法术或这种行为就被称为"解注",它可以发生在实际的危害之前,为死者安冢之时,起预防作用,以防止注鬼的产生;也可以发生在实际的危害之后,隔绝死者与生人的关系,起解除作用。

现代医学看来,"注"实际上是一种传染病。②由于古人对自然界和身体认识有限,他们对许多疾病,包括一

---

① [南朝宋]刘义庆:《幽明录》,《丛书集成初编》,中华书局,1960年。

② 易守菊:《解注文之"注"与注病:从解注文看古代传染病》,《四川文物》,2001年第3期。连劭名认为"注"不能解释为病,而是附着之意,参见连劭名《汉晋解除文与道家方术》,《华夏考古》,1998年第4期。

些传染病的病源、病因认识不足，他们通过长期观察，看到患者的症状与死者相同或相似，发病时间有同时感染或先后相互传染，认识到其中必有一定的渊源，在认识不足的情况下，将之归为某些不可认知的心理或信仰在作祟。在这个意义上，古人将这一现象赋予新的含义，称之为注。但这时的"注"还只是医学名词，与宗教观念相距甚远。发展到后来，则是在医学基础上与鬼祟相连的神学概念，成为"鬼注"的简称。

汉代人认为，人的祸殃来自于注鬼作祟，狭义的"注"指死者的鬼魂会回到人间为害生人；广义的"注"还包括因墓主之死发生冢讼，以生人为冢讼对象而牵连生人，由其他冥界鬼神对有关生人进行传呼拘执，使家中生人受害等其他方面的内容。[①]这也就为汉代墓葬信仰的行解除术留下了可供选择的空间。

疾病与人类的宗教信仰、活动有着不可分割的关系，一般说来，疾病的流行有利于宗教的传播和发展。在东汉末年疾疫大暴发的情形下，巫术性治疗方法解注术得以发展，并进入早期道教法术中。

道书对解注术的治疗方法的记载颇多，《赤松子章历》卷五《大冢讼章》记载了道教与解注的关系，曰："正一真人授南岳夫人治病治鬼之法。"又曰："特愿

---

① 张勋燎、白彬：《中国道教考古》，线装书局，2006年，第15页。

上官司典者，垂神省览，为某家分解先亡后死冢讼诉注
之气，令复注绝灭，逮害全消，人鬼异路。"①《登真
隐诀》卷下曰："若注气鬼病，当作击鬼章。"注曰：
"谓家有五墓考讼，死丧逆注之鬼来为病害，宜攻击消
散。"《赤松子章历》则有专门的解除范文，名曰"解诅
咒章""丧葬后大驱除章""解五墓章""病死不绝银人
代形章""解谪章"等凡上百种，有些虽无"解"或"解
除"字样，但仍表达了解除的功用。

　　冢讼的特殊意义在于它更着重于从惩罚的反面亦即救
赎的角度提出与解决问题，祖先的功德固然可以拯救子孙
而从鬼、主者升位于仙，但祖先的罪过也会凌驾于子孙的
功德和修道之上而严重影响对他们拯救的实现，或者给他
们带来毁灭性的灾难。②由于冢讼是涉及后代的，因此求
解往往需要兼及现世自身与后世子孙，也就是既要超度先
人又要救赎自身与后代。但这实际上从反面证明，除了告
解、禳除之外，还有一些"技术性"的方法能够"震减争
源"。③这种巫术行为无处不在，比如为了追求魂魄的安

① 任继愈、钟肇鹏：《道藏提要》，中国社会科学出版社，1991年，
　　第443页。
② ［日］都筑晶子著，宋金文译：《关于南人寒门、寒士的宗教想象
　　力：围绕〈真诰〉谈起》，载刘俊文主编：《日本中青年学者论中
　　国史·六朝隋唐卷》，上海古籍出版社，1995年，第174页。
③ 赵益：《地下土者·冢讼·丰都六天宫及鬼官：〈真诰〉冥府建构
　　的再探讨》，载南京大学古典文献研究所编：《古典文献研究》
　　（第11辑），凤凰出版社，2008年，第107页。

居，虔诚告解以消除"墓注"之外，社会一般民众还发展出了一整套组对葬所的"技术性"处理，从而形成了风水之术。这些技术性方法的特质在于：无论是神赐天启还是一己追索所得，其效果的好坏与认识天地之道及掌握"技术"的程度相关，而在总体与宗教信仰无涉。"冢讼"所体现出来的这一层意义，亦恰好从一个方面证明了神仙道教混于"巫术—宗教"的本质内涵。

第三章

墓葬：生居与死所的中介

一　汉代宇宙论的变化

墓葬存在的前提是要为死者提供与生前生活相似的环境，因此在建造时一是要在形制上模仿生前居室，二是要模仿生前所用器物将随葬明器放入墓室，三是在葬室的装饰上体现对宇宙的体认，在墓室的四壁绘制对另一个世界的幻想与向往。与汉代以前对墓葬的认识最为不同的是，从汉代开始，人们将墓葬看作是一个小宇宙，这种观念在汉代以后越来越明显。由于墓葬形制的改变是漫长的延续性过程，只有从历史角度观察才能看出其间的变化。

1.认识之转变：墓葬观念的变化

汉代时，天人宇宙观趋向完整，人们在礼仪、建筑和艺术等方面不自觉地表现出对宇宙框架的体认，即使是服务于死者的丧葬建筑也同样如此。如果说天地万物构成自然宇宙的话，墓室建筑就是人为的墓葬信仰宇宙。在先民看来，人是宇宙的中心，所有事物都经过人来感知和思考，人死后，他的棺椁也要按这一认知来设计，追求小宇宙与大宇宙的同构与和谐。

人终有一死，但灵魂不灭的思想使人在面对死亡时无法不关注自己死后世界的命运，因此，墓葬形制和相关仪式成为先民关注的焦点。先民对理想世界的设想是通过对现实世界的模仿开始的，《淮南子》卷八《本经训》说："天地宇宙，一人之身也；六合之内，一人之制也。"人身是小天地而天地是大人身，遵循天地之道就是遵循自身之道，这是人试图效法天地的思想基础。外在宇宙在墓葬中的表现就是以棺盖作为天的象征，头部挡板和足部挡板刻画天的象征符号或沟通天地的象征图式，以及进入另一个世界的象征——阙的图像，左右则刻画升仙的相关内容。

武帝至东汉经学繁荣，谶纬思想为帝王所用，从朝廷到民间神仙方术、巫道鬼事极为兴盛，方术士积极参与王朝事务，对民间信仰有着不可估量的影响。就经学来说，董仲舒的天人感应思想与当时流行的阴阳五行思想互相混杂，致使谶纬兴盛，天神、地祇、人鬼世界与现实息息相关。在这种背景下，远古昆仑神话与沿海地区的蓬莱仙话，以及根据后来传说杂糅而成的巫术—神话体系渐趋融合，敬神、祀鬼、祭祖成为当时社会生活和墓葬信仰的主要内容，成为墓葬形制改变的思想史背景。

汉以前的传统墓葬形式是密闭式的椁墓，西汉时这一传统形式被新兴的开通式室墓逐渐取代，东汉以后，各种类型的砖室墓、石室墓等在全国流行，墓葬形制的转变为时人提供了表达墓葬信仰空间。但是这种墓葬形制的转变并不是从汉代开始的，它其来有自，受到先秦以来各种思想和信仰的影响，特别是先秦"制器尚象"及汉代"天人感应"理论的影响。

"制器尚象"一词最早出现于《周易正义·系辞下》：

> 《易》有圣人之道四焉，以言者尚其辞，以动者善其变，以制器者尚其象，以卜筮者尚其占。[1]

孔颖达认为"制器尚象"就是"依卦造器"或"观象造器"，认为古人造出的器物根据卦象的卦义而来，如先有"井卦"然后才有井的发明。今人多对此说持批判态度，顾颉刚、高亨、蔡介民等人即反对这种机械的、漠视事实的说法。[2] "象"在《周易》中有不同的内涵，一

---

[1] 李学勤主编，《十三经注疏》整理委员会整理：《十三经注疏·周易正义》，北京大学出版社，1999年，第258页。

[2] 顾颉刚：《周易卦爻辞中的故事》《论〈易·系辞传〉中观象制器的故事》，见其著：《古史辨》（第3册），上海古籍出版社，1982年，高亨：《周易杂论》，齐鲁书社，1979年，第13页；蔡介民：《周易源流考》，黄寿祺、周善文主编：《周易研究论文集》，北京师范大学出版社，1988年，第512页。

是自然之象，二是抽象之象，三是意象之象，"象"可以上升为形上之道，也可以下降为形下之器；而"器"也并非仅指器械、物件之类的物质实体，它还代表着一定的典章制度、技术上的理论和一切创制。因此《易传》又把集市、丧葬、文书也列入制器之列，将上古的十三项重大发明，如网罟、耜耒、集市、衣裳、宫室、棺椁、书契等均列入上古时的圣人的制器之列。

在传统文化中，器与道是一贯的。《系辞上》说："形而上者谓之道，形而下者谓之器。"人取象自然，以行人道，要经过人的思维，"尚象"就是取自然之象。象是有形的，但又不是凭空而来，它是尚象而来的。古代车舆的设计就是制器尚象理论的典型表现，《周礼·考工记》中提到："轸之方也，以象地也；盖之圆也，以象天也；轮辐三十，以象日月也；盖弓二十有八，以象星也"；[①]孔子也说："天道曰圆，地道曰方"，这就是古人在车舆上师法天地、行以载道的用意，把形而上的"道"变为形而下的"器"。

中国古代哲学追求天地人的和谐统一，老子的"人

---

① 《大戴礼记·保傅篇》云："古之为路车也，盖圆以象天，二十八橑以象列星，轸方以象地，三十辐以象月。故仰则观天文，俯则察地理，前视则睹鸾和之声，侧听则观四时之运：此巾车教之道也。"这里把天地的位置与形状同车上张开的半圆形车盖、方正的车厢类比，同时将车盖的28根骨架与二十八星比附在一起，表达了星宿附丽于天的思想。（孙诒让撰，王文锦等点校：《周礼正义》，中华书局，1987年，第3232页。）

法天、天法地、地法自然"是这一命题的总结。古代制器尚象、尚天法地的思想，形成了按照天地的形象来制造器具和房屋的传统，传说中周公所建的明堂就是上圆以法天，下方以法地的实践。自古以来人们认为明堂的建筑结构是与大宇宙相对应的小宇宙系统，《大戴礼记·明堂第六十七》云："明堂者，古有之也。凡九室，一室而有四户八牖，三十六户，七十二牖。以茅盖屋，上圆下方。明堂者，所以明诸侯尊卑。"①归根结底，天圆地方是要与人事联系起来，要为现实政治服务。叶舒宪曾指出："人类社会的幸福和秩序取决于太阳运行所代表的宇宙时空的秩序，为了明确宇宙的这种神圣秩序，必须由宇宙同人类社会之间的中介者在某个被认为是天下中心的地方建造一座象征宇宙秩序的神圣建筑，它的构成便是宇宙与社会之间的沟通，同时也是中介者（天子）确认统治权的明证。"②这便就是历代王朝不惜工本大兴土木建造明堂等建筑的原因，究其实，就是要与上天取得一致，以此来说明王朝的合法性。除宫廷建筑、庙宇等重大建筑物外，举凡城乡中的住宅也经常出现对宇宙的图景的模摹。在墓葬建筑中模拟宇宙模式，以期达到制器尚象的目的在汉代并不是孤例。汉代人在城市建设中把宇宙观外化为建筑形式，取法天象进行建设，根据现有的研究，汉代长安城就利用天象来规划

① 王聘珍：《大戴礼记解诂》，中华书局，1983年，第150页。
② 叶舒宪：《中国神话哲学》，中国社会科学出版社，1992年，第146页。

城市，其南墙和北墙蜿蜒曲折，形如南斗和北斗。[①]它通过特定的宇宙天体体现出周天宇宙，一则表示受命于天，一则以期获得上天的庇佑，故长安城又被称为"斗城"。

我国古代的天文和人文是联系在一起的，对宇宙的追问实际上是对人自身的追问，讨论天的问题最终是要落实在人身上，这是中国古代关于"天"的探讨的最终目的。以现代人的眼光看，汉代人的宇宙观是一种人格化宇宙模式，它将具有宇宙本体意义的"道"与天、地、人统一起来，无限广大和涵蕴万物仅仅是宇宙的外壳，"天人相与"才是宇宙模式的内涵，其中人是宇宙图式的圆点，无论四方上下还是古往今来皆以人为中心。

我国最早的宇宙论盖天说至迟在新石器时代就已出现，并逐渐发展为一种最有影响的宇宙学说。盖天说的基本理论是天圆地方，其对宇宙的描述是"天圆如张盖，地方如棋局"，人们居住的大地被看作一个被天空覆盖的平面，天空像一顶斗笠覆盖在地上，日月星辰附着于天空中。天在上、地在下本是不言而喻的常识，它源于人们对天地相对位置及其形状的最直观感觉，先民通过直接观察得到这个直接结论，他们认为自己生活在宇宙的中央，并力图用各种物象来证明这一点。考古出土的新石器时代外方内圆、柱形

---

① 韩国河：《汉长安城规划思想辨析》，《郑州大学学报》，2001年第5期；陈喜波、韩光辉：《汉长安"斗城"规划探析》，《考古与文物》，2007年第1期。

中空并饰以动物纹样，其平面造型就是这种理论的写实。它是天地贯通的象征，也是先民试图沟通天地的法器。[1]

先民对宇宙的观察不仅形成了自己的直接体认，而且在最能表达对整个世界认识的墓葬中得以展现。1987年，河南濮阳西水坡仰韶文化遗址45号墓发现的用蚌壳摆放的龙虎图案是古人天圆地方宇宙观的直接体现（图27）。[2]冯时认为，墓坑南边呈三角弓形穹隆状是圆形天穹的形象模拟，东西两侧的北半段与墓室北边呈方形相接表示方形的大地，整个墓室是按照和模拟"天圆地方"的盖天说宇宙论布置的，构成了以"盖天说"为理论

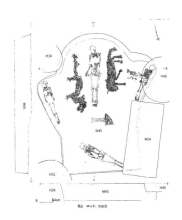

图27 河南濮阳西水坡龙虎北斗墓
（采自濮阳文物管理委员会：《河南濮阳西水坡遗址发掘简报》，《文物》，1988年第3期）

---

[1] 张光直：《中国青铜时代（二集）》，生活·新知·读书三联书店，1990年，第71页。

[2] 濮阳市文物管理委员会、濮阳市博物馆、濮阳市文物工作队：《河南濮阳西水坡遗址发掘简报》，《文物》1988年第3期；濮阳西水坡遗址考古队：《1988年河南濮阳西水坡遗址发掘简报》，《考古》，1989年第12期。

基础的完整的天象图。①另一个可以体现新石器时代先民天圆地方观念的考古发现是红山文化的祭坛遗址，这个遗址全长14米，形成三个小丘，以对称布局形式自西南延向东北，南丘为圆形石坛，中间为方坛，最北为二重方坛。各坛相距1米，由巨石砌成。②由天圆地方观念产生的古代礼制思想，对建筑艺术的影响就是主建筑物一定要坐落在整个建筑群的中轴线上，且其体量一定较高较大，次要建筑围绕四周，建筑物细部装饰等级同样要求与其地位相宜，并且其他建筑物所处的方位也一定与其各自使用者的身份协调一致。

商代甲骨文中虽没有直接记载殷人对天体形态的认识，但从文字学角度进行考察我们可以看到，甲骨文中的"天"字通常写成人的头上顶着一个圆圈或圆点，使人推想商代已有天圆之说。商人用龟壳占卜也是因为龟壳是宇宙的外在体现：龟和背甲像圆形的天盖，龟的腹甲像方形的大地，龟背上的花纹犹如"天文"，龟的四肢像支撑大地的四根大柱子，因此，龟有天地之象。③《老子》说："天法地，地法天"，可见模仿天地四方，将天地四方和

---

① 冯时：《河南濮阳西水坡45号墓的天文学研究》，《文物》，1990年第3期。

② 辽宁文物考古研究所：《辽宁牛河梁红山文化"女神庙"与积石冢群发掘简报》，《文物》1986年第8期。

③ ［美］艾兰：《"亚"形及殷人的宇宙观》，见《中国文化》，1991年第4期；［美］艾兰著，汪涛译：《龟之谜：商代神话、祭祀、艺术与宇宙观研究》，四川人民出版社，1992年，第118页；刘玉建：《中国古代龟卜文化》，广西师范大学出版社，1992年，第32页。

宇宙概念引入社会生活中在先秦时期就已形成。

汉代时，盖天说是社会普遍认同的宇宙结构认识，^①汉代人讲天人感应都用天圆地方和人相比附，《淮南子》卷七《精神训》载：

> 故头之圆也象天，足之方也象地。天有四时五行，九解，三百六十日。人亦有四肢五脏九窍三百六十节。天有风雨寒暑，人亦有取与喜怒。故胆为云，肺为气，肝为风，肾为雨，脾为雷，以与天地相参也，而心为之主。

这是说人的构造与天地相参，天的作用必须通过人来实现，这样原本是以天为中心的天人关系转移到了以人为中心的天人观上来。因此，作为小宇宙的个人，可以通过墓葬这个对宇宙形式的模仿达到与天相应的目的。同时，作为意识形态的礼乐和天地四方的观念也联系在一起，《汉书》卷二十二《礼乐志二》记录了一首当时的郊祀歌：

> 惟泰元尊，媪神蕃厘，经纬天地，作成四时。

① 研究者认为，盖天说可能成于秦汉家，其渊源则可追溯到西周时期。（卢嘉锡主编《中国科学技术史》之陈美东主编《天文学卷》，科学出版社，2003年，第139页。）席泽宗则认为西汉是盖天说的统治时期。（参见卢嘉锡主编《中国科学技术史》之席泽宗主编《科学思想卷》，科学出版社，2001年，第143页。）

建精日月，星辰度理，阴阳五行，周而复始。云风雷电，降甘露雨，百姓蕃滋，咸循厥绪。继统共勤，顺皇之德，鸾路龙鳞，罔不肸饰。嘉荐列陈，庶几宴享，天除凶灾，烈腾八荒。钟鼓竽笙，云舞翔翔，招摇灵旗，九夷宾将。①

这里，天地四时、日月星辰、阴阳五行构成了一个完整的宇宙时空模型，这就是当时的人在盖天说的指导下形成的宇宙认识（图28）。

椁墓和室墓是我国古代最具代表性的墓葬形制，汉以前，墓葬形制以椁墓为主，汉以后，

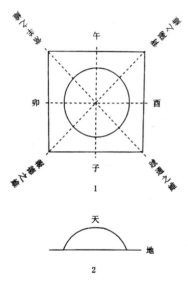

图28 盖天图：1平面；2剖面
（采自李零：《中国方术正考》，中华书局，2005年，第129页）

---

① ［东汉］班固撰，［唐］颜师古注：《汉书》卷二十二《礼乐志第二》，中华书局，1962年。

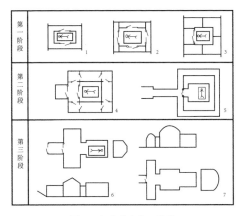

图29 室墓成立的三阶段

（采自黄晓芬：《汉墓的考古学研究》，岳麓书社，2003年，第91页）

横穴室墓开始推广和普及。黄晓芬将汉代横穴墓室的发展
分为三个阶段：椁内开通、向外界开通和祭祀空间的确立
（图29）。[1]椁内开通打破了自古以来墓室密闭、隔绝的
形式，由于埋葬空间互相连通，地下不再是一个个狭小的
墓室，而是成为一个整体开始面对外部世界。向外部的开
通则以墓道和墓门的设置为标志，内外部完全开通。这样
一来，地下立体的埋葬空间通过墓门、墓道的确立连通了
地下空间，最后再按横入口方向封堵墓道和关闭墓门，这
样一来，死者就处在一个相对来说更为完整和更为阔大的
空间。通常来说，生者处理死者的方式根据的是一套约定

---

[1]　黄晓芬：《汉墓的考古学研究》，岳麓书社，2003年，第92页。黄
晓芬表述的玄门、玄室、羡道即学术界另称的墓门、墓室、甬道。

俗成的习俗，这套习俗反映了当时社会上普遍流行的价值观与宗教观。正是由于两汉时在墓葬形制的这一变化，让我们相信墓葬所反映的某些信仰以及其他社会、经济方面的情况有了改变。

人类有意识的埋葬观念和行为起于何时很难确定，但从目前的考古发现得知，山顶洞人已经有了有意识的埋葬行为，但是这种埋葬是一种自发行为，葬地是对天然洞穴的利用。仰韶文化时期，先民逐渐搬出天然形成的洞穴，依据自然样式建造房屋，他们日常所居是地穴或半地穴建筑。地穴通常是由地面向下挖出的口小底大的袋状洞穴，半地穴则是在地面掘出深约1米的方形或圆形浅坑，利用坑壁做墙，屋顶直达地面，上覆以树枝或茅草。这种房屋只能满足一般遮蔽性要求，尚不能满足人们精神方面的需要。半坡时出现了具有特定功能的大房子，这种大房子的形成不仅是建筑结构体系自身进一步逻辑化的结果，并且还是营造需求和特定的宇宙流转模式相互支持的产物。[1]这种做法的使用，显然和大房子本身的功能需求有关。伊利亚德在研究了世界各民族原始建筑后认为，从日常住宅的特定结构中可以看到宇宙的象征符号，房屋是世界的成象，它是人类模仿宇宙的起源而为自己建造的宇宙。[2]在

① 王鲁民：《中国古代建筑思想史纲》，湖北教育出版社，2002年，第12页。
② 米尔恰·伊利亚德著，宋立道、鲁奇译：《神秘主义、巫术与文化风尚》，光明日报出版社，1990年，第32—34页。

原始社会中，采用与宇宙模式相对应的建筑形态是因为此类建筑具有通天的功能。

在这一观念影响下，加之上古流传的盖天宇宙说影响之波及，使得两汉时期的墓葬更为突出天圆地方的宇宙模式：汉墓中室平面多为正方形，穹隆顶呈半球状，甚至在象征性的天穹上绘制星象。因此，我们可以得出这样的结论，汉代人有意创造象征宇宙的墓室空间，并以壁画的形式绘出对宇宙的理解，在神圣化的宇宙之中，汉代人把对天地的崇拜上升到宗教的程度，并在生活实践中创造出一个类似的结构并把它作为安身立命的根本。"事实上，茔穴始终具有象征家室的意义，似乎没有人怀疑，它的产生显然模仿了人类最早出现的穴居建筑的形式，而在人类尚未学会垒筑自己的巢穴之前，也就是在旧石器时代，真正意义上的茔穴也并不存在。这些事实证明，传统的封树制度及穹隆顶的墓葬结构与方形墓穴的配合，正可以视为盖天宇宙论的立体表现。"①这样，死者的生前宇宙模式和对死后向往结合在一起，汉代人企图在墓室中重现天地宇宙和社会人生的目的得以体现。

汉代人以半球形的封冢及穹隆顶的墓顶象征天穹，同时又以方形的墓室象征大地，他们不仅在墓室构造上，而且在画像石布局上都要力图表现这一主题，在画像石中着

---

① 冯时：《中国天文考古学》，社会科学文献出版社，2001年，第296页。

力表现出云气图和星象图。南越王墓室前部前室四壁和顶部绘有朱、墨两色的云纹图案，反映了西汉时王侯墓的一般情形。[①]西安交通大学壁画墓中绘有二十八星宿图，将想象中的天和具体的天的形象加以重合，增强了真实感，突出了天的崇高地位。[②]洛阳61号壁画墓也在墓室顶部绘有星象图，这些星图秉持汉代的一贯作法，以粉色为底，以朱、墨两色绘星云，以朱色圆点标出星辰。[③]此外，西汉时期的洛阳卜千秋壁画墓、唐河针织厂画像石墓、东汉时期的襄城汉画像石墓、宿县褚兰镇一号汉画像石墓以及南阳、永城等地的画像石墓和出土的大量雕刻有日月星象的画像石，都是反映这一观念的实际例证。从西汉晚期到新莽时期，中原地区墓室上方天圆的特征日益明显，并完成了模拟天地的过程，这使得天圆地方成为墓葬中具有广泛意义的形制特征，使壁画墓所要表现的从天上到人间的立体层次感能够轻易实现。由此，墓葬作为一种天地相合的缩微模型，成功地将天人感应所要表达的主要环节全面地反映在墓主人死后的封闭空间中。

　　汉代人不仅在平面布局上模仿，在空间结构上也采取

---

① 广东象岗汉墓发掘队：《西汉南越王墓发掘初步报告》，《考古》，1984年第3期。
② 陕西省考古研究所等：《西安交通大学壁画墓》，西安交通大学出版社，1991年。
③ 河南省文化局文物工作队：《洛阳西汉壁画墓发掘报告》，《考古学报》，1964年第2期。

了地面房屋的建筑技术，对死者来讲，这可能是他在另一个世界生存的全部空间。人之所以要法天则地是因为天地是人自身存在的哲学背景，人与天地相构，遵循天地之道也就是遵循了自身之道。从个体经验来看，每个人都处于宇宙的中心，产生这种错觉是因为人类用自己的眼睛来观察、感觉、思考我们周围的世界。人处在宇宙中心是一个经验的事实，这种观念现代人已经陌生，但在古人那里却是天经地义的思想，已经在日常生活中不自觉地融入他们的观念中。因此，墓室建筑与棺椁图像设置也要按照人是宇宙的中心为出发点来布局。

以前论者多认为墓葬空间中所有的一切都是死者及其家人为死者在另一个世界准备的，是当时人在特定的墓葬信仰指导下的产物。汪小洋认为我国长期以来的宗教文明，即长生信仰的影响，使墓葬形制由竖穴木椁墓转而为横穴崖洞墓，空间的扩大使墓葬绘画有了创作的空间；其次佛教的传入使墓室不再是表现墓主人彼岸世界的唯一地方，因此墓葬绘画的作用有所下降。[①]考察汉代墓葬的发展规律，墓葬空间的扩大并不是由于宗教而是受到当时宇宙论的影响，同时技术的进步可以使穹隆顶成为可能。在佛教传入之前，中国自有本土宗教，并不会因佛教的传入而导致墓室绘画作用的减少，魏晋隋唐墓葬中仍有大量精

---

① 汪小洋、姚义斌：《美术考古与宗教美术》，上海大学出版社，2008年，第126页。

美的壁画就可以说明这一点。也就是说，墓葬形制改变这个物质条件的存在使得墓室绘画这种由精神导致的艺术行为的出现成为可能，早期墓葬空间的狭窄并没有影响人们的信仰与宗教表达，马王堆等帛画的出土足证此点。正如邢义田所言："有室有壁是壁画能够出现的先决条件。横穴墓室的出现不必然为了壁画的需要，但壁画的需要对于西汉中期以后，横穴墓室普遍取代竖穴墓多少应有推波助澜的作用。"①此为确论。

汉代早期墓穴往往做成上圆下方的形状，其后随着天地交通观念的转变，墓葬成为普通民众表现自身与上天交通的场所，大批中小型墓葬的顶部逐步转变为券顶、穹隆顶并成为此后墓葬顶部的常规形制。西汉晚期至新莽时期，从屋殿顶、拱顶、券顶到穹隆顶，中原地区中小型墓在方形墓室上方把天圆的特征日益明确地表现出来，完成了模拟天地的探索过程，使得天圆地方成为墓葬中具有广泛意义的形制特征。在这个条件下，墓葬壁画可以在相应位置描绘从天上到人间的立体层次感，而不用像从前那样屈就于方位感比较模糊的帛画或漆棺。由此，墓葬成为一种天地相合的微缩模型，将天人感应所要表达的主要环节全面地反映在死后的封闭空间里，并系统地把墓主人的生前现实和死后向往结合在一起。

---

① 邢义田：《汉代壁画的发展和壁画墓》，《秦汉史论稿》，台北：东大图书公司，1987年，第471页。

古人对空间的理解与今人不同。我们现在所认知的空间指的是宇宙中物质实体之外的部分，但对古人来说，空间是一种关于宇宙、自然界、社会和人生的更高层次上的意念。老子说："埏埴以为器，当其无，有室之用。凿户牖以为室，当其无，有室之用。故有之以为利，无之以为用。"（第11章）也就是说，容器的目的是为了利用空的部分，而空又是由形成容器的实体包围才得到的。建筑也是如此，其内部空间是建筑物的灵魂，外部空间则由室内居住的原状中生长出来。建筑物是人居住其中的空间，因为建筑的终极目标是帮助人类找到存在的根据地，并领悟到其中的含义。[①]对于墓葬空间来说，不能只见其表面，而要究其本质才能正确理解。

空间关系在墓葬中体现为两个层次：外部空间结构和内部空间结构。外部空间结构主要体现为墓葬形制，内部空间结构主要体现为画像和随葬品的布置。墓室内部空间又有狭义和广义之分，从狭义上说是地下建筑物的容积，即墓穴，是人与墓室的关系；从广义上说，墓室空间还应是生人所创造的整个的环境，不仅包括地下的墓穴，还应涵盖地上的建筑物，成为可视、有形、可感的环境空间。二者的相加，成为一个"人造的空间"，只有在这里，人类的墓葬信仰才有可能"生长"出来。现在我们不

---

① ［挪］诺伯格·舒尔茨著，李路珂、欧阳恬之译：《西方建筑的意义》，中国建筑工业出版社，2005年，第7页。

能假设秦汉时期形制变化之前人们没有对来世的向往，或者不将墓室当作死者的地下居所，但是墓葬形制变化的事实显示出这向往有了比较具体的表现。[①]很多学者认为墓葬形制的改变意味着人们思想观念的变化，事实上从现有出土文物中我们尚无法判断汉代人对空间认识的改变带来了墓葬信仰观念的变化还是与之相反，我们可以看到的是，汉代时不论是墓葬形制还是棺椁形制都有了与以前不同的变化。

　　大量汉代墓葬艺术中引魂升天主题表现了一种再生观念，墓主从阴向阳、从生到死的递进和发展与这种观念相一致。墓主出行图是画像石中最常见的内容，这些出行的行列都是朝着一个固定的方向，即朝着天门（门阙）的方向行进，表现墓主升仙这种出行图和天门构成一个完整的主题。当我们站在画工或者死者亲属的角度来看待车马出行图的画面时，就很容易理解它的意义并不在于向世人或后世宣示死者的生前拥有，相反，它只能用来象征死者在另一个世界的身份、地位或者某种生活状态。因而可以说，墓葬中的出行图很大程度上反映的是生者的理想。与其他随葬品一样，它是活人对死人的一次性馈赠。[②]在古人眼里，墓葬画像不单纯是一幅画像，它有一个与其对应

---

① 蒲慕州：《墓葬与生死：中国古代宗教之省思》，中华书局，2008年，第200页。

② 李清泉：《绘画题材中意义和内涵的演变：以宣化辽墓壁画中的车马出行图为例》，《中山大学学报》，2003年第2期。

的阴间实物，可以给死者的身后生活带来一种利益。

某一空间是神圣还是世俗并不取决于它自身，而是取决于它在人们空间意象中的位置，取决于它与其他空间结成怎样的关系，对汉代画像石图来说，人们常常将有限的墓室空间设计扩展为完整的宇宙时空模式。升仙作为壁画主要内容绘制在墓室顶部，这个位置是亡者灵魂生活的区域，墓顶及周围图像形成覆盖墓室的穹庐，可以让人产生回旋上升的感觉。众多汉代墓室的最高处常常绘有神人、日月、星辰、流云等天象图以象征天界，南越王墓前室顶部以朱、墨两色绘有流云图，西安交通大学壁画墓依据天文观测绘制二十八宿星图，酒泉丁家闸5号墓四面墓顶均绘有神仙云气图。[1]这些图将天具象化，让存在于人们概念中的天上世界与真实的天空重合，增强了真实感。在日月星辰之外，墓顶或墓室上部还描有仙人、神怪、灵禽、异兽等，这些画和日月之间通过星宿和流云连成一气，沟通天界和人间。

人们在营建墓葬时往往采用各种方法满足死者在另一个世界的需要，或是将生者生前的物品直接移入墓室，或是在墓室中放入生界器物的复制品，最重要的则是把只存在于人们信仰中的概念转化为可视的具体形象，如仙境、神怪、地下世界等。汉代墓葬的主要功能是通过第三种方

[1]　甘肃省文物考古研究所：《酒泉十六国墓壁画》，文物出版社，1989年，第12—15页。

式体现人们对死后世界的认识，墓室一方面是埋葬亡者的
所在，更重要的则是它的转换功能：墓室在人们努力之下
成为连接仙界的桥梁，沟通人与天，成为死者由俗转圣的
过渡区，并由于这一过渡功能的实现，墓室也成为神圣的
所在，成为虚拟的仙境，壁画、随葬品甚至包括墓室本身
成为死者成仙的背景。如果借用巫鸿"纪念碑性"概念，
视汉代墓葬为丧葬的纪念碑，那么它的纪念碑性就物化在
画像、随葬品、明器等各部分的有机联系上。汉魏时期的
墓葬与墓室建筑、随葬品进行关联，有助于我们理解这一
时期墓葬的信仰。

2. 场所之转移：从土圹到洞室

崖洞墓是秦汉时出现的新的墓葬形式。这种墓在山崖
或崖层中开凿洞穴作为墓室，并很快从竖穴发展到横穴，
它兴起于西汉诸侯王陵，终西汉而消失，河北满城中山靖
王墓和山东曲阜九龙山鲁王墓是崖洞墓的代表。[1]据黄展
岳1998年的统计，在发现的34座西汉诸侯王、王后墓中，
有20座为崖洞墓，14座为竖穴土石坑木椁墓、黄肠题凑
墓和石室墓。[2]除河北满城中山靖王墓、山东曲阜鲁王墓

---

[1] 中国社会科学院考古研究所等：《满城汉墓发掘报告》，文物出版
社，1980年；山东省博物馆：《曲阜九龙山汉墓发掘简报》，《文
物》，1972年第5期。

[2] 黄展岳：《汉代诸侯王墓论述》，《考古学报》，1998年第1期。
东汉时，诸侯王不再因山为陵，而是平地起坟。

外，西汉的崖洞墓尚有山东长清济北王墓、江苏徐州楚王陵、河南永城芒砀山梁王墓地、河南密县打虎亭汉代画像石墓等。[①]由于条件限制，刘胜墓尚不太规整，龟山汉墓和九龙山汉墓则结构复杂，规模宏大。西汉晚期，中原地区的崖洞墓逐渐销声匿迹，与此时同，西南部的四川地区出现了崖墓，并在东汉时扩展到云南、贵州地区，时间一直延续到南北朝。

此前流行的椁室墓，木椁通常分割成不尽相等的几份用以象征居室，曾侯乙墓已在木椁上模仿地上门窗结构，墓主人内棺的两侧与前端漆有窗户纹样，似乎已有了将棺模拟居室的作用。崖洞墓出现后，由于空间的扩大，直接就可以在墓中建造仿照地上居室的建筑。这种墓葬形制上的变化，反映出人们对于死后居所的观念发生重大变化，人们对于死后居所已经有了比较具体的想法。

由考古发现我们可以看到，满城汉墓开凿于岩石山中，全长51.7米，最宽处37.5米，最高处6.8米，全墓分为

[①] 山东大学历史系等：《山东长清县双乳山一号汉墓发掘简报》，《考古》，1997年第3期；狮子山楚王陵考古发掘队：《徐州狮子山西汉楚王陵发掘简报》，《文物》，1998年第8期；河南省商丘市文物管理委员会等：《芒砀山西汉梁王墓地》，文物出版社，2001年；安金槐、王与刚：《密县打虎亭汉代画像石墓和壁画墓》，《文物》，1972年第10期。周学鹰认为第六代楚王刘注及其王后陵墓，其放置棺椁的墓室垂直而上即为所在山体的山顶，这与竖穴墓葬位于山巅恐非巧合，其间应有墓葬通天思想方面的因素。（周学鹰《"因山为陵"葬制探源》，《中原文物》，2005年第1期。）

墓道、甬道、南北耳室、中室及后室六部分，各室仿照地
上宫室修造，环绕后室还有一道回廊。墓中建有瓦顶的木
结构房屋及石板房屋，南北耳室为库房和车马房，中室为
厅堂，后室为内寝，形成完整的居住空间。在崖洞中营建
木构瓦顶建筑时，不仅建造物的立面和外观可以完全模仿
地上生居，建筑物与周围岩洞壁之间也有闭合空间，尸体
入藏后，建筑物不会直接被填塞沙土掩埋，而是通过放置
巨大的塞石，用砖石封门，将整个崖洞包括崖洞内的木构
建筑和崖洞内的空间一起埋藏，形成与地上生人世界隔绝
的另一个世界。[①]正是由于可以高度模仿地上建筑，崖洞
墓西汉初年开始流行。然而崖洞墓的开凿除了在所属阶级
上有所限制外，浩大的工程非一般民众所能承担，在这种
情况下，顶部构造类似于岩洞墓的券顶墓应运而生。洛阳
发掘的西汉卜千秋壁画墓，由墓道、前室、南北耳室、南
北侧室、主室七部分组成，顶部筑成房脊形，已经完全逼
真地再现了地上宫室的面貌，完成了将墓主生前居室缩小
后随其移居地下的愿望。

　　崖洞墓之所以因山开凿是为了取石材的坚固性，石质
寝殿比木质的更为耐久，但是从另一个方面来说，石材建
造地墓室给人的联想似乎更多地体现在让人联想到山中洞

---

① 顾伊：《西汉诸侯王墓形制》，复旦大学硕士论文，2002年，第26页。

仙的居所。①而早期神仙方术所重为东王母、西王公，他们的居住特点是"穴居"，也就是住在山洞中或石室中。这种石室，一种可能是将天然洞穴稍加修葺，另一种可能则是在条件合适的地方开凿山洞。崖洞墓开凿在山崖中，上下四周都是石壁，洞室本身即构成一个闭合空间，墓主进入后就被纳入连接人世与神灵世界的信仰所支撑的宇宙中。英国学者罗森认为凿山为室形制的出现是汉代人与灵界沟通的一种努力，其目的是为了模仿西王母昆仑穴居的环境。她在分析了文献中记载的西王母"戴胜而穴处"的特点后认为，所谓"穴处"就是以山洞为家。②因此，这种观念反映在墓葬中就是在山崖中营造洞穴，使死者的墓穴与西王母穴居沟通，以期像西王母一样可以永生居住。这样，有形的空间就成为一系列复杂观念的组成部分。这些观念或与宗教等超自然力量有关，或者本身关注的就是讨论宇宙的本原等抽象的哲学观。如果说此前的椁墓是通过随葬品满足墓主死后要求的话，那么崖洞墓应该是为了显示墓主人在墓葬空间的具体存在，更进一步说，是为了表达崖洞墓是通向神灵世界或宇宙空间的入口这一愿望。

---

① ［英］杰西卡·罗森著，邓菲译：《汉代墓葬的布局与设计》，载中山大学艺术史研究中心《艺术史研究》（第11辑），2009年，第68页。

② ［英］杰西卡·罗森著，孙心菲等译：《中国的丧葬模式：思想与信仰的知识来源》，见其著：《中国古代的艺术与文化》，北京大学出版社，2002年，第367页。

　　在出土于四川的西王母画像中我们可以看到，西王母坐于石室中的龙虎座上，左右云气围绕，为西王母所居的石室（图30）。《汉书》卷三十九《地理志》载："（金城郡）临羌县，西北至塞外有西王母石室。"这个石室应该就是崖洞墓的原型。之所以将死者埋入石室中，是要追求和西王母一样的环境并借此成仙。

图30 四川出土西王母画像砖
（采自刘志远等《四川汉代画像砖与汉代社会》，文物出版社，2003年，图103）

　　崖墓是古代墓葬的一种构造形式，东汉时多盛行于四川盆地，墓室内部按世俗房屋功能凿有厅堂、厢房、侧室、棺室、灶室等，乐山沱沟嘴崖墓前室刻有"张君神舍"的铭文，可知人们当时把崖墓视为死者在另一个世界

的居所。^①

　　关于崖墓出现在四川地区的原因，专家有不同的见解。商承祚认为崖墓的兴起很可能与汉代河南南阳的画像石墓有关，具有厚葬的意义，只是由于四川地区地理环境的影响才变易葬法，采取开山取墓之制。^②岑家梧认为，崖墓的中心区域在川西一带，恐与蜀人不无关系，其制作亦当源于蜀人。^③也有论者认为，彭山崖墓的出现是在中原地区厚葬之风的影响下，受中原洞室墓的影响产生的。^④这些解说各有一定的道理，但缺乏崖墓出现背后所隐含的观念史、思想史分析。近年来，随着崖墓研究的深入，有学者从宗教学出发对崖墓进行研究。唐长寿认为，乐山地区是早期道教的活动区域，此地崖墓的出现应与神仙方术、道家学说的流行有关。^⑤简阳东汉崖墓"汉安元年四月十八日会仙友"石刻题记反映了道教在此地的活动。^⑥

① 乐山市崖墓博物馆：《四川乐山市沱沟嘴东汉崖墓清理简报》，《文物》，1993年第1期。
② 商承祚：《四川新津等地区汉崖墓砖墓考略》，《金陵学报》，1940年第十卷1—2期合刊。
③ 岑家梧：《四川蛮洞发掘记》，《民族学研究集刊》，1948年第6期。
④ 刘铭恕：《崖墓稽古录》，《中国文化研究会刊》，1947年第6期；霍巍、黄伟：《四川丧葬文化》，四川人民出版社，1992年，第131页；周俊麒：《乐山东汉崖墓石刻文字考》，《四川文物》，2001年第4期。
⑤ 唐长寿：《乐山崖墓与彭山崖墓》，第14页；罗二虎：《四川崖墓的初步研究》，《考古学报》，1988年第2期。
⑥ 罗二虎：《四川崖墓的初步研究》，《考古学报》，1988年第2期。

由于崖墓内部空间有限，因此门区成为体现生死观、再生观及与神相通后升入仙界的重要区域。崖墓门区常绘有秘戏图，如彭山崖墓秘戏图上部刻有一只正在起舞的朱雀，下部左右各有一只羊相对而跪，中间为正在秘戏中的男女（图31）。这幅图像以道家的房中术体现了再生、转生、更新生命的寓意，墓主希望通过性的神力得以转生，并骑羊进入朱雀代表的仙界。高罗佩认为，秘戏图具有宗教含义，是生殖力和光明的显示，它可以辟除黑暗和邪恶力量，[1]冯汉骥认为汉代画像中出现的秘戏图有厌胜作用，[2]杨孝鸿则认为秘戏图隐喻房中术，寄托了死者羽化升仙的理想，[3]在下层民众的操作上，秘戏图体现为以性行为作为再生工具，以羊作为升仙工具。[4]房中术在汉代被视为可以长生不死、羽化成仙的修炼手段，男女既然可以通过交合繁衍后代，也可以经此得到重生，因此秘戏图出现在墓葬中也就成为题中应有之意。

儒道两家对生命的认识有所不同，体现在伦理上就是儒家的夫妇之道和道家的房中术。二者虽有不同，但同

---

① ［荷兰］高罗佩著，杨权译：《秘戏图考》，广东人民出版社，1992年，第8—12页。

② 冯汉骥：《四川的画像砖墓及画像砖》，《文物》，1961年第11期。

③ 杨孝鸿：《四川汉代秘戏图画像砖的思考》，《四川文物》，1996年第2期。

④ 唐长寿：《彭山油沟房画像崖墓兼论彭山崖墓门区画像》，郑先兴主编：《中国汉画学会第十届年会论文集》，文物出版社，2006年，第451页。

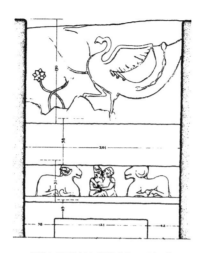

图31 四川彭山墓崖墓墓门石刻画像
（采自唐长寿：《彭山画像崖墓墓门石刻画像试论》，《四川文物》，
2008年第4期）

样认为可以通过"交"来实现对生命的延续：儒家认为
"交"合天理、应人伦、延后嗣，符合人的本性和大欲；
道家认为"交"顺阴阳、得长生，为天下之至道。因此，
"秘戏""交合"这些图式在墓葬中的出现体现了汉代人
对生命长存的企望。

3. 信仰之演变：从地下到天界

有关人死之后的归宿问题极为复杂，先秦诸子基本上
不相信死后还有世界，只有墨子公开宣布有鬼神，但细考
《明鬼》，墨子所谓的鬼神说只是神道设教的一种说法，

其重点并不在于强调死后世界的存在。这些思想代表了社会精英和知识分子的一般认识，并不足以反映平民的观念。余英时认为，从古代文献所载魂魄二元灵魂观看，在佛教传入前，中国已有天堂、地狱观念，马王堆一号、三号墓帛画及纪事木牍更是直接证实了地下世界的存在。余英时同时认为汉代地下世界观的演变极为复杂，汉初认为只有魂归泰山，魄则去往死人聚居的蒿里，或称下里、黄泉、幽涂、梁父、地主、泰山府君，但东汉以后泰山、泰山君混淆在一起，说明民间对魂魄的去处尚无清醒的认识。[1]敦煌发现的《老子想尔注》中也有"天曹"和"死者属地官"之说，[2]更可证明天堂地狱不是佛教带进来的思想。蒲慕州认为，战国末年黄泉和幽都被认为是可怖的地方，秦汉时产生的不死的观念及人可到达不死之境的可能性，使得黄泉、幽都在汉代成为民间信仰中主要的死后世界。[3]

汉代人对死后世界的想象与阳间世界无大差异，人死后不过是到另一个地方生活而已，因此，"鬼"是生活在另一个地方的人，或是与人不同种类的生物，王充即说

[1] 余英时：《中国古代死后世界观的演变》，载汤用彤先生纪念论文集编辑委员会《燕园论学集》，北京大学出版社，1984年，第177页；余英时：《"魂兮归来！"：论佛教传入以前中国灵魂与来世观念的转变》，载其著，侯旭东等译：《东汉生死观》，上海古籍出版社，2005年，第138、153页。
[2] 饶宗颐：《老子想尔注校笺》，上海古籍出版社，1991年，第33、77页。
[3] 蒲慕州：《追寻一己之福：中国古代的信仰世界》，上海古籍出版社，2007年，第167页。

"鬼者，物也，与人无异。天地之间有鬼之物，常在四边之外"。①按照汉人的观念，地下世界也由官吏统管。这些官吏的名号可在汉代葬仪文书中得见一斑，如：

地下二千石　冢丞　冢令、丘丞、墓伯　陌上游徼　主墓狱吏　陌门卒吏

墓皇　墓主　西冢公伯　东冢侯　西冢伯　墓门亭长　魂门亭长　蒿里君　蒿里父老　中蒿长

这些地吏在阴间行使着与阳世官吏同样的管理职能，其职级划分也仿照汉世制度而来，但与阳世不同的是，其职官称谓前多冠以"地下""冢""主墓""墓"等字样，表现古人生死异路观念，生活于魏晋的郦道元就曾见到郦食其墓碑上刻有"门亭长"字样。②亭长本是汉官序列中一微末小官，但此处之"门亭长"并不是现实中之门亭长，其职守如同地下之墓门亭长一样，是起辟邪作用的。

汉代人对天上有许多幻想，认为是人死后的归所，同时，他们对死后世界非常抗拒，有关的文字和图像没有留下许多证据，墓室中也罕见相关的画像，因此这个地下的世界相对模糊。汉代文献没有和天神相对的地下世界，

---

① ［东汉］王充：《论衡·订鬼篇》，上海人民出版社，1974年。
② ［北魏］郦道元著，陈桥驿校证：《水经注校证》，中华书局，2007年。《谷水篇·广野君庙碑》载"（石人铭）云：庙宇东向，门有两石人对倚。北石人胸前铭云：门亭长"。

只有所谓黄泉，而黄泉最初主要指地下蕴藏阳气的地方，它吐纳阳气，生成万物，象征着复活的开始。东汉时，人们普遍地将黄泉作为死者的归宿之一，但此时黄泉是一个模糊的概念，它没有天上或人间那种完备而舒适的生活，似乎与汉代墓葬特别是后来墓室摹画的生活环境并不吻合。①山东嘉祥宋山发现两处石室墓，根据墓中文字，为永寿三年（157）造，在第二十九石左方题刻的十行共四百六十二字题记中就记载墓主"正月上旬被病在床，卜问医药、不为知闻，暗忽离世，下归黄泉"。②在这段题记中，"黄泉"一词是地下另一个世界的代名词。

汉代宇宙论认为宇宙可分为天上、人间、地下三部分，并试图在墓室中以图画的方式加以表现。他们通常将天上仙界题材绘于墓室上方，将人间界的事物绘于墓壁中部及下方位置。东汉早期的画像石出现上下分格，上格为仙界图案，下格为人间生活，到了东汉晚期，不仅有许多单独描写单独升仙的图像，还有许多在分格的基础上将仙界和人间生活融合在一起。但奇怪的是汉代人并未在墓壁预留象征死后地下世界的专区。黄佩贤认为，这一方面是因为在作为宇宙缩影的汉墓内很难找到一个与"地面之下"

---

① 施杰：《感应：谶纬语境中的神话结构与汉墓艺术》，载朱青生主编：《中国汉画学会第九届年会论文集》，中国社会出版社，2004年，第107页。

② 济宁地区文物组、嘉祥县文管所：《山东嘉祥宋山1980年出土的汉画像石》，《文物》，1982年第5期。

对应的位置，另一方面也因为汉代人死后最关心、最向往的是天上世界，而他们对地下的阴间地府相当惧怕，甚至刻意回避①。然而难得的是，酒泉丁家闸五号墓的发现为我们提供了一个在墓室中表现地下空间的例子（图32）。

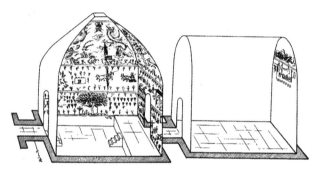

图32 酒泉丁家闸五号墓壁画分布示意图
（采自甘肃省文物考古研究所：《酒泉十六国壁画墓》，文物出版社，
1989年，第5页）

发掘报告将墓室由上至下分为五层，认为第五层表现的是地下，理由是前室有一个低于地面的方坑，在方坑的前后各有五层台阶。②郑岩根据发表的线图推算，五层台

---

① 黄佩贤：《汉代墓室壁画研究》，文物出版社，2008年，第228页。
② 甘肃省文物考古研究所：《酒泉十六国墓壁画》，文物出版社，1989年，第7页。现在的研究，对墓室壁画的解读一般是由下至上，表有墓主从人间到大上的旅行，因此，在这个墓室中，原发掘报告所说的第五层应为第一层，考虑到其所代表的地下世界，甚至也可以说是负一层。

阶的每级踏步高宽约有6厘米，难以容足，说明这个方坑的结构不一定有实用意义，而极可能富象征含义。①同时，在东壁的南北两角、南北两壁的二层台下各绘有一龟，黑甲，口吐红舌。事实上，前引嘉峪关新城出土四号墓棺下还有陶龟垫棺，三号墓墓门外正中也放置了一个陶龟，头朝墓道。饶宗颐认为，龟在墓中的出现，特别是它在墓中的位置，表明它处于地下世界。②

郑岩在其专著中认为，壁画在墓室内各个不同的空间单位分布时有一定的顺序，墓葬内的画像主要不是为生者的，其假定的观者应该是墓主本人，此为确论。但他接下来认为由于墓主的尸体放在后室，所以从墓主的角度去看这些画像，其观看的起点应该在后室，按后室—前室—墓道的次序来看。③此一说法值得商榷。一个人在身故后，会由他的亲友按照一定的礼法或习俗进行一系列的墓葬仪式，之后再被送入墓地埋葬。在进入墓门的时候，他死后重生的过渡已经开始，墓门后的空间是他在地下的家。他先是经由墓门，再是经由甬道、墓道、墓室，当他最后到达后室时他已经是作为另一个世界的人存在了。墓室中所

① 郑岩：《魏晋南北朝壁画墓研究》，第153、176页。
② 吴乃襄：《酒泉丁家闸五号墓壁画内容考释》，《敦煌学辑刊》，1983年；饶宗颐：《论龟为水母及有关问题》，《文物》，1999年第10期；[日] 曾布川宽著，刘晓路译：《向往昆仑山的升仙：古代中国人描绘的死后世界》，载中国社会科学院简帛研究中心编：《简帛研究译丛》（第2辑），1998年，第313—314页。
③ 郑岩：《魏晋南北朝壁画墓研究》，第176页注⑥。

有他经过的地方，无论是壁画还是随葬器物都在起重生的催化剂作用。事实上，在经过墓门的一刹那，他已经开始他死后的生活。以酒泉丁家闸五号墓为例，我们可以看到墓主在经过墓门后，进入四壁都是壁画的前室。墓室壁画由下而上的第一层和第二层从表面看来是世俗生活的反映，实则表现的却是天上的生活，是人间生活的镜像，墓主在位于墓室最上层的东王公和西王母的照拂下依然过着与人间相仿的生活，与后来神仙信仰追求的餐风饮露不尽相同。这是墓主在另一个世界生活的大的空间环境，而后则表现的是他的具体的日常起居生活环境，所以绘制了居家生活所需的衣、盒、弓箭、麈尾、便面等物。

整个墓室的布局表明，死者在进入墓道时进入的是地下世界，但是在绘制于壁画中部人间世界召唤下，他又重新回到人间，来到了位于墓室上部的天界。这表明，死者虽逝去进入墓室，但是他的灵魂居住在造墓者为他建构的图绘的宇宙中，仍然具有感知力，成仙可以在墓中实现。

我们不得不注意的是，丁家闸五号墓的矛盾之处：它一方面向地下世界报告墓主的死去，一方面又在画面上描绘出天界，它所表明的可能是当时人一方面相信死后魄入地，一方面又希望魂可以上天，这样一个人在死后可以同时上天入地。与此异曲同工的是马王堆出土的T形帛画以及金雀山帛画，这两幅帛画对地下世界有着相对完整的呈现。以马王堆帛画论，此画中对天界的描绘占的比例最大，约占一半画面，地下的部分所占比例最小，以面积计占画面的百分之二十。这可以证明，西汉时人精神特质尚属上升时期，对天堂的考虑较多。时代延续到东汉，这时的人们开始将地上世界的生活模式复制在死后世界中，墓葬同时是此生与来世生活的表现，人死后的居所、生活方式与世间并无两样，生者用最好的材料为来世提供了最好的设施。这样，世俗的生活得以延伸。

二　洞天福地：圆形的生命过程

与其他宗教的现实世界与超现实世界相互隔绝相比，道教神仙世界具有超世性和世间性结合的特点，并被细分为"出世"和"不出世"两个层次。"出世"信仰认为肉体离开凡间，生活在天上或海外仙境，"不出世"信仰相信长生乃至不死，永享人间之福。事实上，仙境仍然具有世间性的特点。修道之士栖身的山中石室、洞室名义上是他们的炼养之地，实则为他们在此世的仙境。唐以前，洞天福地的居民除少数真正避世者外，绝大多数与道教修行活动有关。他们超越了个体生命的束缚，生活在洞天福地，达到形如常人而长生不死的境界。

1. 壶天

超验世界是宗教思想的核心内容，也是信徒追求的终极理想和永恒乐土。对道教来说，它的超验世界分为此岸化的地上仙境和彼岸化的神仙世界两种模式。先秦时的海上仙山和西部昆仑山是彼岸神仙世界；汉代时彼岸世界表现为洞天福地；魏晋六朝时，则是对有着"洞天""壶天"等称呼的特定地域的想象。

洞天、壶天分布于名山大川，其最重要的特点是圆形或壶形的空间。这种观念的出现，表明球形宇宙观念已渗透进宗教的或象征性的寰宇志，[①]也就是说，这一时期普通民众对宇宙的想象已经超越了原始巫术时期的直观感知阶段而进入了宗教性的宇宙认识时期。在早期想象中，彼岸世界与世隔绝，人神不相往来，这时彼岸世界无处不在，人们出于偶然的机会可以进入神仙世界并得到神仙的点悟。

古代仙境特点不一，昆仑山强调高峻险绝的隔绝模式，蓬莱仙境强调海中孤岛的特征，壶天模式则突出了四壁合围的屏蔽性与存在一个极小豁口的特点。随着历史的发展，三者有趋向统一的趋势，反映了中国人对仙境理想化和抽象化的认识过程。先民认为，微观事物和宏观事物虽然内部空间大小不等，但它们具有相同的内部结构，"壶中日月"和"洞中宇宙"异体而同质。由于"洞"

① 王青：《西域文化影响下的中古小说》，中国社会科学出版社，2006年，第143页。李约瑟认为，无论在东方还是在西方都曾有过两种不同的关于寰宇志的说法，一种是可以称为"科学的或定量的制图学"，另一种可以称为"宗教的或象征的寰宇志"〔［英］李约瑟：《中国科学技术史》（第二卷），科学出版社，1975年，第8页〕。

有洞穿、贯穿、洞达之意，常与近音字"通"通用，因此洞又可作为度化之所、神启之所，而与诸神域相连。^①壶口、洞穴的小开口通往无限宇宙空间，它一方面隔绝神仙世界与世俗世界，另一方面却是两个世界互通的通道。

在民俗学中，壶是创世母神的象征，^②这种观念后来被道家接受，进入道家的话语体系。道家认为，壶是天地万物的原生体，也是大地万物的凝缩物，壶中凝聚着天地创生图式。道家视壶天为小宇宙，以"壶天""壶中天""壶中天地"指代神仙世界。这时，我们会产生一个疑问："壶"是指另外一个世界，还是通往另外一个世界的通道？《后汉书》卷八十二《方士列传》载费长房事迹曰：

> 费长房，汝南人，曾为市掾。有老翁卖药于市，悬一壶于肆头，及市罢辄跳入壶中。市人莫之见，惟长房于楼上睹之，异焉。因往再拜，翁曰："子明日更来。"长房旦日果往，翁乃与俱入壶

① ［法］傅飞岚著，程薇译：《超越内在性：道教仪式与宇宙论中的洞天》，《法国汉学》第2辑，清华大学出版社，1997年，第53页。
② 葫芦的形体因近似怀孕的母体成为创世母神的象征。闻一多认为，壶、葫芦、瓠、昆吾、混沌几个词在音韵训诂上是同一语源之间的或促或缓的音转现象（闻一多：《伏羲考》，载其著：《神话与诗》，上海人民出版社，2005年，第35页），马昌仪进一步补充了台湾少数民族神话中壶裂生人、壶生人事例，指出神话中的壶和葫芦都是土地和母腹的象征以及包藏养育万物的象征。（马昌仪：《壶形的世界：葫芦、魂瓶、台湾古陶壶之比较研究》，《民间文学论坛》，1996年第4期。）

中。但见玉堂广丽，旨酒甘肴，盈衍其中。共饮毕而出，翁嘱不可与人言。后乃就长房楼上曰："我仙人也。以过见责，今事毕，当去。子宁能相随乎？楼下有少酒与卿为别。"长房使十人扛之，犹不能举。翁笑而以一指提上。视器如有一升许，而二人饮之，终日不尽。长房心欲求道，而念家人为忧。翁知，乃断一青竹，使悬之后舍。家人见之，长房也。以为缢死，大小惊号，遂殡殓之。长房立其旁，而众莫之见。于是随翁入山，践荆棘。于群虎之中，留使独处，长房亦不恐。又卧长房于空室，以朽索悬万斤石于其上，众蛇竟来啮索，欲断，长房亦不移。翁还抚之曰："子可教也。"复使食粪，粪中有三虫，臭秽特甚。长房意恶之。翁曰："子几得道，恨于此不成奈何？"长房辞归，翁与一竹杖曰："骑此任所之，顷刻至矣。至当以杖投葛陂中。"长房乘杖须臾来归。自谓去家适经旬日，而已十余年矣。即以杖投陂，顾视则龙也。家人谓其死久，惊讶不信。长房曰："往日所葬竹杖耳。"乃发冢椁杖棺，犹存焉。遂能医疗众病，鞭笞百鬼。

《云笈七签》中另有大致相同的记载：

施存，鲁人，夫子弟子，学大丹之道三百年，十炼不成，惟得变化之术。后遇张申，为云台治官，常悬一壶如五升器大，变化为天地，中有日月如世间，夜宿其内，自号"壶天"，人谓曰"壶公"。[①]

在这里我们可以得出这样的结论：壶可以把天地宇宙收入其中，因此壶中世界是与现实世界并存的另一个世界；与此同时，壶也是进入仙境的入口，入壶不仅是身体的转变，也象征着生命图景的转变。经此，凡人就从凡间转移到仙界，"壶"在这个意义上就具有了人类学上"阈限"的中介作用。

在三壶观念出现的同时，东吴地区墓葬出现随葬明器"魂瓶"。魂瓶通常制成五联罐形式，顶部有人形或建筑形堆塑，罐口与肩部凿孔，取义与半坡文化瓮棺葬凿孔相同，[②]即此孔是亡魂出入的门户及通往祖灵世界的中介，下部则是圆形的肚腹，与壶的形状类似。从魂瓶顶部堆塑内容和随葬组合来看，魂瓶外形与谷仓相似，而且少数魂瓶中确实装有稻谷，但由于它们在墓中的摆放位置与其他明器相同，且多放置于墓葬中相当于祭祀的地方，因此它们不是一般意义的谷仓，而是盛有亡魂之壶，具有信

---

① ［宋］张君房编，李永晟点校：《云笈七签》卷二十八《二十八治》之二十四治并序条，中华书局，2003年。

② 陶思炎：《魂瓶、钱树与释道融合》，《学术月刊》，1994年第5期。

仰含义。[①]小南一郎认为，"壶"就是"壶形宇宙"。他解读马王堆帛画时认为，帛画中分布于现世和地下世界的龙构成了一幅壶形宇宙图，死者通过壶颈脱离现世升上天界。[②]1993年，小南一郎又注意到魂瓶上的阙堆塑和汉

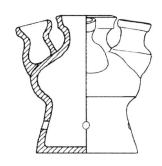

图33 南京龙桃杖墓出土五联罐
（采自南京市博物馆：《南京市东汉建安二十四年龙桃杖墓》，《考古》，2009年第1期）

① 仝涛：《长江下游地区汉晋五联罐和魂瓶的考古学综合研究》，四川大学博士论文，2006年。2007年南京龙桃杖墓出土建安二十四年的五联罐，这个五联罐主罐敞口，肩部贴附四个小罐，底部钻有四个对称的小孔（图33）。如果小孔是出现在底部的话，则其最初的用意完全不是贮藏粮食，而更体现出宗教含义，同时该墓还出土外六角柱形、内中空圆形的砖质买地券，体现了墓主对死后世界的考虑。（南京市博物馆：《南京市东汉建安二十四年龙桃杖墓》，《考古》2009年第1期。）

② ［日］小南一郎：《壶形的宇宙》，《北京师范大学学报》，1991年第2期。针对小南一郎壶形宇宙观念，王小盾提出"空腔崇拜"一词作为对存在于古代神话和信仰中某类现象的概括。这类现象的特点是崇拜有空洞的事物，如石洞、葫芦、陶瓷、壶、瓜、蛋等。从内涵上看，空腔崇拜接近于母体崇拜，因为这些空洞往往是作为母体的一部分受到尊崇。"空腔"一词的含义和"母体""壶形"略有区别，它不是一般地喻指母体，而是具体喻指母体所孕育的胚胎。因此，空腔一般不具备人形，它的形状也未必是壶的形状，更具象征性的空洞形态，从而是一种比"母体崇拜""壶形崇拜"更高的抽象。（王小盾：《中国早期思想与符号研究：关于四神的起源及其体系形成》，上海人民出版社，2008年，第737页。）

代墓葬中常见的天门相似，推断魂瓶上堆塑的阙和汉代画像石（砖）上的天门形象相通，寓意引导死者的灵魂通往仙境，魂瓶下半部状似壶形的圆形肚腹与壶、葫芦有相同的功能。[1]既然魂瓶是盛放亡魂的所在，魂瓶上的建筑堆塑很可能表现了仙人居住的楼阁，反映了死者早日升仙的意愿。更重要的是，后期魂瓶堆塑中出现很多表现葬风葬俗、宗教信仰和灵魂观念的内容，且在现实生活中找不到魂瓶的原型，因此，魂瓶应是一种非实用葬器，它以有形的形象寄托了无形的信仰，体现了巫术与宗教的世俗化倾向。

古人早期绝地通天观念表明天地并无绝对分野，神人之间并无不可跨越的鸿沟，萨满教认为宇宙充满了灵体，人类居住的大地只是宇宙世界中的一层，各层都像个浅碟子，中间有一孔相通，宇宙中的精灵可以上下通行。[2]从魂瓶中我们可以看到这种垂直的分层和层次间的连通。魂瓶主体构造反映了垂直方向上的分层，表现了三分制体系的宇宙模式，即天上、人间和地下，顶部的支柱应是宇宙树或宇宙之柱的象征，是垂直宇宙观的反映。[3]各层的堆塑内容差异明显，五罐都居于最高位置，是天界的象征，群鸟飞翔于中罐和小

---

[1]　［日］小南一郎：《神亭壶と东吴の文化》，《东方学报》，第65册，京都大学，1993年，第223—312页。

[2]　富育光、孟慧英：《满族萨满教研究》，北京大学出版社，1991年，第176页。

[3]　关于垂直宇宙观，参见［美］本杰明·史华兹著，程钢译：《古代中国的思想世界》，江苏人民出版社，2008年，第471—479页。

罐的口部，有时在小罐支柱上也堆塑有向上飞翔的小鸟，小罐之下塑有屋门、双阙、舞乐杂技俑、拱手坐俑及大量犬、熊、羊、猴等动物造型，反映的是天界入口及现实世界的情形。魂瓶在垂直方向上的分层也并非是静止的，小罐作为人界与天界的支柱沟通了人神，墓主的灵魂在飞鸟引导下攀升到最高处的双阙也就是天门，最后到达他此行的终点。

2005年，陕北靖边县杨桥畔出土东汉壁画墓（图34），[①]墓室中内容丰富的壁画遍及墓室的前后左右壁

图34 陕北靖边东汉壁画墓仙人接引图

（采自陕西省考古研究所：《壁上丹青：陕西出土壁画集》，科学出版社，2009年，第88页）

---

① 陕西省考古研究所、榆林市文物研究所等：《陕西靖边东汉壁画墓》，《考古》，2009年第2期；王望生：《陕西靖边东汉壁画墓的发现与研究》，载雷依群、徐卫民主编：《秦汉研究》（第3辑），陕西人民出版社，第166页。

面，表现的是墓主在各路神仙引领下飞升成仙并在仙界生活的情景。这座墓的壁画不同于脊顶连续性长卷的构图，也不同于穹隆顶上的全景式构图，而是上下枋及斗拱之间的全景式构图。东壁壁画分上下两层共五组，其中第一组绘一白色的"天门"以象征天界。①出土报告称此图为一两层粮仓，右侧绘场院、劳作人员及粮食堆，考虑到此处旁边即是孔子见老子图，及周围都是仙人图像，这里的这座二层的建筑应为天门，其右侧被称为的粮食堆实为代表昆仑山，而前面的劳作人员实为天界的仙人正准备接引墓主升入天界。

出土于墓前室东壁下层前段的仙人接引图由8幅小图组成，描绘各路仙人乘云车在天上飞行，有云车升仙图、蓐收升仙图、虎车升仙图、象车升仙图、龙车升仙图、仙人乘鹤图、仙人乘龙图及仙人乘鹿图像。在不大的画面中表现出如此众多的交通工具在已发现的汉代壁画中实为少见，其中最引人入胜的是位于墓前室东壁下层前段上排东北角的一幅图（图35）。原发掘报告称此是云气车，车分上下两层，最上端有一华盖，最底层坐三位一字排开的神仙，均头戴黑色独角冠，身穿红色宽衣，用小圆圈代表眼睛，用圆点代表嘴，手法夸张、简洁，华盖周围的缀饰分白、黄两色。与其他底部有云气的升仙工具相比，此图并

---

① 国家文物局：《2006中国重要考古发现》，文物出版社，2007年，第124页。

图35 陕北靖边东汉壁画墓云气车升仙图局部
（采自陕西省考古研究所：《壁上丹青：陕西出土壁画集》，科学出版社，
2009年，第89页）

不见云气以为车轮，同时其他虎车、象车、龙车及仙人乘
鹤等的行进方向都是向它而行，且华盖下方并不见柱形支
撑物。考虑到这幅图的上层描绘的是天门的图像，因此本
书认为这实际描绘的是壶形的仙界图，上面绘有华盖是为
了表示此处的神圣性，那些骑乘在各种动物上的驭者正在
奔此而行。

2. 洞天

山直观地给人以与天相接的感觉，登上高山可与天
相连、与神沟通，为精神或灵魂找到合理的出口，从而达
到形而上的目的。古代神话和原始宗教对山的信仰非常普
遍，高山崇拜在许多国家存在。周人天神崇拜的天特指山

岳，他们认为天神住在崇祀的山岳中，从而把山岳崇拜和祖先崇拜结合在一起，[1]也就是说，古人在对山崇拜的同时也包含着对祖先的思念。这时，天或山已不再是遥不可及的所在，而是自己在死后也要去的地方。先秦时，昆仑山已不再是单纯的地域概念，而被视为具有神秘色彩的天神居所，昆仑或昆仑之丘更是一种符号象征，隐喻得道成仙者最终达到的境界。汉晋时，昆仑山被视为天下之正中：

> 昆仑者，地之中也，地下有八柱，柱广十万里，有三千六百轴，互相牵制，名山大川，孔穴相通。[2]

由于昆仑正对北极星，那里是聚集灵气与仙人的地方，于是在修道者的眼中昆仑山成为得道的仙境。《论衡》卷七《道虚篇》也说"升天之人，宜从昆仑上"，1991年出土的东汉《肥致碑》也载"土仙者，大伍公。见西王母昆仑之虚，受仙道"。[3]魏晋时，对山岳的崇拜发

---

① 王晖：《周代的天神和山神崇拜》，参见其著：《商周文化比较研究》，人民出版社，2000年，第96页；王晖：《论周代天神性质与山岳崇拜》，《北京师范大学学报》，1999年第1期。

② ［日］安居香山、中村璋八：《纬书集成》，河北人民出版社，1994年，第1091页。

③ 河南省偃师县文物管理委员会：《偃师县南蔡庄乡汉肥致墓发掘简报》，《文物》，1992年第9期（碑文句读采王育成：《东汉肥致碑探索》，《中国历史博物馆馆刊》，1996年第2期）。

展成为对一般山洞，也就是洞天的信仰，这是时代发展的
结果。

洞是子宫的象征，代表着降生、再世、源头和中心，
是连天接地的世界中轴，汇聚着精神力量，同时山洞也由
于其内部晦暗的原因，被认为具有较为阴暗的象征含义，
被喻为阴间或地狱的入口。在世界许多神话传说和入会仪
式中，被奉为神洞的洞穴通常隐藏在变化莫测的大山之
中，成为大地孕育滋生万物的能量集中之处，巫者在此做
出预言、入会者在此获得精神上的重生、灵魂也在此升入
天宫。但是道教徒所说的"洞"并不是一般的山洞，它隐
藏在山中，必须凭借特殊的方法才能进入，这也是《五岳
真形图》等早期符箓在道教中存在的价值所在。①

在汉语中，"洞"音近似于"通"，并有"通道""过
渡"之意，所谓洞天，实为"通天"。与"洞"相比，
"洞天"被道教认为是天或天堂的洞，由神仙居住，某些
特定的山洞通于天界或仙界，具有通达上天的功能，在此
修仙炼道必定获益不浅。苏远鸣认为，洞天乃山之精，如
果攀登山顶是一种宗教行为，一种要求洁净及神秘知识的

---

① 葛洪云："上士上山，持《三皇内文》及《五岳真形图》，所在召
山神及按鬼录"（《抱朴子内篇校释·登涉》），因此一般认为
《五岳真形图》是道人进入五座神山的具有隐秘结构的符箓。最新
研究认为，《五岳真形图》并不仅仅是一种符箓，它以地图和注记
的方式描绘了五岳的地理，还反映了道教地图学的成就，是对古
代地图学的继承和发展。（姜生：《东岳真形图的地图学研究》，
《历史研究》，2008年第6期。）

宗教旅行，那么步入洞天则表示旅程终于抵达"启悟"的阶段。[①]修炼者在洞穴中的修行不仅可以使他看到隐秘世界的秘密，还在自己周围及体内重建了一个理想的空间，同时，洞穴作为理想化的修行场所还可以被视为是存思冥想时的对象，人们在这里修行可以得到启悟并获得再生。傅飞岚指出：

> 洞天构成了内化的"彼世"的形态，可以透过存思之法冥观，……冥思与存想的技巧是经典发展与神秘修炼过程的核心，与此对应的，关于人身之中有一小宇宙的观念，也在同一脉络之下有所发展。对洞天的存思形成内化观念的一部分，这种内化观念起初以上清派存想为特征，最终产生了以人体为炉灶炼精气神的"内丹"及内察于身心的"内观"等修身之道。这种将洞视为过渡与超越之地（即转化之母体）的统合观点包含了从出生到再生、再到不死成仙的循环过程。……也许洞天所蕴含的宗教含义是对神仙的探求不再是遥不可及的梦想，而在于此时此地的内视、醒悟或认知其真正的

---

① ［法］苏远鸣：《罗浮山：宗教地理的研究》，《法国远东学院学报》第48期，第92页，1954年〔转引自［法］傅飞岚著，程薇译：《超越内在性：道教仪式与宇宙论中的洞天》，《法国汉学》（第2辑），清华大学出版社，1997年，第54页〕。

本质（即真性）。①

　　进入仙境的并不一定是长着翅膀的仙人，只要通过洞
这个中介，打通重回大地母亲的道路，修道之士同样也可
以进入仙境，回到古老的、道家所称的"真人"状态。
　　洞是古代修道之士心中的天堂，而洞天则是他们对这
种幸福天堂的最普通表达。洞天指有山峦合抱中虚，兼采
阴阳二气的洞室，可通达上天，凡人居此修炼即可登仙。
这时，自然环境获得了强烈的社会性质。②之所以要在洞
穴中修行，道书给出了自己的答案，《太平经》云：

　　　　古者穴居云何乎？同贼地形耳。多就依山谷，
作其崖穴，因地中又少木梁柱于地中，地中少柱，
又多倚流水，其病地少微，故其人少病也。后世不
知其过，多深贼地，故多不寿。③
　　　　今天不恶人有庐室也，乃恶人穿凿地太深，皆
为创伤，或得地骨，或得地血者，泉是地之血也，
石为地之骨也。地是人之母，妄凿其母，母既病愁
苦，所以人固多病不寿也。凡凿地动土，入地不过三

---

① ［法］傅飞岚：《超越内在性：道教仪式与宇宙论中的洞天》，第
　　58—65页。
② 姜生：《宗教与人类自我控制》，巴蜀书社，1996年，第103页。
③ 王明：《太平经合校》卷四十五《起土出土诀第六十一》，中华书
　　局，1960年。

尺为法：一尺者，阳所照，气属天也；二尺者，物所
生，气属中和也；三尺者，及地身，气属阴。过此而
下者；伤地形，皆为凶也。古者依山谷岩穴，不兴梁
柱，所以其人少病也，后世贼土过多，故多病也。[①]

由于《太平经》规定了一系列起土的限制，为不伤
害地母，修炼者往往在天然形成的洞穴中修炼，隐藏在名
山中的天然洞穴成为修道者的不二选择。既然西王母、东
王公都是穴处，因此仙人也有可能住在石室中，凡人若在
这里修行就有可能与神仙相遇，得到他们的提携。考古发
现原始道教信仰者常在洞室进行活动，《巴县志》载龙王
洞崖墓有"阳嘉四年造作延年石室"，明确称利用天然洞
穴作墓室的崖墓为"延年石室"，[②]清同治《嘉定府志》
载乐山城郊称为"方壶洞"的崖墓中有"晋刺史姚思永神
道"石刻题记。[③]"壶"是道教对于山洞的称呼，神道则
表现了时人对崖墓的认识，认为它们是通往神仙的通道。
江苏连云港孔望山发现的摩崖造像是汉代原始道教活动的
场所，其中有些图像刻画的就是老君。[④]

---

① 王明：《太平经合校》卷四十五《起土出土诀第六十一》，中华书
  局，1960年。
② 转引自唐长寿《乐山崖墓和彭山崖墓》，第17页。
③ 转引自唐长寿《乐山崖墓和彭山崖墓》，第17页。
④ 俞伟超、信立祥：《孔望山摩崖造像的年代考察》，《文物》，
  1981年第7期。

  山作为避世之所、隐居与超然之地是修道之士寻找植物药或是矿物原料的所在，此外山还提供了与神仙、隐士相遇的希望。东晋时，葛洪"下士得道于山林"的说法刺激了道教信徒入山修道、寻求不死之道和秘籍宝典的决心。《抱朴子内篇·金丹卷四》举左元放于天柱山中精思而得神人所授之金丹仙经来证明入名山是道教修炼的必要条件之一，还记载了人们为了制作"大药"，"必入名山，斋戒百日，不食五辛生鱼，不与俗人相见尔"。《真诰》卷十三《稽神枢第三》载：

  河内李整，昔受守一法并洞房得道。初在洛阳山，近来入华阳中。又主诣考崇民间之事。整往常为常道乡公传，受道入山时，年已六十。罡山东北有穴，通大句曲南之方山之南穴，姜伯真数在此山上取石脑。石脑在方山北穴下，繁阳子昔亦取服。此北竮山中亦有此物。石脑故如石，但小斑色而软耳，所在有之。服此，时时使人发热，又使人不渴。李整昔未入山时，得风痹疾，久久乃愈耳。此人先多房内事，殆不同今者疾之轻薄也。[①]

  李整入山修道时身患重疾，但在山中因长期服食石

---

① ［日］吉川忠夫、麦谷邦夫编，朱越利译：《真诰校注》卷十三《稽神枢第三》，中国社会科学院出版社，2006年。

脑终得痊愈，并因修炼守一之法和洞房之道而成仙。陶弘景时代，入山步骤发生变化，由于找道士书符多有不便，因此人们多借助自己的本事入山。《真诰》卷十二引吕出《神仙传》曰："入山之日，未至山百步，先却行百步，反足乃登山。山精不犯人，众邪伏走，百毒藏匿。"①名山对于修道之士的意义更在于，只有进入名山才可以摒弃人事而感受仙真之道，并得以修炼成仙。南岳夫人魏华存教导杨羲说：

> 数游心山泽，托景仙真者，灵气将愍子之远乐，山神将欣子之向化。是故百疾不能干，百邪不得犯，屡烧香左右者，令人魂魄正而但闻芳风之气，久久乃觉之耳，觉之则入道，入道则得仙，得仙则成真。……静亲天地念飞仙，静亲山川念飞仙，静亲万物念覆载慈心，常执心如此，得道也。人生者如幻化耳，寄寓天地间，少许时耳，若摄气营神，苦辛注真，将得道久，道成则同与天地共寓，在太无中矣。②

从这里我们可以看到，道教的重点是将人们身处的

---

① ［日］吉川忠夫、麦谷邦夫编，朱越利译：《真诰校注》卷十二《协昌期第二》，中国社会科学院出版社，2006年。
② ［日］吉川忠夫、麦谷邦夫编，朱越利译：《真诰校注》卷六《甄命授第二》，中国社会科学出版社，2006年。

自然加以神化，构造一个可以让修道者达到宗教目的的超验世界。名山如此，隐藏在名山中不为人所知的洞穴更是这样。

> 河东罗崇之，常饵松脂，不食五谷，自称受道于中条山。世祖令崇还乡里，立坛祈请。崇云："条山有穴，与昆仑、蓬莱相属。入穴中得见仙人，与之往来。"①

> 天台僧，干符中，自台山之东临海县界得一洞穴，同志僧相将寻之。初一二十里，径路低狭，率多泥涂，自外稍平阔，渐有山川。十许里，见市肆居人，与世无异。此僧素咽习气，不觉饥渴，其同行之僧饥甚，诣市肆乞食。人或谓曰："若能忍饥渴速还，无苦；或餐啖此地之食，必难出矣！"饥甚，固求食焉。食毕，相与行十余里，路渐隘小，得一小穴而出，餐物之僧立化为石矣。天台僧出，逢人问其所管，已在牟平矣。②

这几个故事虽然发生的时间有先有后，但是讲述重点却是人们对洞穴内世界的强烈好奇，主人公穿过狭窄的通

---

① ［北齐］魏收：《魏书》卷一一四《释老志》，中华书局，1974年。
② ［五代］杜光庭：《录异记》卷七，上海古籍出版社，1996年；《太平广记》卷三九八，第3190—3191页。台山位于浙江省武义县，牟平在山东省烟台市牟平区，两地相差的距离被二僧人轻易地穿越。

道通往另一个世界，它表明并不是只有得道高人可以进入仙界，有缘人随时都可以因缘进入。①

　　按道教的解释，洞天福地是指大天之内道教的神圣空间，是一个独特的非人间世界。它们位于名山之中且互相贯通，以一种环环相套的圈层宇宙构成论为背景解释天、地、人、物的存在。②这种观念揭示了道教此岸世界与彼岸世界重合的构想，其理论基础是道教信仰者自身的有机论整体宇宙观。从功能看，洞天福地是信徒成仙得道的修炼场所；从起源看，这种观念的产生与先民的山居习性有关。洞天福地有自身独特的时空构造，同时也与凡间相连，凡人会误入洞天，洞天居民有时也会造访人间。一般来说，洞天世界对人是隐秘的存在，人们只能借助某种特殊机缘到达那里。早期道教科仪中的三官手书就是让病人将写有自己名字和具有悔过服罪含义的文书写成三份，其中一份要放在山中。③因此，道教所说的"为道者多在山

---

① 后世宫观建筑受到汉晋时洞室信仰的影响，其规制与一般古代建筑稍有不同之处，如某些宫观修在洞口、洞中或附近，形成楼中洞、洞中楼的模式，或是修建长长的封筑走廊，以象征从洞口到洞中的距离。修道之士居此修行可以取得与在山中洞室中修行的相同功效。

② 张广保：《唐以前的道教洞天福地思想研究：从生态学角度》，载郭武主编：《道教教义与现代社会国际学术研讨会论文集》，上海古籍出版社，2003年，第286页。

③ ［西晋］陈寿：《三国志·魏志·张鲁传》注引《典略》，中华书局，1982年。

林"，"凡为道合药，及避乱隐居者，莫不入山"，[①]既是当时的实际情况，也是符合道教义理的必然现象。

神仙中有一种被称作"地下主者"的地位较低的地仙，他们生时是凡人，死后居留于各类洞天中，同仙人共起居。他们之所以可以得到这样的待遇是由于生时积累功德：

> 其一等地下主者，散在外舍，闲停无业，不受九官教制，不闻练化之业；虽俱在洞天，而是主者之下者，此自按四明法，一百四十年依格得一进耳。一进始得步仙阶，给仙人之使令也。其二等地下主者，便径得行仙阶级人仙，百四十年进补管禁位。管禁之位，如世间散吏者也。此格即地下主者之中条也。其第三等，地下主者之高者，便得出入仙人之堂寝，游行神州之乡，出馆易迁、童初二府，入晏东华上台，受学化形，濯景易气，十二年气摄神魂，十五年神束藏魂，三十年棺中骨还附鬼气，四十年平复如生人，还游人间；五十年位补仙官，六十年得游广寒，百年得入昆盈之宫。此即主者之上者、仙人之从容矣。[②]

① 王明：《抱朴子内篇校释·登涉》，中华书局，1985年。
② ［日］吉川忠夫、麦谷邦夫编，朱越利译：《真诰校注》卷十三《稽神枢第三》，中国社会科学院出版社，2006年。

通观洞天观念，可以发现三个主题：孕育之洞、墓葬之洞和天堂之洞。[①]如果我们把坟墓视作过渡和再生的场所，那么神话中关于孕育与墓葬之地的结合是自然而然的，入洞是走向死亡，出洞是一种复活。

三　门的意象

门的基本功能是分隔两个不同的空间。在中国人的墓葬观念中，墓门是阴与阳、生与死的交叉点，死者被葬入墓室就是进入另一个世界，因此从形式上来说，墓门天生就具有分隔生死两界的象征性功能。在从生到死、从阳居到阴宅的转化过程中，墓门实际上同时也是象征性的分界点。[②]在经过墓门这一意象后，死者进入一个中间地带。在这里，他既不是生者也不是死者，他成为二者中间的一个过渡物，等待着重生。

1. 阙与天门的神学符号意义

天门从字面意义上说即天之门户，它主要以门阙配

---

① ［法］傅飞岚：《超越内在性：道教仪式与宇宙论中的洞天》，第63页。

② Dramer, Kim Irene Nedra: *Between the Living and the Dead*：*Han Dynasty Stone Carved Tomb Doors (China)*, PhD diss., Columbia University. Ann Arbor, AI，：University Microfilms International, 2002.

以各种图像组合的形式在画像砖石、画像石棺、鎏金铜牌饰、摇钱树座等汉代墓葬中出现，象征死者进入另一个世界并做成仙之旅。天门说战国时就已出现，《山海经·大荒西经》载："天门，日月所入"，《淮南子·天文训》所述之"天阿者，群神之阙也"的"天阿"指的也是天门。也就是说，门和阙都是通往天国的入口，两者之间具有相同而可互代的象征语义。

在墓葬中，阙与门都是死者由生到死进行转化从而进入仙界的必经之处，只是这时，阙是仙阙，门是天门，死者通过这个特定的神学符号由凡成仙。由于年代久远，曾经真实地立于墓前的阙多已不存，所幸考古学的发达使我们可以经常见到存绘于画像中的天门与阙，通常的格局是：画像中的天门图像通常画成阙的形式，大多出现在距墓门最近的地方；画像崖墓中的阙均在墓门或墓室门外两侧；画像石棺上的阙则多刻成双阙的样式，位于棺的前端，表示死者将升入阙所代表的天上世界。

汉晋文献和道教典籍中，天门与阙往往被称为仙界建筑。《水经注》卷一载钟山"上有金台玉阙，亦元气之所含，天帝居治处也"。[①]据姜守诚统计，《太平经》中出现"天门"二字凡十三次，其意共有三种：其一指星宿名称，其二指卦象方位，其三指天庭之门，即通往天堂仙界

---

① ［北魏］郦道元著，陈桥驿校证：《水经注校证》，中华书局，2007年，第27页。

的大门。①地面墓阙从布局和功能上讲，实际上是墓域的大门。

按汉制，二千石以上身份的人才有资格立阙，因此以前研究多将阙看作是墓主人生前官阶和地位的象征。②如果严格按汉制执行，有资格立阙的人当属寥寥，但现实情况却是门阙在汉墓壁画、画像石及装饰石刻中到处可见。唐长寿在对墓主身份明确的墓葬门阙进行统计后发现，墓主官位从州刺史到郡太守、郡都尉，甚至官秩远不及二千石的县令、长、功曹，更甚者庶民都可以用阙，并没有政治地位的约束。③这种现象的存在引起我们的思考。

1986年四川简阳鬼头山崖墓出土的3号石棺上发现刻有"天门"题榜的双阙式天门（图36），④门顶两侧各站一只凤鸟，门的上方题榜为"天门"。门内站立一人，头戴冠，身着长袍，束腰，微侧身双手相拱做迎接状，左阙

---

① 姜守诚：《〈太平经〉研究：以生命为中心的综合考察》，社会科学文献出版社，2007年，第391页。姜氏所指"天门"的前两重意思不在本书研究范围之内，故不论。姜守诚还认为"天门"之义同于"生门"，即临近不死的境界，见东汉应劭《风俗通义》卷八《祀典》中"杀狗磔邑四条"。（王利器：《风俗通义校注》，第377页。）

② 冯汉骥：《四川的画像砖墓及画像砖》，《文物》，1961年第11期。

③ 唐长寿：《汉代墓葬门阙考辨》，《中原文物》，1991年第3期。

④ 内江市文管所、简阳县文化馆：《四川简阳县鬼头山东汉崖墓》，《文物》，1991年第3期。除天门外，该石棺上还有"天门""先（仙）人博""先（仙）人骑""日月""伏希（羲）""女娃（娲）"等题记。

图36 四川简阳鬼头山汉代崖墓3号棺右壁画像
（采自内江市文管所等：《四川简阳县鬼头山东汉崖墓》，《文物》，
1991年第3期）

侧旁题有"大可"二字。唐长寿认为，"大可"即"大
司"的简笔异体字，可能就是大司命。[1]由于司命有把守
天门之职，[2]故出现在天门附近的司命形象增强了门阙是
天门的象征意义：死者可以在墓门处计算自己世间所为，
并以此作为最后审判的依据，为善者升入仙境，为恶者永
归地下。四川长宁县七个洞四号崖墓墓门外画像题榜为

[1] 司命信仰在先秦时颇为流行，《庄子·至乐》云："吾使司命复生
子形，为子骨肉肌肤。"《抱朴子内篇校释·金丹卷四》："服
之百日，肌骨强坚；千日，司命削去死籍，与天地相毕，日月相
望。"司命之神可以司人之生死，它是汉代原始道教神学的重要方
面，当时有多种道术交通司命神，以便为人"延算"或"接算"，
《赤松子章历》中对此多有记载。（参见姜生《汉阙考》，中山大
学学报，1997年第1期。）
[2] 唐长寿：《汉代墓葬门阙考辨》，《中原文物》，1991年第3期。
唐长寿认为，表示升仙路上的阙可以称之为天门，但不能反过来把
所有其他形式的阙都称为天门；可以把作为坟茔神道标志的阙自名
为神道，而不能把其他形式的阙也称之为神道。

"赵氏天门"，①重庆巫山县江东嘴小沟子出土的铜牌饰上在双阙之间的人字形建筑之下也有"天门"二字题榜。②故此学者指出，在画像出现的阙不是宫阙、庙阙或墓阙，既非墓主人生前的官位，也非墓主生前所立阙观在墓中的表现，其含义应当是象征墓主人死后将通过"阙—天门"进入天国。③

从阙在墓葬中的位置看，它们或矗立于墓前，或绘制于墓中，其与墓葬中的甬道、墓道联结在一起，贯通一气，成为一个具有连续性的"神道"，以此达到墓主与天界之间沟通的目的。此外，由于双阙之间"天门"字样傍题的存在，则阙的功能延伸至天上，成为人们追求死后成仙愿望的具体体现。

阙与门是一种象征性符号，它体现了地上世界与天上世界之间隔离与交通两种功能，是由俗入圣、由生到死的通过礼仪象征。对于死者来说，天门是他生前向往的另一个世界的大门，也是他死后人生之旅的目的地。从这个意义上说，天门是死者在人间的终点，同时又是仙界的起点。因

① 罗二虎：《长宁七个洞崖墓群汉画像研究》，《考古学报》，2005年第3期。过去曾解释为"云门"，见四川大学考古专业七八级实习队、长宁县文化馆：《四川长宁"七个洞"东汉纪年画像崖墓》，《考古与文物》，1985年第5期。

② 重庆巫山县文物管理所、中国社会科学院考古研究所三峡工作队：《重庆巫山县东汉鎏金铜牌饰的发现与研究》，《考古》，1998年第12期。

③ 赵殿增、袁曙光：《"天门考"：兼论四川汉画像砖（石）的组合与主题》，《四川文物》，1990年第6期。

此，阙是能够代替天梯导人升天的符号化神学手段，是为死者准备的循以通达仙宫的象征符号。[①]从墓内砖石刻画的较小的阙到石棺上刻画的较大的阙，再到墓外用砖石建筑起来的阙，这一系列阙的存在，构成了具有连续性意义的、古人称之为"神道"的系统，它的功能就是引导死者从地下去往天上。事实上，这一做法在满城汉墓中就有所体现（图37）。满城一、二号墓位于海拔235米的小山上，主峰顶部平坦，四面呈斜坡状，上小下大，如一覆斗。墓前两座小山并肩而立形同双阙，其与陵墓的关系类似于后来的墓阙之于墓葬，后来的考古发现证实两座小山的顶部有西汉时期的瓦片，当时确曾有阙类建筑。[②]当送葬的人群沿着长长的神道自东向西进入茔园时，南北两座海拔分别为175米和194米的小山会让人产生神圣之感。

图37 满城汉墓陵山地形与墓葬坑位图（采自郑绍宗：《满城汉墓》，文物出版社，2003年，第58页）

① 姜生：《汉阙考》，《中山大学学报》，1997年第1期；姜生：《道教治观考》，《中国道教》，2001年第3期。
② 郑绍宗：《满城汉墓》，文物出版社，2003年，第210页。

当护送死者的队伍进入到这一个神道时，墓主人就已经开始了他漫长转化的第一步。在空间上、在心理上，这一神道甚至可以与墓中的甬道相连，表达了一个连续性的升仙主题。

与天梯相比，由天门进入天界更加简单。以天门为中心，众多的画面内容有了更深切的内在联系。这种画像暗示我们，有阙的建筑并不仅是人间建筑的简单翻版，而是通往天界的一个过渡的所在，是亡灵升入天国或进入天界的入口，"天门"二字使画像上的阙有了观念上的超越，具有了神学的意义。天上的官舍住的是神仙，地上的房舍住的是凡人，而墓则是从地上到天上的必经之路。"天上有官舍邮亭以候舍等，地上有官舍邮亭以候舍等，八表中央皆有之。天上官舍，舍神仙人。地上官舍，舍圣贤人。地下官舍，舍太阴善神善鬼。"①一旦从地上去到天上，就可以和天上的神人（或仙人）共起居。

由于汉代天门观念表述的模糊性，我们无法确知天门所代表的是神界的天门还是仙界的天门，也就是说，这些图像表现的是升天还是升仙的愿望。曾布川宽认为中国古代对天门本身就有歧义，一种认为天门是天帝所住的紫微宫之门，另一种认为天门是西王母所在的昆仑山之门，而四川发现的汉代天门图中的天门应属于后一种。②实际

---

① 王明：《太平经合校》卷一二〇至一三六，中华书局，1960年。

② ［日］曾布川宽：《汉代画像石におはる升仙图の系谱》，《东方学报》，1993年，第65册，第83页（转引自信立祥：《汉代画像石综合研究》，第293页）。

上，在古代神话传说中，昆仑山是登天的门户。《淮南子·地形训》将这一点表达得更加明确，根据其中有关昆仑山的记载，昆仑山的最高境界是县圃，"或上倍之，乃维上天，登之乃神，是谓太帝之居"。可见在汉代人的观念中，昆仑山确实是天门。因此，石棺画像和木棺铜牌上的"天门"是昆仑山仙界的别名或代名词。

昆仑山是死者灵魂升天的必经之路，通过它的人，登上昆仑山的第一个高度就会从死亡中解脱，到达第二个高度就能变成灵异，到达最高点就可以到达天国的入口，与天帝同在。从这个意义上说，昆仑山还是宇宙的中心，是天国和尘世的连接点。小南一郎论证昆仑山作为世界中心的神话学意义时指出：

> 世界的中心，以山岳（宇宙山）、植物（世界树）或柱子（梯子）为标识，它们垂直矗立，纵贯天上、地上、地下三个世界。只有在中心那里，这三个世界才能互相交通。地上世界的人只有攀登处在世界中心的山和树而穿过天门，才能获得天上的不朽性质。①

石棺上阙的图像发现较早，20世纪40年代出土于四

---

① ［日］小南一郎著，孙昌武译：《中国的神话传说与古小说》，中华书局，1993年，第60页。

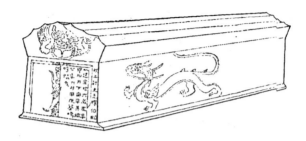

图38 王晖画像石棺透视

（采自罗二虎：《汉代画像石棺》，巴蜀书社，2002年，图49）

川芦山县的王晖画像石棺即刻有阙的图像（图38）[1]。王晖画像石棺为长方匣式，由弧形棺盖和矩形棺身组成，棺身上部略斜收，四壁刻有五幅浮雕。棺盖共八条线七个棱面，下覆长方形石棺，棺盖顶端为"饕餮"图，面向西方；棺头部前刻双门，为仙人半开门图，左门紧闭，门中倚立有翼仙人，右半身露门外，面朝西方，双髻，麟身有翼，半露其面而右手扶门，棺左壁为"虬"，右壁为"螭"，虬、螭均做向西方腾飞状。棺脚为"玄武图"，也面向西方。从平面技法来看，龟蛇的面向也为西方。这五个浮雕构图朝向相同，组成了死者灵魂去向的意境。

从现存东汉画像石棺可以总结出画像石棺的结构程序：天空的场景一般出现在棺盖上，前档和后档入口分别象征宇宙，石棺两侧画面由多种题材组合而成，但总是突

---

[1] 任乃强：《芦山新出土汉石图考》，《康导月刊》（第四卷），1942年第6—7期合刊。

图39 四川郫都新胜乡一号石棺（左为头档，右为后档）
（采自罗二虎：《汉代画像石棺》，巴蜀书社，2002年，第18页拓本一）

出某种主题以表达一般的象征意义和礼仪功能。[1]既然头
档板和后档板在画像石棺中的地位如此重要，那么如何区
分就成为一个问题。目前有两种不同意见，一是有阙门的
图像，一是没有阙门的图像。罗二虎认为有阙门的是头档
板，[2]信立祥则正好相反，认为有阙门的是足档板。[3]考虑
到墓主升天的程序，他首先进入的应该是阙所代表的天
门，天门门前要么有前来迎接的仙人，要么有表示天界的
各种祥瑞。因此，有阙门图像的一端应该是头档板，与之
相对的则是足档板。从出土于新胜乡的画像石棺，我们很
容易判断出头档和尾档（图39）。左图刻双阙间一门，门

---

① 巫鸿：《四川石棺画像的象征结构》，载其著：《礼仪中的美术》
（上），第185页。巫鸿认为王晖石棺弧形棺盖与长方形石棺的组
合造型代表了汉代人天圆地方的宇宙天地观念，表明人们试图将葬
具转换为一个微型宇宙模式。
② 罗二虎：《汉代画像石棺》，巴蜀书社，2002年，第128页。
③ 信立祥：《汉代画像石综合研究》，第279页。

内有一人捧盾迎候，他是天界的使者，正在迎接墓主人的到来。另一端为伏羲女娲像，人首蛇躯，上身相拥，伏羲手中托日，女娲手上托月，两尾相交系结。石棺两侧档板上通常也刻有阙、仙人、祥瑞等图像主题，当墓主进入头档板代表仙境后，再从足档板出来时他已经是在仙界，成为仙人的一员，完成了此行的终极目的，生命得以连续。四川彭山一号石棺棺身有画像石刻三幅：头档刻双阙图，脚档刻朱雀图，棺右墙刻仙人六博图，前部一仙人骑鹿，中部刻两仙人六博，后部刻一马拴于树上。[①]按信立祥的解释，树是表现墓地的象征，那么关于这幅图的前后顺序的正确解释就应该是死者从墓地经过墓室进入仙人世界，在仙人世界里，他见到了正在六博和骑鹿的仙人。由此可见，这三幅刻于棺身的图像内容彼此关联，表现死者灵魂通过天门，进入仙界。

1982年，四川巫山县出土十几块东汉鎏金铜牌饰[②]（图40），铜牌饰的表面用细线錾刻出人物、神兽、瑞禽、云气及双阙和"天门"榜题。从已知情况推断，这些牌饰应出土于墓主头端，同时由于每个铜牌饰上面都有一

① 高文：《四川汉代画像石》，成都：巴蜀书社，1987年，第71页。
② 重庆巫山县文物管理所、中国社会科学院考古研究所三峡工作队：《重庆巫山县东汉鎏金铜牌饰的发现与研究》，《考古》，1998年第12期。据赵殿增推断，因铜牌周围有木棺残痕，它们可能是装在木棺前端正中的饰件，是一种有特殊意义的随葬品。〔见赵殿增、袁曙光：《"天门"考：兼论四川汉画像砖（石）的组合与主题》，《四川文物》，1990年第6期。〕

1 2
3 4

图40 巫山县出土东汉鎏金铜牌饰（采自重庆巫山县文管所等：
《重庆巫山县东汉鎏金铜牌饰的发现与研究》，《考古》1998年第12期）
1.巫山县土城坡南东井坎出土 2.巫山土城坡南东井坎出土 3.4.巫山县江
东嘴小沟子出土

个小孔，且与牌饰同土有各种泡钉，有的泡钉出土时甚至
还嵌在牌饰上，由此可以推断这些铜牌饰都是用泡钉钉在
棺木前端的。①由于发现时墓葬被扰乱，因此各牌之间的

① 蒋晓春：《有关鎏金棺饰铜牌的几个问题》，《考古》，2007年第
5期。

位置关系目前无法确定。这14件铜牌饰中，13件刻有人物，他们大多胸前或背后有羽翼形饰，9件有用来表示"天门"的双阙，5件标出天门榜题，其余的或以云气或以神兽、羽人、西王母等暗示天界的存在。铜牌饰图案以人物、双阙为主，中间为圆璧纹，人物多端坐于圆璧下方，双手合于胸前，胸及肩部有羽形装饰并向两侧延展，呈卷云纹，由人物胡须或头上冠饰可以看出人物多为戴笼冠男性，唯一的女性为鬟髻。图像画面左右两边有阙上下贯通，两阙之间有拱形或人字形建筑相连，应代表天穹，上刻三足乌等神兽，在这些建筑下多刻有"天门"二字，这种人字形或拱形的建筑，应是中原地区的券顶墓屋顶的符号化象征。结合铜牌饰中的"天门"文字、双阙和相应的建筑物，铜牌饰所要反映的正是完整的天国图景，牌饰中的文字、图像及在墓中出土的方位暗示我们死者的升天之路，墓主可以经此而进入仙境。

现在学术界对多栏汉画像石的识读多从下部开始，这一点对识读此类铜牌饰也有借鉴作用。在图40-2牌饰中，下部的人物应为亡者，墓主试图通过天门而进入天国。上部较大的人物为西王母。西王母图像较大的原因是要突出西王母在升仙中的作用，凸显西王母代表的天界。赵殿增认为，图40-3、图40-4中的人物是西王母，[①]然细考之，

---

① 赵殿增、袁曙光：《"天门考"：兼论四川汉画像砖（石）的组合与主题》，《四川文物》，1990年第6期。

这两个人物身上没有胜和龙虎座这两个西王母所特有的象征符号，是否是西王母当存疑。文献记载中，"胜"是西王母佩戴之物，而西王母又住在昆仑山上，在墓门上刻画"胜"的含义应是象征西王母所在的昆仑仙境。根据文献记载，西王母的特征有二：一为凭几戴胜坐于龙虎座上，二为居住于昆仑胜境，常由代表仙境的玉兔、蟾蜍、三足乌或九尾狐环绕。《山东汉画像石全集》录西王母图像凡24幅，其中西王母凭几而坐的8幅，其他16幅或伴有祥瑞动物，或伴有持便面的人面蛇身者或兽面人身的献仙草的仙人。如果说山东汉画像石仅能反映中原和东部地区的西王母形象的话，高文的《四川汉代画像砖》中著录的西王母画像则反映了汉代巴蜀地区民众对西王母的认识。该书共收10幅西王母画像，西王母均坐于龙虎座上，带有明显的指代特征。在这两个铜牌饰图像中，我们可以看到这两个人物一人戴笼冠，似为男性，另一人为卷云状双髻，亦未戴胜，二人端坐于天门前，虽然背后有云气纹，但可以断定这两个人实际上正是墓主本人。西王母形象虽未出现，但"天门"题榜的出现意味着这里正是西王母所在的仙界，此二人端坐在天门前的理由只有一个，即是为了从这里通过而进入天界。与之有相同构图意味的是长宁七个洞崖墓群一号墓门框正中、二号墓中层门框正中、五号墓外层门框左侧和七号墓中层门框正中都刻有"胜"纹，却完全不见西王母画像。①在这里，西王母图像虽然隐而不现，但是天门题榜的出现以隐含的方式暗示西王母的世界。

出土于巫山县磷肥厂附近的柿蒂纹形铜牌饰图案比较复杂（图41），主要为四灵、人物、神兽、花卉等。这个铜牌最引人注目的是玉璧上下的一组图案，上部由仙山、天梯和朱雀组成，天梯穿越三座仙山直指上界，朱雀伫立在天梯尽头，正在等待墓主的到来。下边图案为一怪兽，环眼、阔口，有獠牙，头发上卷，颌下有须，身后有长尾，人立而舞，用手托举着位于中部的玉璧。其下是一腾飞的青龙盘

图41 巫山县磷肥厂出土铜牌饰
（采自重庆巫山县文管所等：《重庆巫山县东汉鎏金铜牌饰的发现与研究》，
《考古》1998年第12期）

———————————

① 参见罗二虎：《长宁七个洞崖墓群汉画像研究》，《考古学报》，2005年第3期。

绕于玄武身上，两者四目相对而视，代表地下世界，与马王堆汉墓帛画下部世界的描绘有相似之处。图案中有两个人物，一个是最下部短须、头戴笼冠插手而立的男性形象，一个是最上部拱手而坐，无比端庄的男性形象。综观整个图像，表现的是墓主人从图像下部玄武所代表的幽冥世界经过怪兽把守的通道，经过中间玉璧代表的天门来到昆仑仙山下的天梯，从这里通过朱雀的引导成仙，转化成图像最上端的仙人的过程。经过从上到下的成仙之旅，墓主成为仙人的一员，与仙鹿等祥瑞为伍。

这个铜牌造型独特，不是通常所见的圆形而是不多见的柿蒂形。柿蒂纹在汉代画像中常见，且广泛应用于装饰汉代的各种物品，在西南汉画像中，主要见于石棺盖顶和崖墓墓门，如泸州市麻柳湾崖墓石棺盖面仅用柿蒂纹装饰（图42）。柿蒂纹最初的命名大概是根据其形状，但实际上柿蒂纹是一个有着圆形中心的十字纹，十字把空间分为

图42 泸州市麻柳湾石棺盖面（采自罗二虎：《汉代画像石棺》，巴蜀书社，2002年，图129）

四个方位，每个方位的尖头指向远方，表示四方是无限延伸的，以表达"宇之表无极，宙之端无穷"之意，具有宇宙图像的意义。铜牌饰上部的三山象征着西王母所在的昆仑三山。东汉以后，与西王母有高度关联性的昆仑山几乎都采取三山的形式，图像中的三山虽然各自独立，但中间的天梯将它们联系在一起。在图像的最上部，神鹿的出现标志着墓主人最后的目的地仙界。神鹿之所以可以代表仙界，是因为道家相信鹿与蹻有关，而蹻则是巫师沟通天地的工具。《抱朴子内篇·杂应卷十五》载："若能乘蹻者，可以周流天下，不拘山河。凡乘蹻道有三法：一曰龙蹻，二曰虎蹻，三曰鹿蹻。"从交通天人的角度看，鹿可以理解为升仙之人的引导或是坐骑。因此张光直认为龙蹻、虎蹻、鹿蹻的作用，是道士可以用它们为脚力，上天入地，与鬼神来往。[①]

与此同时，多在四川出土的巴蜀地区东汉前后的摇钱树上也出现了天门图像。摇钱树为铜质，树身通常高1至2米，下有40厘米左右高的陶座或石座，树身用缀连的方法分为几节，每节之上有2至4个叶片，树梢顶部和各叶片上有复杂的人物、动物、方孔铜钱和一些装饰物，顶部多为朱雀或西王母。20世纪40年代，冯汉骥将其命名为摇钱树并

---

① 张光直：《濮阳三蹻和中国美术史上的人兽母题》，载氏著：《中国青铜时代》，生活·读书·新知三联书店，1999年，第322页。

得到学界公认。[①]近年来，随着对墓葬明器研究的深入，有学者对摇钱树的认识提出不同意见。张茂华认为摇钱树上的"钱"不具备财富意义，只是天地的象征，摇钱树是人们希望墓主通过神树由地面升天成仙的一种宗教性随葬物，是墓主升仙的媒介，应称之为升仙树；[②]贺西林认为摇钱树以图示的形式表现了秦汉神仙之际的思想，摇钱树是天地间人神交通的工具，是西南地区民众的引魂升天之梯。[③]

对先民来说，高耸入云的巨树上可接天，与天相通，被称为建木。《淮南子》卷四《地形训》载"建木在都广，众帝所自上下"，是先民通天的自然媒介，三星堆大铜树的发现被认为是《山海经》中"建木天梯"传说的物证。《山海经·海外南经》载"有员丘山。上有不死树，食之乃寿，亦有赤泉，饮之不老"，《海内西经》也说"海内昆仑之墟，……帝之下都，上有木禾，长五寻，

---

① 1988年简阳鬼头山东汉崖墓出土画像石棺上有一株形植物位于日月神鸟下方，该图像有隶书榜题，发掘报告称之为"柱铢"。雷建金认为摇钱树的本名应为"柱株"（雷建金：《简阳县鬼头山发现榜题画像石棺》，《四川文物》，1988年第6期）；邱登成认为"柱铢"是有"铢"的柱，也就是说树上有铜钱，并由此判断这可能就是当时人们对摇钱树这一随葬明器的称谓。（邱登成：《汉代摇钱树与汉墓仙化主题》，《四川文物》，1994年第5期。）何志国则认为摇钱树上的铭文虽表达了某种含义，但不见得就是它的名称。（何志国：《汉魏摇钱树初步研究》，科学出版社，2007年，第150页。）

② 张茂华：《"摇钱树"的定名、起源和耒型问题探讨》，《四川文物》，2002年第1期。

③ 贺西林：《东汉钱树的图像及意义：兼论秦汉神仙思想的发展、流变》，《故宫博物院院刊》，1998年第3期。

大五围"。上述两条材料表述的不死树形状与摇钱树结构相仿，"员丘山""昆仑之墟"皆为山形，与摇钱树座相仿，不死树与摇钱树同形。

神山位于大地中央，高耸入云，是人神往来的通道，出土于成都市郊的一座陶钱树座（图43）最能表现这一观念。这个陶树座为多层台形的泥质灰陶，自上而下可分为四层，高60.5厘米，状如一座高耸入云的山峰。陶座表现的是若干人正在登山。在山的底层站立五人，最右侧靠门者双手横捧一物，耳似兔形。结合西王母身边常有玉兔这一形象，这个兔形人应是西王母的使者。第二层中有一壁，将第二层分为左右两部分，右侧空间较疏朗，有二人并立其间；第二层左侧似是一个方形龛，较深，有一兔形人站在龛前，其右似是一个蟾蜍。第三层进深较大，站立五人，最右侧人右上方有一龛或山洞，但容积较第二层龛小。第四层为顶部站立一人，头作高

图43 成都洞天摇钱树座
（采自朱伯谦：《中国陶瓷全集》卷三《秦汉》，上海人民美术出版社，2000年，图229）

髻，左手持一钵状物，右手似持一杵，做舂捣状，应为西
王母。其左侧站立一兔形人。山的顶端是端坐的西王母，
人们不辞劳苦正是为了到达她的所在。山上的每重山都有
一个洞穴，人们只有通过一层层的洞穴，经过一层层的炼
试，才能到达此行，甚至是此生的目的地——仙界。

　　四川绵阳河边乡出土的摇钱树为山形（图44），两侧
有子母阙浮雕，阙体较高，主阙重檐，双阙之上为西王母
像，西王母凭几戴方胜，袖手，端坐于龙虎座上，两阙之
间的拱形建筑上刻有三足乌和九尾狐。整个浮雕以山为大
的背景，突出其处于
群山之中的含义。整
个画面虽未出现天门
字样，但由于西王母
处于画面的中心，表
现出仙境的情形，构
图中天门的意象呼之
欲出，因此有学者将
此命名为天门摇钱树
座是很精当的。[1]出
土于绵阳游仙区观太
乡崖墓的摇钱树座

图44 绵阳河边乡西王母树座拓片
（采自何志国：《汉魏摇钱树初步
研究》，科学出版社，2007年，图
7-17）

①　何志国：《汉魏摇钱树初步研究》，科学出版社，2007年，第227页。

（图45）与河边乡出土的有异曲同工之妙。树座正中西王母端坐在方席上，戴胜，右衽，袖手，身体两侧分别有形状相似的兽头，右侧的兽头体呈鱼鳞纹，左侧的兽头呈狐形纹，西王母左右两侧各站立一人，手持一瓶，右侧之人头部已残，西五母座下为三足乌和九尾狐，三足乌展翅，九尾狐扬蹄举尾，以上为树座的上半部分。树座的下半部分与汉画像石题

图45 绵阳观太乡西王母树座拓片
（采自何志国：《汉魏摇钱树初步研究》，科学出版社，2007年，图8-10）

材相似，三足乌和九尾狐之下是一扇半开的门，门旁各站一人，手中持一长形物，在此迎接即将到来的墓主。由于树座的立体造型，因此树座上表现出来的阙与画像的二维图形相比更具有立体效果，也更能引起人们升天的遐想。

除墓主本人要升入天界与仙人为伍外，西南地区此时的墓葬信仰在升仙的同时还强烈地表达了追求财富的意愿。茂汶摇钱树树顶中央为端坐于龙虎座上的西王母，龙虎座下是一块代表天门的圆形玉璧，玉璧的左右两侧是双层重檐的阙。西王母、双阙、玉璧共同构成了天门的图像，

图46 茂汶摇钱树拓片

（采自何志国：《汉魏摇钱树初步研究》，科学出版社，2007年，图12-7）

但与中原地区汉画像石有所不同的是，在这个天门观念中出现了追求财富的意象。双阙顶上各有一体量巨大的朱雀振翅而舞，阙下侧向左右各横伸出一体形呈S形的青龙，龙的背上分别有一人正挑着担子向左右行走，从图形上看他们挑的是圆形方孔钱（图46）。何志国认为，挑担人从天门中走出，暗示钱生于天门之内，据此生钱的摇钱树也应该在天门之内，而天门之内正是死者所幻想的灵魂死后之归宿。[①]李淞认为，摇钱树之所以在西南地区出现，表明人们在死后有着对财富的继续追求，而西南地区丝绸之路的兴盛是摇

---

① 何志国：《汉魏摇钱树初步研究》，科学出版社，2007年，第258页。

钱树信仰形成的生活环境。[①]摇钱树上的铜钱除承载通常意义上钱的概念外，还是作为特殊符号的具有宗教意义的载体。摇钱树在墓中的出现表明人们相信死后世界的存在，树座代表天门，树枝、树干反映的是天国的景象，二者共同组成的摇钱树就是通天之梯建木，死者缘着树的方向向天门行进并得以长生。这个构想与神树、天梯的神话信仰相关，是古代文献中建木、扶桑、若木等宇宙树的具体化。

早期道教相信人各有司命之树，命树种在天上，由主树之神掌其生死。如果要想不死，就必须诚心修道，这样命树就会移植到天门附近成为长生树，《太平经》卷一一二《有过死谪作河梁诚》载：

> 人有命树生天土各过，其春生三月命树桑，夏生三月命树枣李，秋生三月命梓梗，冬生三月命槐柏，此俗人所属也。皆有主树之吏，命且欲尽，其树半生，命尽枯落，主吏伐树。其人安从得活，欲长不死，易改心志，传其树近天门，名曰长生。神吏主之，皆洁净光泽，自生天之所，获神尊荣。

由此可见，"命树"的观念是以"树"之长生象征"命"之存续消亡。因此，从这个意义上说，墓中发现的

---

① 李淞：《论汉代艺术中的西王母图像》，湖南教育出版社，2000年，第210页。

摇钱树实际上可以用"命树"来命名。

实际上，除以上石棺、金牌饰、摇钱树呈现出的天门形象外，墓葬中大量出土的玉璧以及图像中出现的玉璧所暗含的天门意象常常被我们忽视。

墓葬中玉璧实物或玉璧构图由来已久，红山文化、良渚文化遗址中经常有玉璧随葬，春秋战国时玉璧置于棺盖，战国楚墓流行在棺外附璧，汉时或置棺盖或绘漆于棺盖、锦幡之上，发展到后来，人们又将玉璧刻绘于崖墓甬道、画像石墓中，直至泛化成为一种集体无意识的装饰图案，其观念与心理基础是玉璧代表着通天之门，经由这里可以人神对接，与上天取得沟通。玉璧是通天的灵物，也是与天对话的信物和媒介，它的神性来自于它的圆形特征，圆形的孔洞代表"天圆"，表现的是天门的形态，将之放置在墓中是期望引导亡魂升入天界，有了它，就表明一条到达天国的通道已经建成。

邓淑苹认为要探索玉璧的象征意义，要从成书于秦汉时《周髀算经》中找答案。《七衡图》记录了一年四季太阳在天空行移的轨迹，若在七衡图中涂以青、黄二色，所得的图像正是一个圆璧。[①]在古代，璧代表黄道，即宇宙中

---

① 邓淑苹：《由考古实例探索玉璧的形上意义》，见《浙江省文物考古研究所辑学刊》第6辑《第二届中国古代玉器与传统文化学术讨论会专辑》，杭州出版社，2004年，第68页；《君子比德：论崇玉文化的形成与演变》，见颜娟英主编：《台湾学者中国史研究丛书》之《美术与考古》，中国大百科全书出版社，2005年，第466页。

太阳所运行的轨迹，理解了这一点，就会明白古人希望灵魂通过玉璧中孔进入永恒不朽世界的愿望。于是人们在墓中或绘制玉璧图像，或直接把玉璧随葬在主人身旁，以期达到沟通天人的目的。战国楚墓流行将璧加饰于棺上，或在墓葬中绘制或刻出玉璧图，[①]且使之与瑞兽仙禽密切相连，从位置和功能看，极有可能是供死者灵魂出入的门或窗。汉代死后成仙理论延续了这一做法，徐州狮子山楚王陵、满城窦绾墓都出土了镶玉漆棺，[②]以满城汉墓而论，刘胜前胸和后背均按照次序放十八块玉璧，前胸部位放十三块，其中胸当中竖排三块，上面一块最大，中间次之，下面较小。两侧各排玉璧五块，大小和胸当中的相当；后背有玉璧五块，脊椎部位的三块较大，左右各放一块小玉璧。每块玉璧的两面都残存有织物的痕迹，在仔细观察下可以发现，各玉璧间曾以宽约4厘米的织物连缀，通过璧孔盘绕，这样，十八块玉璧在织物的连缀下构成了一个立体的衣物，把前胸和后背连在一起，把死者裹在其中。窦绾镶玉漆棺在漆棺表面镶圆形玉璧，棺盖四十六块，右侧壁

---

① 湖北省荆沙铁路考古队：《包山楚墓》，文物出版社，1991年；黄凤春：《试论包山2号楚墓饰棺连璧制度》，《考古》，2001年第11期。黄凤春在文章中还指出，内棺棺档不仅有璧饰，而且中棺棺档白色十字形符号应与灵魂出入有关，其棺外虽未绘门窗，但璧以绶带相系且相连于棺，而绶带正代表了窗权格的纹饰。

② 狮子山楚王陵考古发掘队：《徐州狮子山西汉楚王陵发掘简报》，《文物》，1998年第8期；中国社会科学院考古研究所等：《满城汉墓发掘报告》，文物出版社，1980年。

四十三块，左侧壁四十九块，前端十二块，后端十四块，棺底二十八块，是一具非常华丽的镶玉璧漆棺（图47）。[1]这些墓中发现的玉璧表明，刘胜夫妇除身穿玉衣以期不朽外，还期望死后通过由大量玉璧构成的天门得以重生。不过，根据考古发现，汉代除用真实的玉璧饰棺外，还用象征的手法来表现玉璧的存在，于是在众多的汉代画像石或者棺盖等处我们可以看到玉璧图，要么是用直接绘出玉璧图样，要么将玉璧图绘于铺在棺上的锦幡之中。长沙砂子塘一号西汉墓外棺足档板绘二凤鸟穿璧图等。[2]玉璧被置于门阙图的上方，门阙象征着天门，这样玉璧便成了天地之间的交通孔道，这种做法与墓主希望死后升天的思想有

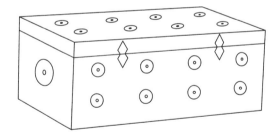

图47 满城汉墓窦绾墓（M2）镶玉漆棺复原图
（采自郑绍宗：《满城汉墓》，文物出版社，2003年，第134页）

① 郑绍宗：《满城汉墓》，文物出版社，2003年，第135页。
② 湖南省博物馆：《长沙砂子塘西汉墓发掘简报》，《文物》，1963年第2期。

关。以二龙或二凤鸟等环绕玉璧圆孔表示珍禽异兽成双成对地分处天界的入口处，迎接墓主人的到来。

在棺椁头部档板刻玉璧，其象征意义是代表天，象征死后的世界是一个完整的宇宙，同时，保护墓主尸体、附着墓主灵魂、帮助墓主复生和升仙。马王堆"T"形帛画绘有二龙穿璧，帛画之上为远行天界的死者，之下为行祭祀的生者，圆形玉璧的位置正好分割并沟通天上地下两个世界。此外，加上阙门以及倚门而立的仙人，说明死者这时正在穿过玉璧象征的天而进入到仙人的行列。四川泸州出土的1号石棺头档（图48），画面中央是代表天门的双阙，阙的中央是一个玉璧，玉璧的上方是一只展翅的朱雀，下方是玄武，右边阙的上方是正端坐在龙虎座上的西王母。仔细观察西王母与阙的相对位置，我们可以发现西王母并不是坐在阙上，而是在稍稍偏右偏后的地方，同时我们很难想象作为天界主神的西王母端坐在阙门上的情景。由中国古代绘画及雕刻的特点，很难在平面的石面上刻出远近、内外之别，因此端坐于天国之内的

图48 四川泸州1号石棺头档
（采自高文：《中国画像石棺艺术》，
山西人民出版社，1996年，第43页）

西王母就被刻成似乎是坐在阙上的样式。按归类四灵的关系我们可以判断左侧阙上漫漶不清之物应是青龙，右侧阙上的图像应是白虎。墓主将天门、四灵、玉璧等所有可以表示升天的途径都画了出来。从上述对天门和璧门的讨论中我们知道，墓主不仅可以通过天门升天，而且还可以通过玉璧升天，并且可以在表现宇宙八方的四灵的守护下升天，所以，墓主动用了他所有的想象实现试图升天的愿望。

出土于陕西绥德四十里铺的东汉墓门横额画像画面分为三格（图49），画面中间绘有铺首衔环的小门代表天门，连通人仙两界。画面右侧西王母踞坐在龙虎座中央，一个鸟首人身羽人正在向西王母报告天门外墓主的到来，羽人的身后玉兔面对面正在捣药，玉兔的左侧是代表建木的植物，西王母近旁围以侍从及金乌、蟾蜍、玉兔和九尾狐等。画面左侧的墓主戴冠凭几而坐，他身后的二人应代表他生前的侍者，面前的四人一执笏者伏地跪拜，其余三人躬身迎接，应是天界的使者正在欢迎他的到来。除中间小门代表天门外，由于整个画面由绥带穿璧构成玉璧纹围

图49 陕西绥德四十里铺墓门横额画像
[采自汤池主编：《中国画像石全集》（5），山东美术出版社，2000年，图177]

绕，表现了天国的图景，暗示墓主将进入天门来到天界。

2. 启门图的转换意味

汉画像石中常可看到这样的图像：墓室后壁上开有一不可通行的假门，门扉半开，一女子或女仙倚门而立。如果以观者为中心，启门人物分为两种：一为人物正面正对观者，一为背面或侧面对观者，所以又有启门、掩门、倚门三种说法。如果以门为中心，可分为启左门、启右门、双门半开三种。

启门图的出现最早可追溯到东汉，宿白将这种图像命名为妇人启门图，并认为这种图像暗示着门后另一个可以通达的广阔空间，墓并未到尽头；[①]梁白泉认为，妇人启门或是反映了世人对神仙的追求，或是反映了死者对墓地安全的考虑，是民俗信仰观念的表现；[②]刘毅认为妇人启门图是墓主人生前豪华生活的写照，图中的女子是死者生前的侍妾，由于得不到和正妻一样的待遇，只能借此形式来到丈夫的归宿地。[③]吴雪杉在区分了妇人启门图像出现的地域后指出，山

---

① "妇人启门"一词为宿白先生首发其凡，其后这一称呼被学界沿用。（宿白：《白沙宋墓》，文物出版社，2002年，第54页。）考古发现的四川地区启门图像总是与西王母或明显具有仙境含义的图像并列在一起，而山东、苏北启门图像总是与象征世俗生活的车马出行和楼阁建筑相连。

② 梁白泉：《墓饰"妇人启门"含义揣测》，《中国文物报》，1992年11月8日。

③ 刘毅：《"妇人启门"墓饰含义管见》，《中国文物报》，1993年5月6日。

东、苏北地区的启门图像更多具有世俗意义，象征理想化的私人空间，但当这种图像在四川地区出现时，启门女子与西王母或仙境之间建立了一种相对稳定的图像关系，启门图像展现出一种神圣意味，指向仙境这一理想化的公共空间。[①]

汉画像在表现启门图经常伴有三种图式：其一是一座敞开的空门，其二是由一匹马引导游魂进入大门，其三通常是一个女子出现在一个半开门的门后。在画面中，门外是等待拜谒西王母以求不死药而进入仙境的人，门内站立一有翼仙人或是一仙人，仅露出部分身体接待来者，而门也总是仅开半扇，暗示通往天境之门并非对每一个人敞开。画像中的信众为顺利进入仙界，或求助于有超能力并可往来人神之间的方术士甚至巫觋，或手持节杖跪于天门外祈求拜谒；或手持节杖站在鼎旁炼求不死仙丹；或跪拜在西王母前面，向西王母乞求不死药或乞求西王母让其升入仙境；或持袋拿节杖站立，袋中可能装的是已求到的不死药；或两手持不死之药并头顶不死之药，其药为珠形闪烁着光芒（图9；图10）。袁曙光、赵殿增用系统研究的方法对汉墓进行分析，认为经天门升天成仙是汉画像砖（石）画面组合的主题，[②]其基本组合是：门阙、车骑、迎谒、宴饮、舞乐、仙人、四灵、西王母，以及庄园、市井、劳作等。这一组合系列，反

---

① 吴雪杉：《汉代启门图像性别含义释读》，《文艺研究》，2007年第2期。

② 赵殿增、袁曙光：《"天门"考：兼论四川汉画像砖（石）的组合与主题》，《四川文物》，1990年第6期。

映了两种并存而又相互关联的情景：一是以西王母为主神，有仙人生活、神灵守护的天国景象；一是送迎墓主人升入天门，宴饮舞乐，并在天上过着美好生活的升天成仙的过程。

　　墓葬中半开门图并不鲜见，内容有繁有简，但目前仅四川地区画像中出现特殊人物形象。四川南溪长顺坡砖室墓3号画像石棺侧档是一幅仙人半开门图（图50），画面下层中部门半开，一仙人侧露半身，西王母坐于门内左侧龙虎座上，前立一人正在同她讲话，发掘报告称之为墓主。[①]本书认为，画面右二右三两人体量相较右一右四人物为大，应为墓主及其家人，表现的是他们依依离别的场景；右一右四体量较小，应是墓主在人间的侍者。在半开的门外侧，有一手持节杖跪拜于门前的人物，他伸出右手，像是正在向开门的仙人求乞。东汉晚期太平道和五斗米道的"师"

图50　南溪县长顺坡砖室墓3号石棺右档
（采自罗二虎：《汉代画像石棺》，巴蜀书社，2002年，图88）

---

①　罗二虎：《四川南溪长顺坡汉墓石棺画像考释》，《四川文物》，
　　2003年第6期。

都持九节杖为病人治病，因此这个手持节杖的人应该是道士。由于古代医巫不分，这个道士在墓主生前为他治病，在墓主死后为他主持仪式，在墓主求仙的路程中作为墓主的引领者来到天门前，向仙人求取不死之药。这个道士出现在这里的另一种可能是为了表现西王母门前的信众人数之多，但是考虑到棺木是墓主个人的转化工具，因此不可能绘制与墓主不相干的人在这个图像中。墓主在仙鸟的引导下，乘仙鹿来到天门外，经过手持节杖的道士引领，意欲通过天门而成仙。在通过天门后，才得以有资格见到坐在龙虎座上的西王母，成为仙界的一员。西王母身边的人不是墓主，从其着衣和站立的姿势来看，应为一女子，她可能是西王母的侍女，正在向西王母通告门外的事情。

1969年，四川荥经出土的画像石棺侧板刻有双人接吻图（图51）。[①]画面上浮雕四栌头柱，左二柱间男女相对席

图51 四川荥经石棺上的启门图像

（采自李晓鸣：《四川荥经东汉石棺画像》，《文物》1987年第1期）

---

① 李晓鸣：《四川荥经东汉石棺画像》，《文物》，1987年第1期。

地跪坐，托颌接吻，右二柱间西王母凭几而坐，画面中间为一大门，门开处一女子正探头观望，门两侧各刻一朱雀。在对此图像的解读上，论者或将此图解释为房中术，[①]或解释为生死崇拜。[②]相比较而论，吴雪杉的研究更具启发性，她认为这幅图像有多条平行的直线，半启门位于较低的地平线上，形成一个靠前的空间；图像较高的地平线上立着四个带斗拱的立柱，形成一个靠后的空间。这样一来，整幅图就构成一个一前一后双重空间结构。女子启门图位于下方地平线上，属前一个空间，而秘戏图、西王母和斗拱位于上方的地平线，属后一个空间，前后两个空间的连续性被封闭的、较低的启门图像打断和切割。门面的空间代表人间，启门女子正在看向某个在画面上并不存在，但可能正在路途中的亡者。后一个空间代表西王母的所在，门旁一左一右两个设置在后面平行线上的朱雀暗示了天界的存在。[③]从空间关系上看，"秘戏"与西王母在同一个空间，二者共同构成不可分割的整体，在图像性质上是接近的。这幅图暗示的是两个秘戏的人已经来到天界，正在享受人生至乐。在图像中展现秘戏图是为了表现一种神圣意味，既祈求人死而复生，又用生殖—性行为的方式使生命得以延续，体现再生、转生、更新生命的过程。

---

① 杨爱国：《汉画像石上的接吻图考辨》，《四川文物》，1994年第4期。
② 罗二虎：《汉代画像石棺研究》，《考古学报》，2000年第1期。
③ 吴雪杉：《汉代启门图像性别含义释读》，《文艺研究》，2007年第2期。

受吴雪杉的启发，我们可以对旬邑县百子村东汉墓地
T形图加以重新解读。2000年，陕西省考古研究所和旬邑
县博物馆对旬邑县百子村东汉墓地进行发掘时在一号墓后
室发现了T形图，这张画像位于后室正中，在黄色的底色
上用红色描绘出长方形轮廓，其上既无文字也无图像（图
52）。黄色轮廓的上方，用红色绘成的织物状的垂帐沿墓
室券顶形成一个帷幔，左下角绘一着红衣的人乘于车上，
车向左驶去。原报告撰者认为此图可能具有特别意义，是
天门的图案。①郑岩认为此物不是天门的象征，他引巫鸿
的虚空的"位"的概念，认为此图代表死者灵魂所在的神

图52 陕西旬邑县百子村东汉墓后室北壁画像
（采自陕西省考古研究所：《陕西旬邑发现东汉壁画墓》，《考古与文
物》，2002年第3期封二）

---

① 陕西省考古研究所：《陕西旬邑发现东汉壁画墓》，《考古与文
物》，2002年第3期。

位，即祭台。[1]邢义田认为，墓室后壁前所未见的T字形的图像是想象中的天门，标示墓主死后之归所，而非虚空的"位"或牌位。[2]这样，当祭拜者在祭台前跪拜时，往台上看，视觉上墓主象征的死者，仿佛居于帷帐或是天门之中。

考虑到祭台的实用性，此图的祭台与上方的帷幔相比，高度过高，人在此祭台上实施祭祀活动不免有所不便，同时马车和祭台的相对比例过于庞大，因为在一般人的心理认知中，车马是远远大于祭台的。本文认为这个长方形的图像是汉代半掩门画像的另一种表现形式，只是在这个图像中倚门之人被有意省略，同时由于墓室图像的不可穿透性，乘车之人实际上是在出此门之后再转而向西，向其目的地，也就是天界行进。

这幅壁画的另一个问题是天门颜色。天门因何而画成黄色，邢义田引《后汉书》卷四《孝献帝纪》和杨守敬《水经注疏·睢水》相关资料后指出，古代文献中黄门、黄闼、

① 郑岩：《〈考古发掘出土的中国东汉墓（邹王墓）壁画〉书评》，载中山大学艺术史研究中心主编：《艺术史研究》（第5辑），中山大学出版社，2003年，第516页；郑岩：《一千八百年前的画展：陕西旬邑县百子村东汉墓细读》，《中国书画》，2004年第4期。巫鸿认为，"位"不是一种可以归类定名的实际物件，而是由多种器物构成的空间，它是墓葬中一个最关键的组成部分，因为它是为墓主人的不可见的灵魂而专设的。（［巫鸿：《无形之神：中国古代视觉文化中的"位"与对老子的非偶像表现》，载其著《礼仪中的美术》（下），第515页。］
② 邢义田：《陕西旬邑百子村壁画墓的墓主、时代与"天门"问题》，台北故宫博物院：《学术季刊》，第23卷第3期，第16页。

黄合、黄堂之黄都是指颜色，这些从中央到地方的黄色之门象征了人间富贵和权力之所在，由此以黄色作为死后世界天门的颜色是题中应有之意。黄色是汉代五色审美观的重要组成部分，[①]从出土文物中我们可以注意到，先秦与汉代时，色彩已不再是单纯的视觉的、感性的存在方式，它已成为一种观念性的阐释和象征性的比附，成为一个可以相互转换的系统，通过对物象的视觉认识，转换成一种对内视心像的文化反思。色彩与方位相对应，与时间相关联，黄色在方位上代表中央之地，在时间上代表着夏天，并特指五帝中的黄帝。这样，色彩就具有了时空的意义，宇宙秩序由无序变为有序。黄色之门就成为不言而喻的天门，进入这个尊贵的黄门，死者便更加具备了升仙的可能性。

如果说门是一个将生与死、仙与凡分隔开的界线，那么启门图像正好处于这两个世界之间。图像在门的前后左右空间展开，人物与物象围绕门活动，开启的门贯通了两个世界，通过门可以展示更为幽远的空间。如果我们能够注意到启门者总是从内侧打开通往西王母世界或仙境的大门，那么启门者与西王母之间的内在联系也就不言自明：启门者位于西王母世界之内，她是西王母的臣民，也是西王母的使者，墓主只有经过她，才能到达此行的最后目的地，成为西王母世界的一员。

---

① 周跃西：《略论五色审美观在汉代的发展》，《中原文物》，2003年第5期。

第四章
转换：死后生命的变形

　　长生成仙是人们的一厢情愿，只存在于幻想中，如何摆脱生与死的矛盾是摆在人们面前的一道难题。既然现世成仙不可得，那就从这个线上退后一步，死后得以解脱。汉末两晋时，关于长生成仙说产生了一个小小的变化：既然不得不死，那么人在死后依然可以修炼并成仙。这样，道教的尸解说、炼形说和易迁说应运而生。

一　再生的死亡仪式

　　从先秦至战国直到汉代，人们不仅相信死后世界的存在，而且在墓葬中做出种种努力以求到达那里。他们在墓葬中模拟生前居室，放置明器营造现实生活，同时还在墓室中描绘与升仙有关的图像。然而其间通道如何、人们又怎样到达那里似乎并不明确，但有一点似乎是可以肯定的，在汉代墓葬信仰中，完成生命转化是一个明确的要求。

在直线的时间观念下，死亡是一切的终止，但是对生命充满无比热情的先民却认为死亡并不是对生命的完全否定，而是全宇宙以及个人生命取得再生的契机。对于死亡来说，变形是死亡的另一种巧妙掩饰。

古代人认为，为了使一个状态产生变化，首先必须破坏原有的现状，由现状的破坏而产生和引导出另一个新的状态。因此对于古代人而言，死亡不是生命的终了，而是到达再生的过渡，在原始宗教信仰常见的是灵魂转生的信仰，死去的灵魂转化为人、动物或者植物而使原来的生命得以继续。[1]

神话教导人们，死并不意味着人的生命的灭绝，而只是意味着一种生命形式的转换，只是一种生存方式为另一种生存方式所替代而已。在生与死之间，并不存在一道无明无误、一刀两断的分界，区分这两者的界线是模糊不定的，甚至生与死两种用语也可以互相置换……在神话思想里，死亡之谜

---

① ［英］爱德华·泰勒著，连树声译：《原始文化》，上海文艺出版社，1992年，第355页。

变成一种意象，而由于这种转化形式，死亡就不再是什么令人难以忍受的自然事实了，它变得既可以理解、又能接受了。①

世俗生命的终结是另一个生命得以转化的前提条件，生命通过死亡可以取得另一种形式的再生，新生命孕育在死亡之中。死亡是转化的契机，是到达再生彼岸的过渡，这种过渡通过形体的改变得以完成，墓葬的目的就是为了帮助死者完成这一转换。

对古人来说生命的死而复生是不言而喻的，动物化解是他们理解生命复生最好、最直观的途径。考古发现青铜器上常有图案化的蝉纹，它施之于宗庙重器之上，显然不仅仅是为了去世的祖先；汉墓中的玉琀通常制作成蝉的式样放在死者的口中，也是希望亡人有朝一日可以蝉蜕复生，具有祈祷死者复活的巫术性质。②玉琀之所以取形于蝉，是因为蝉特有的循环象征着变形与复活，它的蜕皮不是死后再生，而是生命形式的另一种变化。汉文帝时，术士们相信如果"抱素守精"，就可以"蝉蜕蛇解，游于太

---

① ［德］恩斯特·卡西尔著，张国忠译：《国家的神话》，浙江人民出版社，1988年，第53页。

② 刘敦愿：《中国古代艺术品所见昆虫崇拜：论商周时期"蝉纹"的含义》，《考古与文物》，1988年第2期；夏鼐：《汉代的玉器：汉代玉器中传统的延续和变化》，《考古学报》，1983年第2期。

清，轻举独往，忽然入冥"，[①]求仙的人就能从世俗中得到解脱，进入不死之境，成为人人神往的神仙。

神仙世界和人间世界在空间上是固定的，但在时间上可以循环往复。[②]由考古发现我们可以看到，墓葬是死者试图借助其他生命形式完成这一目的的中介，只有借助它们的帮助，墓主才能走上生命循环往复的道路，实现个体生命的永存和不朽。在墓主由死到生转化的路途上，墓室壁画及随葬品中具有宗教性质的祥瑞图像，如青龙、白虎、朱雀、玄武、凤鸟、三足乌、九尾狐、羽人等出现于转化的关键节点，不仅帮助墓主完成生命转化，同时也是对人们信仰的反复检验。

二 《老子想尔注》与道教尸解说的形成

1. 尸解与太阴炼形术

通观《老子》全篇，其中并没有直接涉及神仙信仰的话语，但其中如"死而不亡者寿"（第三十三章），"深

---

① 刘文典撰，冯逸、乔华点校：《淮南鸿烈集解》卷七《精神训》，中华书局，1989年。
② 汪小洋：《汉画像石宗教思想研究》，南京艺术学院博士论文，2004年，第57页。

根固柢，长生久视之道"（第五十九章）等两可之语为成仙的操作留下空间。《老子想尔注》基于《老子》而来，[①]为使《老子》原文符合自己的神学主张，《想尔注》作者采取了改字诠解的方法，例如把《老子》中的"天大、地大、王亦大"（第二十五章）改为"天大、地大、生亦大"，[②]并注之曰："生，道之别体也。"在这里，"生"就是长生，这样一改，生就与道、天、地一样永恒存在，具有了道、天、地的属性。与此同时，《想尔注》又将《老子》第十六章的"公乃王，王乃大"之"王"也改为"生"，并注曰："知常法意，常保形容"，"以道保形容，为天地上容，处天地间不畏死，故公也"，"能行道

---

① 《老子想尔注》用神学观念和宗教立场注解《老子》，标志着老学与长生神仙之学、民间信仰的合流。《老子想尔注》的作者与成书年代学界一直存有争议，饶宗颐、陈世骧、汤一介认为此书是东汉末年五斗米道的作品，日本学者福井康顺、麦谷邦夫、小林正美则认为其成书是在东晋末、北魏或刘宋时。（小林正美：《老子想尔注的成立について》，载秋月观暎主编：《道教と宗教文化》，东京：平河出版社，1987年，第51—102页。）关于该书的作者，饶宗颐认为是"张陵之说而鲁述之；或鲁所作而托始于陵，要为天师道立一家之学"。（饶宗颐：《老子想尔注校证》，上海古籍出版社，1991年，第77页），姜生认为其成书应为东汉末年，早在太平道发动黄巾之难前，张修已经运用《太平经》的思想完成了《老子》注（姜生：《〈老子想尔注〉三题》，《华学》第9—10辑合刊，上海古籍出版社，2008年，第1514页。）

② 通过注释古书阐释自己的观点是我国学术史传统，但这种注释多依据原书的某些义理加以发挥，自董仲舒以阴阳五行之说附会儒家著作，开创了以解说法将儒学纳入神学框架的先例后，这一方法也为后世道教仿效。

公正，故常生也"，"能致长生，则副天也"，"天能久生，法道故也"，"人法道意，便能长久也。"①将老子"秉要执本，包容大公，顺乎自然"的为政之道，变成了"保形容，致长生"的炼养之道，以"生"比附天地，天地可以长久存在，人可以长生不死。这些对原文的改动篡改了《老子》原文而附会道教教义。

经此一注，原为哲学著作的《老子》成为道教神学经典，"道"从此人格化、神灵化、宗教化，几近成为天界的代名词，道教基此建立了自己的神学体系，不仅论证了彼岸世界的存在，还指出了通向彼岸世界的具体途径。

《老子》第十七章云："天长地久。天地所以能长久者，以其不自生，故能长生。是以圣人后其身而身先，外其身而身存，非以其无私耶，故能成其私。"《老子想尔注》将句中的两"私"字全部改为"尸"，并注曰：

> 不知长生之道，身皆尸行耳，非道所行，悉尸行也。道人所以得仙寿者，不行尸行，与俗别异，故能成其尸，令为仙士也。②

《老子想尔注》将"尸"分为两类：普通人和道人。普通人不能长生，死亡不可避免；修道之人可以尸解成

---

① 饶宗颐：《老子想尔注校证》，上海古籍出版社，第20—21页。
② 饶宗颐：《老子想尔注校证》，上海古籍出版社，第10页。

仙，因此可以长生不死。"尸行"即是行尸走肉之意，指的是不修道之人，"尸行"与下句"成其尸"相对，尸成即是尸解，即道教徒的最终理想：死而复生。这样一来，老子哲学中就掺入了不死成仙的模糊概念。在第十五章注"能敝复成"时又说："尸死为敝，尸生为成"，以死而复生之说补充了不死成仙的概念，从而使道教的彼岸世界具有更加复杂的色彩。

普通人的死是真死，修道人的死是新生命的开始，是进入仙界的契机。道教乐生恶死，因此至上之道就用生死来赏善罚恶：

> 道设生以赏善，设死以威恶。死是人之所畏也，仙王士与俗人同知畏死乐生，但所行异耳。俗人莽莽，未央脱死也。俗人虽畏死，端不信道，好为恶事，奈何未央脱死乎。仙士畏死，信道守诫，故与生合也。（《老子想尔注》第二十章）

由此可见，《老子想尔注》设计了一个不同于常人的生死观。并不是所有的人都能尸解成仙，只有特选的人才有这种可能，这就是修道之人。《太平经合校》云："尸解之人，百万之人乃出一人耳"，①相对于尸解之人，白

---

① 王明：《太平经合校》卷一一四《九君太上亲诀第一百九十三》，中华书局，1960年。

日飞升的天仙则更难成就，紧接上一句，《太平经》又说："白日升天之人，自有其真。……白日之人，百万之人，未有一人得者也。"[①]尸解之说在当时已受世人非议，王充即斥之为虚妄之术。[②]但这从另一个侧面透露出当时神仙和升仙思想在社会上的普及程度，我们也可以由此判断，升仙思想不是两汉时巫师才有的思想或特权，而是社会上广泛流行的一种信仰观念。

但是作为道教经典《太平经合校》却不认为人死之后还有另一个世界的存在，《冤流灾求奇方诀》云：

> 夫人死者乃尽灭，尽成灰土，将不复见。今人居天地之间，从天地开辟以来，人人各一生，不得再生也。自有名字为人，人者，乃中和凡物之长也，而尊且贵，与天地相似；一死，乃终古穷天毕地，不得复见自名为人也，不复起行也。故悲之大冤也。[③]

在这里，《太平经合校》把生、死看作是天地间的正常法则，有生必有死，人死之后成为灰土，不得复生，这

① 王明：《太平经合校》卷一一四《九君太上亲诀第一百九十三》，中华书局，1960年。
② ［东汉］王充撰：《论衡·道虚篇》，上海人民出版社，1974年。
③ 王明：《太平经合校》卷九十《冤流灾求奇方诀第一百三十一》，中华书局，1960年。

人必有一死的理论和道教长生不死的观点形成了矛盾。但是在《太平经合校》的另一段里，它又讲述了"重生"，即尸解。

> 夫天下人死亡，非小事也。一死，终古不复见天地日月也，脉骨成涂土。死命，重事也。人居天地之间，人人得一生，不得重生也。重生者独得道人，死而复生，尸解者耳。是者，天地所私，万万未有一人也。故凡人一死，不复得生也。①

这里所说的尸解，不是指灵魂离开了此一形体又化成另一形体中的生命，而是指原来的形体和它的精神再度结合在一起，如蝉蜕壳、蚕蜕皮一样，旧的留下，新皮、新壳内所包含的生命现象一起再成为新的蝉和蚕，这就是道教所理解的尸解。《善仁人自贵年在寿曹诀》中说："或有尸解分形，骨体以分。尸在一身，精神为人尸，使人见之，皆言已死。后有知者，见其在也，此尸解人也。"②这个经尸解而来的人不是前世人的来生，而是他此前生命的继续，并且是另一个层次上的新人。费长房故事也可做如是解：

---

① 王明：《太平经合校》卷七十二《不用大言无效诀第一》，中华书局，1960年。
② 王明：《太平经合校》卷一一一《善仁人自贵年在寿曹诀第一百八十二》，中华书局，1960年。

近世壶公将费长房去，及道士李意期将两弟子去，皆托卒死，家殡埋之。积数年，而长房来归。又相识人见李意期将两弟子皆在郫县。其家各发棺视之，三棺遂有竹杖一枚，以丹书符于杖，此皆尸解者也。[1]

费长房故事后世流传极广，同类成仙故事往往对修道者的死亡描述含混不清，通常记载他们在消失后与人隔绝，若干年后才被偶然进山的人发现，修道者遂向他们说出当年的真实情况。这种简单化、类型化的写法代替了人们存在的繁复想象，成为人们可以接受的叙述模式。

太阴炼形术的说法起于汉末，它认为人死后暂去阴间，尸体虽已腐烂，但经过在太阴宫的修炼，可得重生并成仙，人不仅可以复活，容貌、体质也可以胜于往昔，且可以登于仙道。《真诰校证》对此记载极多：

人死，必视其形。如生人，皆尸解也。视足不青，皮不皱者，亦尸解也。要目光不毁，无异生人，亦尸解也。头发尽脱而失形骨者，皆尸解也。白日尸解自是仙，非尸解之例也。[2]

① 工明：《抱朴子内篇校粹·论仙》，中华书局，1960年。
② ［日］吉川忠夫、麦谷邦夫编，朱越利译：《真诰校注》卷四《运象篇第四》，中国社会科学院出版社，2006年。

　　若其人暂死适太阴，权过三官者，肉既灰烂，血沉脉散者，而犹五藏自生，白骨如玉，七魄荣侍，三魂守宅，三元权息，太神内闭。或三十年二十年，或十年三年，随意而出。当生之时，即更收血育肉，生津成液，复质成形，乃胜于昔未死之容也。真人炼形于太阴，易貌于三官者，此之谓也。天帝曰：太阴炼身形，胜服九转丹。形容端且严，面色似灵云。上登太极阙，受书为真人。①

　　有死而更生者，有头断已死，乃从一旁出者，有未敛而失尸骸者，有人形犹在而无复骨者，有衣在形去者，有发脱而失形者。②

---

① ［日］吉川忠夫、麦谷邦夫编，朱越利译：《真诰校注》卷四《运象篇第四》，中国社会科学出版社，2006年。《抱朴子内篇校释·金丹卷四》曰："一转之丹，服之三年得仙。……九转之丹，服之三日得仙。……其转数多，药力盛，故服之用日少，而得仙速也。"可见死后炼形成仙的效果要远远胜于金丹大药。关于易形，《汉武帝内传》曰："子但爱精握固，闭气吞液，气化血，血化精，精化液，行之不倦，神精充溢。为之一年易气，二年易血，三年易脉，四年易肉，五年易髓，六年易筋，七年易骨，八年易发，九年易形。形易则变化，变化则道成，道成则位为仙人。"虽然这里说的是房中成仙，但是最后的结果也是要求形变。

② ［日］吉川忠夫、麦谷邦夫编，朱越利译：《真诰校注》卷四《运象篇第四》，中国社会科学出版社，2006年。

临终之日，视其形如生人之肉，脱死之时，尸不强直，足指不青，手足不皱者，谓之先有德行，自然得尸解也。此世先世有阴功密德，不拘于形迹者。既非己身所办，故以一骨酬付三官也。此骨恐是质形之骨，非神形之骨。既被遗落，当复重生之耳。①

这种观念的出现不是偶然的，《老子想尔注》是这种观念出现的基础，第十六章注云：

太阴道积，练形之宫也。世有不可处，贤者避去，托死过太阴中；而复一边生像，没而不殆也。俗人不能积善行，死便真死，属地官去也。

《老子想尔注》第三十三章注云：

道人行备，道神归之，避世托死过太阴中，复生去为不亡，故寿也。俗人无善功，死者属地官，便为亡矣。

由上面两条材料可知，生人死后有两个去处，或为太阴，或为地官，二者为并行的两个层次，死者必择其

① ［日］吉川忠夫、麦谷邦夫编，朱越利译：《真诰校注》卷十六《阐幽微第二》，中国社会科学出版社，2006年。

一而居之。死者生前的德行决定了其死后的归宿：太阴是生前修道之人的归所，地官是一般人死后的去处。刘昭瑞说太阴反映的是《老子想尔注》作者的生死观，此为确论，但他接下来说现世、太阴、地官是人生死的三个层次之说不妥，[①]应是两个层次、三个场所。对不修道的人来说地官就是他的终极去处，对修道的人而言，太阴是他今生和来世的中转站。这个太阴之官解决了死亡与长生之间的矛盾。

事实上在道教引太阴炼形观念入其教义之前，社会上已有了人死后可以复生的观念。1986年，甘肃天水放马滩一号秦墓出土460支竹简，其中M：14墓1、2、3、4、5、7各简被称之为《墓主记》，[②]内容是县丞向御史呈交的一份"谒书"，记述一个叫丹的人死后三年复活及复活后的故事：

> 卅八年八月己巳，邸丞赤敢谒御史：大梁人王里□□曰丹□：今七年，丹刺伤人垣雍里中，因自刺殴。弃之于市，三日，葬之垣雍南门外。三年，丹而复生。丹所以得复生者，吾犀武舍人，犀武论其舍人□命者，以丹未当死，因告司命史公孙强。

---

① 刘昭瑞：《〈老子想尔注〉杂考》，《敦煌研究》，2004年第5期。
② 甘肃省文物考古研究所、天水市北道区文化馆：《甘肃天水放马滩战国秦汉墓群的发掘》，《文物》，1989年第2期；何双全：《天水放马滩秦简综述》，《文物》，1989年第2期。

因令白狗（？）穴屈出丹，立墓上三日，因与司命
史公孙强北出赵氏，之北地柏丘之上。盈四年，乃
闻犬狋鸡鸣而人食，其状类益、少麋、墨，四支不
用。丹言曰：死者不欲多衣（？）。市人以白茅为
富，其鬼受（？）于它而富。丹言：祠墓者毋敢
殽，鬼去敬走。已收腏而□馨之，如此□□□□食
□。丹言：祠者必谨骚除，毋以淘祠所。毋以羹沃
腏上，鬼弗食殹。

这支简文采取的是邸丞赤向御史谒告的文书形式，
文中历朔当为实录，故事则有志怪性质。[1]这个故事可能
出于虚构，也可能丹实有其人，逃亡至秦，捏造出这个故
事借以从事与鬼神有关的营生。放马滩秦简出于战国时秦
墓，由此我们可以得知早在战国时即有人死后可以复生的
故事存在。但是值得注意的是，故事中所呈现的由死亡状
态回复到有生命状态的中间过程，生和死之间的界限似乎
并不清楚。这个故事的出现尚不足以说明战国时已产生尸
解的观念，但至少说明死后复生观念的存在是太阴炼形说
出现的土壤。《真诰校注》也记载了类似的故事："赵成
子死后五六年，后人晚山行，见此死尸在石室中，肉朽骨

---

[1]　李学勤：《放马滩简中的志怪故事》，《文物》，1990年第4期；
　　李学勤：《简帛佚籍与学术史》，江西教育出版社，2001年，第
　　170页。

在。又见腹中五藏自生如故，液血缠裹于内，紫胞结络于外。"①

如果说人们可以成仙，那么死亡就是一次必要的过渡。《真诰校注》卷四《运象篇第四》载："人死，必视其形。如生人，皆尸解也。视足不青，皮不皱者，亦尸解也。要目光不毁，无异生人，亦尸解也。头发尽脱而失形骨者，皆尸解也。"②无数的传说陈述了这样的事实，埋葬时棺材突然变得轻盈，打开棺盖时里面的死者已经不在，只有衣服尚存。这样的描写是道士传记里常见的主题，它意味着道教力图保存个体生命，同时通过普通人与大自然的生命结合超越了死亡。对信道之人来说，太阴炼形术是他们可以获得人生圆满的重要途径：

> 道教的太阴炼形是"外示死形"、"暂死"式
> 的死后变仙仪式，通过这个仪式，普通的死亡就可
> 以通过"炼形"而"名上仙箓，定为真人"，获得
> 意义上的圆满实现。③

---

① ［日］吉川忠夫、麦谷邦夫编，朱越利译：《真诰校注》卷四《运象篇第四》，中国社会科学出版社，2006年。

② ［日］吉川忠夫、麦谷邦夫编，朱越利译：《真诰校注》卷四《运象篇第四》，中国社会科学出版社，2006年。

③ 姜生、汤伟侠主编：《中国道教科学技术史》（南北朝隋唐五代卷），科学出版社，2010年，第23页。

1986年秋，江苏省句容县朱阳馆旧址西方的一农户的壁中发现了记有梁天监纪年及"华阳□□幽馆"等模印铭文砖，[1]发现者陈世华据《茅山志》卷八所载宋代发现对砖的铭文做了复原性释读，认为漫漶不清二字为"隐居"：

> 隐居幽馆在雷平山西南。宋元祐初，中贵人罗淳一学道山中。尝意隐居之藏有丹沙异书，一日墓穴往观焉。唯铁绳悬一空棺，内有一剑并盂镜各一而已。其圹甓甃环绕，相次成文，隐起壁上，其文曰："华阳隐居幽馆"。[2]

陈世华认为"华阳幽馆"是陶弘景的道馆名，是陶弘景进行宗教活动的场所，麦谷邦夫以为此说非是。在考证《真诰》中的相关记载后，麦氏认为"幽馆"是人死后所化成的尸解仙等得道者置身的场所，以世俗语言说，"幽馆"就是死后安息的坟墓。[3]《真诰校注》卷十四《稽神枢第四》有关于"别宇幽馆"记载："大茅山之西南有四平山，俗中所谓方山者也。其下有洞室，名曰方台。洞有两口，见于山外也。与华阳通，号为别宇幽馆矣，得道者

① 陈世华：《陶弘景书墓砖铭文发现及考证》，《东南文化》，1987年第3期。
② 《茅山志》卷十，见《道藏》第5册，第584页。
③ 麦谷邦夫：《梁天监十八年纪年有铭墓砖和天监年间的陶弘景》，载《日本东方学》第1辑，中华书局，2007年，第82页。

处焉。"这里所谓的"得道者",就是那些"托形而死"的修道者。

> 张祖常者,彭城人也。吴时从北来,得入此室。祖常托形坠车而死,故隐身幽馆,而修守一之业。
>
> 刘平阿者,无名姓,名姓不示人也。汉末为九江平阿长,故以为号。行医术,有功德,救人疾病如己之病。行遇仙人周正时,授以隐存之道。托形履帽,而来居此室。常服日月晨炁,颜色如玉,似年三十许人。
>
> 吕子华者,山阳人也,阴君弟子。已服虹丹之液,而未读内经,来从东卿受《太霄隐书太霄》而诵之。常以幽隐方台为乐,不愿造于仙位也。
>
> 龙伯高者,后汉时人也。汉伏波将军马援戒其兄子,称此人之佳可法,即其人也。伯高后从仙人刁道林受服胎炁之法,又常服青魦方。托形醉亡,隐处方台,师定录君也。①

以上所举张祖常、刘平阿、吕子华、龙伯高,其实都是在现世中已死之人,但在道教徒的眼中,他们死后的真形去往"别宇幽馆",成为尸解仙,继续着在人间的修行。

---

① ［日］吉川忠夫、麦谷邦夫编,朱越利译:《真诰校注》卷十四《稽神枢第四》,中国社会科学出版社,2006年。

相对来说，道教中的刀解、剑解、杖解、火解、水解比较为人所熟悉，在这里，刀、剑、杖、火、水是死者由生入死，由死入仙之生命转换器。而《无上秘要》"尸解品"中所列仙人大都是服食丹药而为尸解仙的，这就是药解。魏晋南北朝时期烧炼、服食金丹的很多，中毒之事自不可免，但是这种事在信道之人看来也是死者成为尸解仙的明证。《宋书》卷四十五载：

> （益州刺史刘亮）在梁州，忽服食修道，欲致长生。迎五当山道士孙道胤，令合仙药。至益州，泰豫元年药始成，而未出火毒。孙不听亮服，亮苦欲服，平旦开城门取井华水服，至食鼓后，心动如刺，中间便绝。后人逢见，乘白马，将数十人，出关西行，共语分明，此乃道家所谓尸解者也。

刘亮不听孙道胤劝止，执意要服有毒丹药而殒命，像这类因服丹中毒致死而被解释为尸解成仙的还有很多。《无上秘要》卷八十七"尸解品"列举服食琅玕丹致尸解的人有高丘子、衍门子、洪崖先生，并说高丘子尸解后入六景山，"后服金液之水、又受飞琅玕之华于中山，方复托死，乃入玄洲受书为中岳真人"；王西城及赵伯玄、刘子先等人则"漱龙胎而死诀，饮琼精而叩棺"；臧延甫、张子房、墨翟子等人"服金丹而告终"；司马季主、宁仲君、燕昭王、王子晋等"抱九转而尸臭，吞刀圭而虫流"。[①]由此看来，上古帝王和先秦、两汉人物均被拉入服饵丹药成为尸解仙之列，虽是道教对丹药中毒致死做的一种无奈解释，但是却是对这条进入神仙世界重要途径的肯定。这种肯定同葛洪对金丹成仙学说的宣扬不同，它是在其实践中遇到失败和挫折时出现的。正如学者所论：

> 尸解信仰的实质就是从极端的爱生恶死观念出发所导致的用"生"的观念来对抗和诠释死亡现象，"尸解成仙理论，在本质上就是把人的生命存在看作一种工程，而试图通过自我控制的手段，利用外物，实现对于生命的操作。于是，在经历了重生者否定死亡、力求长生的情感化冲动之后，人的生命被置于操作对象之位，被施以各种长生不死之术。尸解成仙就是道教对生命形态进行不死化改铸的一种方式。[②]

2. 死而后生的想象

汉末魏晋时，成仙愿望分解成两个部分，一是不死

---

① ［北周］宇文邕敕辑：《无上秘要》（丛书集成初编），中华书局，1985年。

② 姜生：《汉魏两晋南北朝道教伦理论稿》，四川大学出版社，1995年，第102—104页。

成仙，一是死后成仙，双方并行不悖。在当时的一般思想中，自由和超越作为人生幸福的内容渐渐退居次要地位，并被普遍的神仙信仰具体化世俗化，成为一种生理上的自由和超越，也就是追求生命的永生。[①]既然人在生时无法升仙而去，只有将希望寄托于死后，于是死后成仙成为汉代墓葬的主题，恰在此时形成的道教将其特有的尸解观念与此种希望合而为一，鼓吹尸解成仙。因此，在这种思想背景下，死亡就成了升仙的同义词：

> 太阴炼形说充分利用人类对死亡观察中获得的肉易烂、骨难朽之经验为支撑点，建立起通往不朽的道路。其具体模式即在生死之后别作一空间，依乎尸骨、寄托丘墓，宣称修道之人死后虽筋肉可烂，而骨如青玉，历数年或数十年将再生五脏血肉，起死回生，或归乡里，或随太一飞升而去。于是在死亡和神仙之间建立起完整的逻辑衔接，尽管是以典型的不可经验的（荒诞）逻辑为其环节。很清楚，"太阴炼形"不是对那些此前传统的"尸解"信仰的销解或否定，而恰恰是提升和深化，使"尸解"突破以往流于表象的干瘪形态，获得空前详尽的内部逻辑，在死亡中获得生命，死后的存在

---

① 葛兆光：《中国思想史：七世纪前中国的知识、信仰与信仰世界》，复旦大学出版社，2001年，第229页。

逻辑向纵深拓展，更具有说服力，从而为短暂而多难的人生获得了无限的未来空间。[①]

墓葬是生死两界的转换点，是生与死的过渡与中介，死者必须通过墓葬才能通过并进入下一步的转形与重生，墓葬信仰就是基于这个节点而产生。这样，由生到死、由死到生构成了一个圆形的生命过程。为此，墓葬表达了多种途径，表明汉代人对重生业已形成一定的认识。基于此，汉代人将墓室设计成地上世界的翻版，但随着神仙信仰对民众生活的渗透，人们又开始了另一种努力，即从墓中重生。墓葬信仰及仪式中的各个关键点都在为死者的复生准备条件，车马升仙、通过天门等固然是死后重生的方法，但在考察两汉魏晋墓葬后，我们可以发现那时的人还有借骨骼以化生、借水的意蕴以化生以及借太阴以炼形转生等几个途径。

尸解炼形说

尸解就是"避世托死"（《老子想尔注》），即假托死亡以解化仙去。[②]尸解、形去、白日升天是三种成仙

---

① 姜生：《长沙金盆岭晋墓与太阴炼形：以及墓葬器物群的分布逻辑》，《宗教学研究》，2011年第1期。

② 现存关于尸解的文献多见于《云笈七签》卷八十四至八十六尸解部，及《太平御览》道部六、七的《尸解》与《剑解》，通过这些文献我们可以了解到，由尸解而成仙的绝大部分是唐以前的人。此种情况说明唐以后尸解观念逐渐淡出，并成为唐宋之际内丹之说出现的一个背景。

方式，尸解和白日升天袭自神仙家的传统说法，形去则为
《太平经》的首次拟设，三种方式逐级而上，实现的难度
也与之成正比。①

　　秦汉以来的魂魄二元化，无论是魂归泰山，还是魄还
蒿里或梁父，其在生时的躯壳必须有一个托付之所，这便
为尸解之说的形成留下了余地。索安认为尸解一词可能源
于某种保护尸体免受鬼祟攻击的驱邪仪式名称，因为道教
倾向于将"解"解释为通过在太阴修炼或其他保持尸体纯
净和不朽的方法来"分解"某个完好的尸体。②事实上，
尸解的前提条件是先死，其次适太阴，也就是墓葬，再经
过一定操作再复活。根据道教神学理论，修炼有成的人死
后，即使尸臭虫流，只要经过"太阴炼形"仍可"收血育
骨，生津成液，复质成形"，乃至登位成仙。③葛洪《神仙
传·阴长生》载汉代四十六个神仙中有二十人是尸解仙，
葛洪本人据称也是尸解而去，《晋书》卷七十二《葛洪传》
曰"洪坐至日中，兀然若睡而卒。……视其颜色如生，体亦
柔软，举尸入棺，甚轻，如空衣，世以为尸解得仙云"。

　　尸解又称炼魂，指修炼者因阳神已成，形体已经无
用，故弃尸于世而自己解化仙去，并在太阴中聚气复生。
据文献记载：

① 杨寄林：《太平经今注今译》，河北人民出版社，2002年，第113页。
② ［法］索安：《从墓葬的葬仪文书看汉代宗教的轨迹》，《法国汉
　　学》（第7辑），第136页。
③ ［唐］房玄龄等：《晋书》卷七十二《葛洪传》，中华书局，1974年。

　　所谓尸解者，何等也？谓身死精神去乎，谓身
不死得免去皮肤也。[①]

　　尸解者，言当登仙，假托为尸以解化也。尸解
也称解化也。[②]

　　夫尸解者，尸形之化也，本真之炼蜕也，躯质
遁变也；五属之隐适也。虽是仙品之下第，而其禀
受所承，未必轻也。[③]

　　白日升仙是身神同时得道，尸解则必先经历身死阶
段，神形分离才能成仙。也就是说，尸解不是指灵魂的不
死，而是灵魂与另一形体结合再生成人。死者不是真的死
去，他在世上留下代表自己的相应对象，如杖、剑等，尸
身则隐而不见。隐而不见的尸身经太阴炼形仍可白骨再
生，化形为人，只是这时他已不再是凡人，而是成为人人
祈慕的仙人。

　　尸解说来自于古代魂魄二元论人死后灵魂与肉体分
离的观念。马伯乐将尸解译为尸体的解脱，保仁认为尸解

① ［东汉］王充撰：《论衡·道虚篇》，上海人民出版社，1974年。
② ［南朝宋］范晔：《后汉书·王和平传》，中华书局，1965年。
③ 《太极真人飞仙宝剑上经叙》，载［宋］张君房编，李永晟点校：
　　《云笈七签》卷八十五尸解部，中华书局，2003年。

在道教中的作用就像耶稣复活在基督教或者涅槃在佛教中的作用一样，是在想象中动员人类的生命力，让那条通过神秘的希望归并了死亡事实的生命得以存活下去，这个希望就是还存在着一条出路，使得我们人类的生命并不以死亡这个词来终结。①闻一多认为尸解就是解尸，"尸"指人的形体，"解"是解放尸体，放出灵魂。②尸解观念出现于汉武帝时并作为升仙手段流行于神仙方术中，《史记·封禅书》载："宋毋忌、正伯侨、充尚、羡门高最后皆燕人，为方仙道，形解销化，依于鬼神之事。"关于"形解销化"一词的解释，《史记集解》引服虔曰："尸解也。"张晏注为："人老而解去，故骨如变化也。今山中有龙骨，世人谓之龙解骨化去。"这种观念起于武帝朝，恐与武帝对长生不死的信仰有关，著名的李少君例子见于《汉禁中起居注》：

　　少君将去也，武帝梦与之共登嵩山。半道，有使者乘龙持节从云中下云："太乙请少君。"帝觉以语左右曰："如我之梦，少君将舍我去矣。"数

---

① ［法］皮埃尔·亨利·德·保仁著，张群译：《道教传统中的生命、死亡和永生》，载阎德纯主编：《汉学研究》（第8集），中华书局，2004年，第133页。道教的尸解炼形与基督教的复活有着本质的不同。道教的尸解炼形是希望尸休保持生命的气息，尸解的尸体在地下炼形，最终死而复生。基督教的复活则完全依靠精神来完成，它的实际意义不是生命在肉体上的延续，而是灵魂的拯救。

② 闻一多：《神仙考》，载其著：《神话与诗》，第135页。

日而少君称病死。久之，帝令人发其棺，无尸，唯衣冠在焉。

李少君死后，汉武帝"以为化去不死"。此条史料虽未明白指出李少君是"尸解"仙去，但李少君的不见其尸就是隐含意义上的化解成仙而去。汉武帝钩弋夫人故事实则同样如此，只是多不为人所引用。钩弋夫人死后，"既殡，尸不臭，而香闻十余里。因葬云陵，上哀悼之，又疑其非常人，乃发冢开视，棺空无尸，惟双履存焉"。① 由此可见，钩弋夫人也是尸解成仙。另一不常被引用的例子与大禹有关：

至夏禹登位，乃登名山巡狩，度弱水，登钟山，遂得帝喾所封《灵宝真文》。于是奉持出世，依法修行。禹唯自修而已，不传于世。故禹得大神仙力，能凿龙门，通四渎。功毕，川途治导，天下乂安，乃托尸见死，其实非死也。②

这些在世人眼里死去的人实际上是以另一种形式生存着。这说明死亡一方面是有形体的变化，另一方面则是不可见形体的隐遁消失。对这种神秘不可知的改变，先民

---

① ［东晋］干宝撰，汪绍楹校注：《搜神记》卷一《钩弋夫人》，中华书局，1979年。
② ［宋］张君房编，李永晟点校：《云笈七签》卷三《道教本始部》之灵宝略记条。

认为是灵魂转移和形象迁化的结果，永远死去是不近情理的，也与他们日常生活中对自然界的观察相悖。他们认为，死亡是一种变形，是形体的化而不亡，也就如庄子所说："生也死之徒，死也生之始；孰知其纪。"[①]这一过程，就是再生。由此我们注意到，在复生信仰中，死亡乃是一切情节发生的前提。

与道教推崇的白日飞升成仙或服食成仙不同，经尸解而成仙的说法是在前二者无法或难以实现的情况下不得已而出的下策。道教追求长生不死，而人死又是自然规律，这其中的矛盾无法化解，尸解之说的出现化解了这一信仰上的矛盾。由于尸解成仙法和道教一向推崇的白日飞升法有一定的距离，因此尸解仙在仙人中的品级较低，被称为"下仙"。但下仙概念的出现拉近了仙人与凡人之间的距离，无论是何人只要肯炼就可以进而成仙，这种方法使得没有足够财力的人也能凭借生前的努力在死后成仙。

白日升仙是身神俱得道，而尸解有两个过程，一是先死，二是后蜕，必得先经历身死的阶段，神与形离才能成仙。《登真隐诀》说尸解是"既死之后，其神方得迁逝，形不能去尔"，[②]陶弘景《养性延命录》引《玄示》，认为尸解是"以形化者，尸解之类，神与神离，二者不

---

① ［清］郭庆藩撰，王孝鱼点校：《庄子集释》卷七《知北游》，中华书局，1961年。

② ［南朝梁］陶弘景：《登真隐诀》，见《道藏》第6册，第606页。

俱"。①正因为尸解是形与神离，所以尸解仙才被称为下仙。虽然尸解仙较天仙、地仙为低，但最能体现道教对生死观的突破。求仙的流行导致了神仙的世俗化，原来遥不可及的神仙现在只要有能力就可以做到，既然现世无法做到，那么退而求其次，死后成仙也可以给人以安慰。如果这两者都做不到，就变换概念，肉体死亡，灵魂解放得以成仙。尸解既包含着对死的敬畏，也包含着对生的渴望，它是对死亡现象恒常和固执的否定。一般认为，凡是神仙都是一样的，但细考之，神仙却有不同的类别及来源。天仙是生而致之的，他们居于天界，与神杂处，其生命从未受到死亡的威胁，自诞生之日起就摆脱了死亡而获得了永生。地仙由凡人苦炼而成，他们凭借道术经转化死而复生，其生命可以有限地延长或无限地质变，这种信仰是人们对自身生命的追求和渴望。

虽则道书中有很多关于尸解及炼形的记载，然而这种宗教行为似乎很难得到实物印证，不能不说是一个遗憾，然而最近的研究给了我们一个得窥当年实例的机会。②姜生以1958年发掘的长沙金盆岭晋永宁二年21号墓为例，从宗教及考古学的视角找到了早期道教"太阴炼形"信仰的实证（图53）。文章从21号墓内器物的分布结构出发，指

---

① ［南朝梁］陶弘景：《养性延命录》，上海古籍出版社，1990年。
② 姜生：《长沙金盆岭晋墓与太阴炼形：以及墓葬器物群的分布逻辑》，《宗教学研究》，2011年第1期。

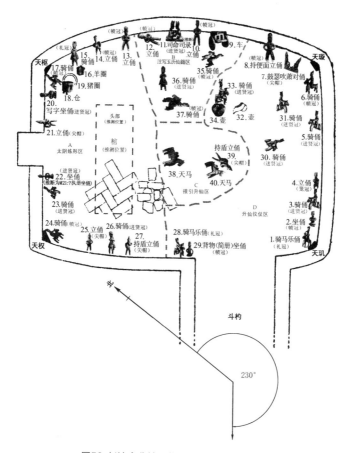

图53 长沙金盆岭晋墓M21墓室太阴炼形图
（采自姜生：《长沙金盆岭晋墓与太阴炼形：以及墓葬器物群的分布逻辑》，
《宗教学研究》，2011年第1期）

出早期道教"太阴炼形"信仰是墓室内随葬人俑和器物得
以联结表达的内在符号逻辑。从功能看，21号墓整个墓室空间大致分为"太阴炼形区""注写玉历仙籍区""接引升仙区""升仙仪仗区"四个主要区域，并认为墓室中出土的"对书俑"所代表的可能是司命、司录两位神君，其所书写的是代表凡人能够经验的人生之外的、核定墓主人即将变成神仙真人的仙籍。21号墓平面模拟北斗形制，墓内布设了一系列象征天上诸神、真官下降之俑和相关器物，不同的器物群构成不同的功能区域，代表着墓主人之地下修仙过程的不同阶段，从而形成一套严密的符号逻辑，表达着墓主人所追求的"太阴炼形"、飞升成仙的终极理想。太阴炼形信仰表明，汉以前的神仙观念建立在逃避死亡的愿望上，道教信仰兴起后，一种新的死后升仙的观念业已形成。

青骨变形说

除尸解炼形外，当时还有青骨炼形说。道教认为人人都可成仙，故有"我命在我不在天"之语，"仙士与俗人同知畏死乐生，但所行异耳。俗人莽莽，未央脱死也"，"仙士畏死，信道守戒，故与生合也"。（《老子想尔注》第二十章）自身的修养是成为仙人的关键，但是当时并不是人人都注意到这一点，《老子想尔注》就注意到一些人"不劝民真道可得仙寿，修善自勤，反言仙自有骨录"，"此乃罪盈三千，为大恶人"。（第十九章）《老子想尔注》否认了神仙命定说，并不以为仙自有骨录，也就是说，它认为成仙的前提是要勤修、行善。

对于人能否成仙，《太平经合校》的说法处在两可之间。它一方面主张"人生各有命也，命贵不能为贱，命贱不能为贵也"，[1]并非人人都能成神仙，甚至还提出仙籍问题，主张"有录籍之人当见升，自责承负，大神遣大神除承负之数，教化其心，变化成神，年满上进"，[2]"有德度者，生时有簿，年满当上，辄有迎者"。[3]也就是说，人若命在仙籍之中则神仙自会降世教化，去除其承负之苦，使其上登天籍，若仙籍无名则神仙难成。这里的"有录籍之人"指的应该就是有青骨之人。另一方面《太平经合校》也不否认个人努力是成仙的重要途径，凡人完全可以通过修炼成神仙，"学道积久，成神真也，与众绝殊"。[4]可见，学道是人成为神仙的首要条件，是人生的终极追求，而神仙亦成为"道"的化身，成为得"道"的楷模。

由上面文献可知，当时社会上流行着一种仙人可以不经过修炼而依靠自身条件而成仙的"骨录"说。出土于河北望都的东汉光和五年（182）刘公则买地券载"刘公……早死，今日合墓，□□□□，上至苍天，下至黄泉，青骨

① 王明：《太平经合校》卷九十一《致善除邪令人受道戒文第一百八》，中华书局，1960年。

② 王明：《太平经合校》卷一一一《有心之人急行补真诀第一百八十四》，中华书局，1960年。

③ 王明：《太平经合校》卷一一二《有过死谪作河梁诫第一百八十八》，中华书局，1960年。

④ 王明：《太平经合校》卷十八至三十四《阙题》，中华书局，1960年。

死人刘公则，自以家田三梁□……"①中提及青骨一词；前载光和二年（179）王当买地券载"青骨死人王当、弟伎偷及父元兴"一文中的"青骨"即仙骨。一个人若有了仙骨就可以不用修炼即可成仙。在这里，"青骨死人"谓王当不是同一般人一样的死去，而是已蜕化成仙。②由此可见，刘公则和王当生前可能是道教信徒，他们在死后可以凭借"青骨"这一得天独厚的条件转化成仙。到六朝时，《搜神记》卷五载蒋子文事，"蒋子文者，广陵人也。嗜酒好色，挑达无度，常自谓己骨清，死当为神"。③从各种文献记载来看，蒋子文生前从未进行过修炼，但死后多次显灵，被加封为中都侯，成为金陵土地神，他之所以能成仙就是他自夸"骨清"，也就是青骨，或曰仙骨。神仙的骨头之所以是青骨，是因为神仙每三千年洗一次骨髓。《洞冥记》载："俄有黄眉翁，指阿母以告（东方）朔曰：昔为吾妻，托形为太白之精。今汝此星精也。吾却食吞气，已九千余岁。……三千岁一反骨洗髓，二千岁一刻肉伐毛，今吾生已三洗髓五伐毛矣。"④

---

① 河北省文化局文物工作队：《望都二号汉墓》，文物出版社，1959年，第13页。

② 黄景春博士论文，第284页；黄景春：《王当买地券的文字考释及道教内涵解读》，《南阳师范学院学报》，2003年第1期。

③ ［东晋］干宝撰，汪绍楹校注：《搜神记》卷五《蒋山祠》，中华书局，1979年。

④ ［汉］郭宪：《汉武帝别国洞冥记》（丛书集成初编），中华书局，1985年。

与此相类似的记载则见于《汉武故事》: "一黄眉翁至，指朔曰：此吾儿。吾却食服气，三千年一洗髓，三千年一伐毛，吾生已三洗髓、三伐毛矣。"[①]

人的灵魂与尸身或骨骼的关系是密不可分，死而复生亦要有尸身或骨骼作为凭借。骨可育人的观念其来有自，商周之际，动物的主要功能发挥在与祖先及神的世界的沟通上，占卜术作为与祖先沟通的手段，要依靠动物骨骼的帮助才能施行。这种观念流传下来，让后世的人认为灵魂与尸身或骨骼的关系密不可分，人若要死而复生，其最重要的前提是要有尸身或骨骼作为凭证，王充曾指出东汉时民俗中有"骨尚有知"的说法：

> 枯骨在野，时鸣呼有声，若夜闻哭声，谓之死人之音，非也。何以验之？生人所以言语吁呼者，气括口喉之中，动摇其舌，张歙其口，故能成言。譬犹吹箫笙，箫笙折破，气越不括，手无所弄，则不成音。夫箫笙之管，犹人之口喉也；手弄其孔，犹人之动舌也。人死口喉腐败，舌不复动，何能成言？然而枯骨时呻鸣者，人骨自有能呻鸣者焉，或以为秋〔气〕也，是与夜鬼哭无以异也。秋气为呻鸣之变，自有所为，依倚死骨之侧，人则谓之骨尚

---

① ［东汉］班固：《汉武故事》，中华书局，1991年。

有知，呻吟于野。草泽暴体以千万数，呻吟之声，
宜步属焉。①

王充在此虽是以理性的态度解释鬼哭的荒诞不经之
处，但是从反面透露的消息却让我们看到汉代人认为"骨
尚有知"，人死后依附在枯骨中的灵魂会作祟生人。张光
直的研究也认为，这和原始信仰中认为人和动物的灵魂常
驻在骨头里的想法有关。②

水中换形说

自史前开始，先民的墓葬中就多有与水相关的意象，
汉墓中也有许多用于殉葬的船，如广州东郊沙河汉墓出土
的陶船，③广州皇帝冈西汉晚期木椁墓出土的木船（图
54），④湖北江陵凤凰山八号汉墓边厢出土的木船。⑤考虑
到这些墓葬的地理环境，这些船与南方地区河流密布情形
有关，但是我们也不得不注意到，南方地区墓葬中的船与
中原地区墓葬中的车马有可相比较之处。既然车马隐含着

---

① ［东汉］王充：《论衡·论死篇》，上海人民出版社，1974年。
② 张光直：《中国考古学论文集》，生活·读书·新知三联书店，
  1990年，第141页。
③ 广州市文物管理委员会：《广州东郊沙河汉墓发掘简报》，《文
  物》，1961年第2期。
④ 广州市文物管理委员会：《广州市皇帝冈西汉木椁墓发掘简报》，
  《考古通讯》，1957年第4期。
⑤ 长江流域第二期文物考古工作人员训练班：《湖北江陵凤凰山西汉
  墓发掘简报》，《文物》，1974年第6期。

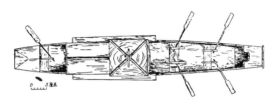

图54 广州皇帝冈西汉木椁墓出土木船俯视平面图
（采自广州市文管会：《广州市皇帝冈西汉木椁墓发掘简报》，《考古通
讯》，1957年第4期）

墓主在地下世界用于升仙的工具，那么这些出土的船也可作如是解。但从另一角度看，这些船在墓葬中的出现也可能与地下河的观念有关。冥河是划分阴阳两界的河，汉代石刻中已有"死人河"的出现，具圣姬在其专著中载汉代石刻刻有死人河，两旁有士卒持剑及盾，河中有一人随河浮沉，当系死者，河上有船，上坐三人，二人持戈，中间一人屈身伸手握持河中死者之发，左下书"死人河"，右下书"怨家攻生"。[①]

对先民而言，把同水及水生动物有关的形象绘制在器物上绝不仅仅是出于装饰目的，而是与信仰有关。他们把鱼作为随葬品埋入坟墓，是为死者提供转生对象，使死者由人变成鱼，从而达到死而复苏的目的。妇好墓中出土有玉鱼62件，刻纹简单或无纹，[②]陕西沣西张家坡西周井叔M170墓

① 具圣姬：《汉代人的死亡观》，民族出版社，2003年，第105页。
② 中国社会科学院考古研究所：《殷墟妇好墓》，文物出版社，1980年，图90。

的外棺南端两隅各有一堆玉鱼，还有一些墓葬在棺的三面均出土铜鱼，当是当时挂在墙柳与荒帷上的饰物。[①]这些鱼出现在墓葬中代表了某些含义，表明鱼所特有的迁徙沉潜能力可以沟通生死两界，成为可以引导亡灵升天的使者。

江陵凤凰山出土的漆盘上清晰地绘有鱼的形象（图55）。[②]三条鱼游动在盘的周围，中间是四叶纹，四叶纹的外缘以黄漆勾边，可能象征水草。四叶纹应该是早期的柿蒂纹，它与鱼同时出现，表明鱼所在的空间具有宇宙象征意义。考虑到与此盘同出的另一个漆盘的图像是龙的形象，更可以加深我们这种认识，表明鱼、龙在引导墓主升仙的方面所起的作用是相同的。它表明，汉代墓葬中鱼的图式已摆脱之前散乱的布局，逐渐向程式化方向发展，在图像功能、构图要素、构图环境等方面出现了新的特点。汉墓中鱼图像出现的另一个程式是鱼驾车图像的出现，通常表现为一尊者坐在鱼拉的车上在云气中快速前行。这种图被称之为河伯出行图，[③]或鱼车升仙图，简称鱼车图（图56）。[④]看到这

① 张长寿：《西周的葬玉：1983—1986年沣西发掘资料之八》，《文物》，1993年第9期。西周墓葬中同时还有铜鱼出土（《墙柳与荒帷：1983—1986年沣西发掘资料之五》，《文物》，1992年第4期）。

② 湖北省文物考古研究所：《江陵凤凰山168号汉墓》，《考古学报》，1993年第4期。

③ 李陈广：《南阳汉画像河伯图试析》，《中原文物》，1986年第1期。

④ 王建中：《汉代画像石通论》，紫禁城出版社，2001年，第448页。王建中在认定此类图像为鱼车图的同时，指出这类图也可称作河伯升仙图，说明对此类图像的解读学界目前并无统一的认识。

图55 江陵凤凰山168号汉墓出土三鱼耳盘
（采自湖北省文物考古研究所：《江陵凤凰山168号汉墓》，《考古学报》，
1993年第4期）

图56 鱼车出行图（采自王建中等：《南阳两汉画像石》，文物出版社，
1990年，图154）

种图像时，我们不得不提出一个疑问：鱼车上的果真就是
河伯吗？是否所有此类图像都可命名为河伯出行图？职守
本在下界的黄河之神河伯何以会出现在天上？

出土于河南南阳王庄的鱼车出行图（图56），原题作河伯出行图，中部是一辆云气车，上有伞盖，车轮呈涡旋状，四鱼驾车，车内乘二人，原图图释称双手挽缰绳在前者为驭者，后面乘坐者为河伯。车前二人皆右手执盾，左手举刀，为开道的先锋。[①]车后二人骑鱼，肩扛棨戟，当为扈从，车左右各有一人护卫，车左右还有云气和星辰。考麒麟岗汉墓图像图版121仙人执槎图（图57），右一男子戴前低后高冠，着长衣，双手执笏做拜谒之状，后一童子双手执槎做躬身侍立之状。河伯出行图前二人右手中所执物

图57 河南南阳麒麟岗汉墓仙人执槎图
（采自黄雅峰：《南阳麒麟岗汉画像石墓》，三秦出版社，2008年，图版121）

① 王建中、闪修山：《南阳两汉画像石》，文物出版社，1990年。

与麒麟岗画像石仙人背后之人所执之物相似，也应为槎。手中执槎，表明和水有关。槎为得道登天的水路交通工具，它在画像中的出现与升仙观念有关，《博物志》载：

> 旧说云天河与海通。近世有人居海渚者，年年八月有浮槎去来，不失期。人有奇志，立飞阁于槎上，多赍粮，乘槎而去。十余日中，犹观星月日辰，自后芒芒忽忽，亦不觉昼夜。去十余日，奄至一处，有城郭状，居舍甚严。遥望宫中多织妇，见一丈夫牵牛渚次饮之。牵牛人乃惊问曰："何由至此？"此人见说来意，并问此是何处。答曰："君还至蜀都，访严君平，则知之。"竟不上岸，因还如期。后至蜀，问君平，曰："某年月日有客星犯牵牛宿。"计年月，正是此人到天河时也。①

这说明"乘槎登天"的说法由来已久，且流传相当普遍。

李立在其专著中将鱼车出行图归纳为五个特点，其一，既名之曰鱼车出行图，则均为鱼驾车；其二，鱼车的车轮是画像描绘的重点，车轮往往绘成卷云形象，且卷云纹滚动的方向即车的前进方向，有的画面还于空白处刻绘

---

① ［晋］张华撰，范宁校证：《博物志校证》卷十《杂说下》，中华书局，1980年。

云气纹或星宿形象；其三，在鱼车出行图画像的整体构图中，与鱼车相伴的还有羽人、游龙、虎鹿禽鸟等，其中羽人骑鱼的形象尤为突出；其四，鱼车上皆有乘者和御者，有的画像为了突出乘者而将其形象放大；其五，鱼车图在构图上均呈行进态势，鱼车与其他形象构成了行进队伍。李立由此推断，鱼车图卷云状的车轮画像既是天空中流云飘动飞翔的象征，又是人们幻想中"龙"的图案化的表现。[1]鱼车是水车和云车的结合体，乘鱼车即是乘龙车，墓主可以借此交通工具上升到天界并成仙。因此，鱼车上的人应该是墓主人，以前图论，南阳王庄鱼车上的乘坐者是墓主本人，驭者是天上的使者，车前执樯的护卫与车后乘鱼护送的也是来自天界的使者，他们正在载着墓主向着天界进发，构成一幅浩浩荡荡的升仙图像。

在墓主升仙过程中，鱼作为升仙工具起着积极的作用。鱼象征着水中世界，鸟象征着天上世界，如果把龙看作是二者的综合物或经常相互转化的中间阶段的话，那么升仙图中出现的龙、凤、鱼三者就不必细分，似乎可以看作是同一种概念。[2]因此，我们在汉代画像石中甚至可以看到龙与鱼共同驾车的图像（图58）。

---

[1] 李立：《汉墓神画研究：神话与神话艺术精神的考察与分析》，上海古籍出版社，2004年，第50页。

[2] 金秉骏：《汉墓画像石题材间的有机联系：以"桥上交战图"为中心》，载中山大学艺术史研究中心编：《艺术史研究》（第9辑），中山大学出版社，2007年，第226页。

图58 山东邹城市北宿镇落陵村画像石
[采自蒋英炬主编：《中国画像石全集》（1），山东美术出版社，
2000年，图69]

　　人类的生存对水的依赖性极大，自古以来就是缘水而居，因此水是生命的媒介、人入于水而化、水具有催生和起死回生等功能，对先民来说是不言而喻的事实。《山海经·大荒西经》曾载："有鱼偏枯，名曰鱼妇，颛顼死即复生。风道北来，天乃大水泉，蛇乃化为鱼，是为鱼妇。颛顼死即复生。"西汉早期墓葬绘画中就绘有《山海经》所述象征生命转化、灵魂复苏的鱼妇形象。湖南长沙子弹库1号楚墓出土的人物御龙帛画，墓主侧身左立，站在画面中央，危冠长袍，身挎长剑，御龙在云气中前进。龙向左，身体平伏，昂头翘尾，呈龙舟形，其上华盖飘扬。龙尾有一只大鸟，龙腹前段下方有一条鱼，他们向西方行进，正准备去拜谒天上的仙人，完成生命的转化。河南永城汉梁王墓主室顶部壁画上绘有一个鸭嘴鱼身的怪物，身体呈S状，下部被龙的长舌所卷，头作鸭嘴形，长颈，长

羽，身饰鱼鳞纹，背长巨刺，尾似鱼尾，似在水中游戏。贺西林将之考为《山海经·大荒西经》中提到的鱼妇，象征北方以及生命的转化，灵魂复苏。[①]

　　古人认为水与地同为生命本原，《管子·水地篇》曰："地者，万物之本原，诸生之根菀也，美恶贤不肖愚俊之所生也。水者，地之血气，如筋脉之通流者也，故曰：水具材也"，"水者，何也？万物之本原也，诸生之宗室也，美恶贤不肖愚俊之所产也"。[②]土地与水密切相关，水决定了人的存在，因此，水与地作为"万物之本原"是一而二二而一的，二者难以截然分开。

　　山西离石马茂庄左元异画像石墓墓室门侧也刻有鱼车出行图（图59），图上旗帜飘扬，乘者坐车前，御者坐车后，二羽人骑鱼在车旁护卫。面向龙鱼的三个形象，一个不清，两个呈人首人臂龙躯龙尾形，且作携手相视相，表现的也是驭鱼升仙的图式。鱼车升仙是汉代人想象中升仙的一种途径，鱼成为汉代人升仙的工具之一。虽然汉代人借神异动物升仙的图像很多，但我们很少看到直接骑乘于动物之上的，这也可能是表明升仙者地位尊贵。到东汉时，鱼车图已简化为墓主本人自驾车前往仙界（图60），形象地反映了人们的升仙观念由借助他人到自力自为的发展趋势。

---

① 　贺西林：《古墓丹青：汉代墓室壁画的发现与研究》，陕西人民美术出版社，2001年，第16页。

② 　黎翔凤：《管子校注》卷十四《水地篇第三十九》，中华书局，2004年。

图59 山西离石马茂庄左元异墓室门侧画像
[采自蒋英炬主编:《中国画像石全集》(5),山东美术出版社,图267]

图60 陕北靖边东汉壁画墓后室西壁鱼车升仙图
(采自陕西省考古研究所:《壁上丹青:陕西出土壁画集》,科学出版社,
2009年,第109页)

月中化生说

月亮的阴晴圆缺为古代人认识宇宙提供了有利的证据,月亮和土地在一定程度上呈现出相互关联的迹象,月亮的盈亏和大地四季变化的周期证明了关于死后生命复活

的观念。远古时代,先民认为月相周期是月神或月精的死而复生,月相每个月都相同,说明月亮一次一次地获得了新的生命。闻一多《天问疏证》说:"月之盈亏,有生魄死魄之称,此言月之有生死。"①古人认为月有死而复生的功能,《初学记》引《释名》曰:"朔,月初之名也。朔,苏也,月死复苏生也。"②《楚辞·天问》也说:"夜光何德?死则又育。"王逸注曰:"夜光,月也。育,生也。言月德于天,死而复生也。"③因此,月亮既是死亡的标识,同时也是生命形态转换的符号。它在画像中的出现不仅暗示出"死",同时又孕育着"生",预示着墓主人新生命的诞生。除地下世界外,人死后还可以去月亮,以获得再生所需的能量。

据《淮南子》载:"羿请不死之药于西王母,姮娥窃以奔月。"月中白兔采神山之药,捣成不死之丸是汉代画像石的常见主题,饶宗颐也认为不死药与月亮有关。④因此,三足乌是持有不死之仙药的西王母的使者,神话说羿请不死药于西王母,嫦娥奔月的实质是为了说明月亮具有不死和再生的神圣力量。可见,人在离开这个世界后,他还可以去月亮中的世界求取不死之药。1949年出土于长沙

---

① 闻一多:《天问疏证》,生活·读书·新知三联书店,1980年,第11页。

② [唐]徐坚等:《初学记》卷一《天部上》,中华书局,1962年。

③ [宋]洪兴祖撰,白化文等点校:《楚辞补注·天问第三》,中华书局,1983年。

④ 饶宗颐:《选堂集林》,中华书局香港分局,1982年,第127页。

旧绘《人物龙凤帛画》　　　　　新绘《人物龙凤帛画》

图61 新旧《人物龙凤帛画》对比图

（采自熊传新：《对照新旧摹本谈楚国人物龙凤帛画》，《江汉论坛》，
1981年第1期）

陈家大山一座战国楚墓的《人物龙凤帛画》自出土以来就
引起了学界的广泛争议，以前的研究将整个帛画分上下两
层，即上层是一龙一凤，中层是一高髻细腰、广袖长裙，
合掌侧面而立的贵夫人。1981年，李正光对照原图重新摹
绘了帛画（图61），在现代技术帮助下，他发现在墓主人
的脚下尚有另一物，经仔细辨认，妇人脚下是一个"半弯
月状物"，熊传新认为这个弯月状物应为龙舟，反映了我
国古代引魂升天的思想。[①]萧兵不否认月形物是灵魂所乘

① 熊传新：《对照新旧摹本谈楚国人物龙凤帛画》，《江汉论坛》，
1981年第1期。

坐舟船，但他同时也认为，即令是月亮，也可能是一种月形的舟船。①但有学者不同意这些解释，黄宏信认为此月状物就是月亮本体，表现了死者亲属对墓主的良好祝愿，希望其踏月飞升，不死成仙的愿望。②贺西林认为，帛画最下端的空间象征着墓主人死后进入的彼岸世界，这个世界不仅是死亡之地，同时又是生命之源，其旧有的肉体在此结束，其新的生命形态也在此孕育。③

谢祥荣曾指出，道教信士死后，他的精神魂魄可以到月亮中去炼形，道气聚于太阴，他的魂魄在此聚气成形，复生成仙。复生成仙之士，亦是与道为一，所以长生不死。④杜而未的研究也认为太阴指的就是月亮的世界，他认为古人根据月亮周期性地生成退落，产生对月亮崇拜心理，由此又产生长生不老的观念，而这与后代的神仙思想结下了渊源关系。⑤

---

① 萧兵：《楚辞与神话》，江苏古籍出版社，2008年，第15页。
② 黄宏信：《楚帛画琐考》，《江汉考古》，1991年第2期。
③ 贺西林：《从长沙楚墓帛画到马王堆一号汉墓漆棺画与帛画：早期中国墓葬绘画的图像理路》，载朱青生主编：《中国汉画学会第九届年会论文集》，第462页。
④ 谢祥荣：《〈想尔注〉怎样解〈老子〉为宗教神学》，载中国社会科学院近代史研究所近代文化研究室编：《中国文化研究集刊》（第4辑），复旦大学出版社，1987年，第89页。
⑤ 杜而未：《山海经神话系统》，台北：学生书局，1977年，第121页。

结　语

　　墓葬是丧礼唯一的物质遗存，也是最常见的考古资料，[①]早期研究者认为，墓葬仅具有形制、出土遗物等形式上的分类意义，但是如果我们改换场景，回到当年的历史情境，我们就会发现所有的行为都是刻意而为，当时的制作者和使用者明确了解其中的内在含义。由于我们的目标是重构和复原当时的情境及其物品使用情况，再现其所蕴含的宗教信仰，因此我们就必须超越墓葬形制、随葬品等形式上的分类而对其进行功能性研究。从本质上说，墓葬作为一种仪式，以生者对死者的处置方式体现了人们对死亡的看法，表达了对死后世界的认知，其内涵既有社会功能因素，也有人们信仰、意识层面的文化意义。因此也即如论者所说，墓葬信仰不是一种宗教，不存在完全固

---

① 李梅田：《墓葬的考古学意义：〈南方文物〉"生死观的文明史"专栏开篇词》，《南方文物》，2008年第4期。

定的、系统的理论和礼仪规范。①墓葬信仰整合了人们的多种愿望，并在漫长的时间里发展成为一套与本土宗教、伦理、生死观密切相关的概念系统，成为人们信仰的一部分。因此我们研究墓葬信仰的出发点，就是必须将之与墓葬结构、随葬品、地上建筑结合起来进行论证，打破内容与形式的绝对分割，使之在内部得以贯通，发现墓葬装饰设计、陈设和随葬品中隐含的逻辑意义。②如果我们不能弄清汉代人是如何看待墓葬仪式的，就无法正确理解汉代人的宗教和信仰。

死亡是由此生到彼世的关卡，它打破了人的生命秩序和持续状态，形成一种循环往复的死亡观：生命是连续不断的，死亡不是永远的离开，而是新生命的开始，经由死亡可以获得回归的契机与力量，在死亡成为过渡的前提下，生命可以得到复生。

在汉代的人看来，生死是生活空间的转换，人们生前孜孜矻矻营造墓穴，死后则要把生前使用过的器物及模拟物搬进墓穴，希望在阴间继续人世的生活。由此，死后生活成为人间生活的镜像，墓葬成为连接此生与彼世的桥梁，墓主在对彼岸世界的想象中流露出对此生世界的留恋。这时，墓室具备了双重含义，它不再只是收纳墓主和

① 郑岩：《魏晋南北朝壁画墓研究》，文物出版社，2002年，第11页。
② 巫鸿：《反思东亚墓葬艺术：一个有关方法论的提案》，载中山大学艺术史研究中心编：《艺术史研究》（第10辑），中山大学出版社，2008年，第2页。

各种随葬品的空间，它一方面成为一个虚拟仙境，是死者及随葬品所处背景，另一方面，它则成为墓主死后重生的过渡与中介。

死后重生信仰实际上在道教正式产生之前就已存在，随着神仙观念对民间社会的渗透和教团道教的成立，这一想法得到进一步的发展。这种信仰认为，既然死与生是一个延续的过程，死是生的一种继续，生死两界并无明确的界限，那么人在离开这个世界之后依然可以继续生前的炼养，在墓葬，也就是他地下的家转化为另一个存在，并在墓室中种种器物的设置之下进行神秘的转化。

墓葬信仰的目的是要在死亡和成仙之间建立起完整的内在联系。墓葬是生死之间的中间状态，入葬标志着死者身份和意义的变换，经由此关键节点，死者才能进一步转形并重生，死后的过程才有可能向纵深发展。汉代墓葬所表达的信仰，在现实世界层面上体现为力求在现实世界得以长生，在对死后世界的关注上，体现为对另一种生命形态的追求并转化重生，它把实实在在的死亡看作生命存在的另类形态下的一个过渡阶段，把墓葬作为帮助死者达到另类生命而营造出来的一个死生转换场所。

汉代墓葬信仰认为，死亡是线性生命的转折点，是人由死转生的先决条件，死去的生命个体通过死亡可以得到转化。在时间上，重生使生命成为连续性过程，前一个生命是后一个生命的因子，后一个生命是前一个生命的蜕化，这样一来，重生代替了生命的死亡。[①]生与死转化的关键节点是死者通过墓门和墓内的解除之术得到清洁，在墓室中以葬仪文书向地下鬼神世界进行通报，同时在生者墓室中尽可能为死者建筑一个类似此生的空间，试图使死者在其中复活并在可能的情况下从这里出发开始另一段"人生"。也就如学者所说：汉墓是某种可名之为"生命转换器"的特殊时空，墓葬中的过程就是要把墓主转变成一个不朽的存在，暗示人死后并不是彻底的终结，而是生命另一段旅行的开始。[②]从生死异路变成死后重生，这一思想的变化构成了中国人的一个绝大观念。与西方观念相比，中国的超越世界与现实世界的隔绝并不泾渭分明，基本上不在这两个世界之间划下一道不可逾越的鸿沟。[③]道教的生命意识是对肉体永生的渴望，此生即是彼世，在对洞天福地的追求与信仰中，人间与仙境被安排在同一个世界中，并有可以相互沟通的可能性。

汉代神仙观念的流行导致神仙的世俗化，原来遥不可及的神仙现在只要有能力就可以做到，如果现世无法做到，那么退而求其次，死后重生也可以给人以安慰。在死后

---

① 乐蘅军：《中国原始变形神话试探》，见温敦儒主编：《中西比较文学论集》，北京大学出版社，1988年，第281页。

② 姜生、汤伟侠主编：《中国道教科学技术史》（南北朝隋唐五代卷），科学出版社，2010年，第1096页注②。

③ 余英时：《从价值系统看中国文化的现代意义》，见其著：《文史传统与文化重建》，生活·读书·新知三联书店，2004年，第451页。

重生的途径上，汉代人做了借骨骼以化生、借水的意蕴以化生以及借太阴炼形以转生等种种努力。他们再生的目的地有两个，一是上天成仙，一是重新回到他所眷恋的世界。

　　承认生命另一种形式的存在并为之提供重生的途径是汉代墓葬信仰的主题及任务。在中国人的观念中，死亡并不意味着生命终结，而是生命在另一个世界的延续，丧礼是联系生死两个世界的方式，墓葬则是这种联系的具体实物体现。葛兆光曾认为，道教与佛教的相互渗透，造成了死亡观念上从生死异途到生死轮转的变化，构成了中国人的一个绝大观念和中国文学的一个普遍主题，此后虽有过变动与修正，但一直笼罩着两千年的心灵史。[①]但是通过对汉代墓葬的研究我们可以得出与之不同的结论，即在中国本土观念下，在当时佛教尚未传入中国时，中国已产生了死后转化的观念。汉代人在墓葬中体现的长生不死信仰及对生命的转化的追求长时间影响了中国社会，即使在佛教兴盛的时代，墓葬中依然是神仙思想占主要地位，这是两汉四百多年打下的基础。

----

① 　葛兆光：《死后世界：中国古代宗教与文学的一个共同主题》，《扬州师范学院学报》，1994年第3期。

参考文献

一 古籍资料（按时间排列）

〔西汉〕 司马迁：《史记》，北京：中华书局，1982。

〔西汉〕 刘向：《列仙传》，上海：上海古籍出版社，1990。

〔东汉〕 班固撰，〔唐〕颜师古注：《汉书》，北京：中华书局，1962。

〔东汉〕 王充：《论衡》，上海：上海人民出版社，1974。

〔东汉〕 桓谭：《新论》，上海：上海人民出版社，1977。

〔东汉〕 许慎撰，〔清〕 段玉裁注：《说文解字注》，上海：上海古籍出版社，1981。

〔东汉〕 王符撰，〔清〕汪继培笺：《潜夫论》，上海：上海古籍出版社，1978。

［东汉］应劭撰，王利器校注：《风俗通义校注》，北京：中华书局，1981。

［西晋］张华撰，范宁校证：《博物志校证》，北京：中华书局，1980。

［西晋］陈寿：《三国志》，北京：中华书局，1982。

［西晋］葛洪：《神仙传》，上海：上海古籍出版社，1990。

［西晋］葛洪撰：《肘后备急方》，北京：人民卫生出版社，1956。

［东晋］干宝撰，汪绍楹校注：《搜神记》，北京：中华书局，1979。

［南朝宋］范晔：《后汉书》，北京：中华书局，1965。

［南朝梁］陶弘景：《养性延命录》，上海：上海古籍出版社，1990。

［南朝梁］宗懔撰，姜彦稚辑校：《荆楚岁时记》，长沙：岳麓书社，1986。

［北魏］郦道元著，陈桥驿校证：《水经注校证》，北京：中华书局，2007。

［北齐］魏收：《魏书》，北京：中华书局，1974。

［唐］房玄龄等：《晋书》，北京：中华书局，1974。

［唐］徐坚等：《初学记》，北京：中华书局，1962。

［宋］李昉等：《太平御览》，北京：中华书局，1960。

［宋］张君房编，李永晟点校：《云笈七签》，北京：中

华书局，2003。

　　［宋］成无己：《注解伤寒论》，北京：商务印书馆，1955。

　　［宋］洪兴祖撰，白化文等点校：《楚辞补注》，北京：中华书局，1983。

　　［清］郭庆藩撰，王孝鱼点校：《庄子集释》，北京：中华书局，1961。

　　［清］严可均：《全后汉文》，北京：商务印书馆，1999。

　　［清］孙诒让撰，王文锦等点校：《周礼正义》，北京：中华书局，1987。

　　［清］王聘珍：《大戴礼记解诂》，北京：中华书局，1983。

　　罗振玉：《贞松堂集古遗文》，北京：北京图书馆出版社，2003。

　　罗振玉：《雪堂类稿》，沈阳：辽宁教育出版社，2003。

　　刘文典著，冯逸、乔华点校：《淮南鸿烈集解》，北京：中华书局，1989。

　　王明：《太平经合校》，北京：中华书局，1960。

　　王明：《抱朴子内篇校释》，北京：中华书局，1985。

　　陈国符：《道藏源流考》，北京：中华书局，1963。

　　袁珂：《山海经校注》，上海：上海古籍出版社，1980。

　　汪荣宝撰，陈仲夫点校：《法言义疏》，北京：中华书局，1987。

逯钦立：《先秦汉魏晋南北朝诗》，北京：中华书局，1983。

赵幼文：《曹植文校注》，北京：人民文学出版社，1984。

《道藏》，北京：文物出版社，天津：天津古籍出版社，上海：上海书店，1988。

费振刚等辑校：《全汉赋》，北京：北京大学出版社，1993。

朱越利：《道藏分类解题》，北京：华夏出版社，1996。

［日］吉川忠夫、麦谷邦夫编，朱越利译：《真诰校注》，北京：中国社会科学出版社，2006。

［日］安居香山、中村璋八辑：《纬书集成》，石家庄：河北人民出版社，1994。

二　国内外专著与论文

［英］爱德华·泰勒著，连树声译：《原始文化》，上海：上海文艺出版社，1992。

［英］艾兰著，汪涛译：《龟之谜：商代神话、祭祀、艺术与宇宙观研究》，成都：四川人民出版社，1992。

［英］艾兰：《亚形及殷人的宇宙观》，《中国文化》，

1991（4）。

　　［英］艾兰：《早期中国历史思想与文化》，沈阳：辽宁教育出版社，1999。

　　安金槐、王与刚：《密县打虎亭汉代画像石墓和壁画墓》，《文物》，1972（10）。

　　安志敏：《长沙新发现的帛画试探》，《马王堆汉墓研究》，长沙：湖南人民出版社，1981。

　　白彬、代丽鹃：《试从考古材料看〈女青鬼律〉的成书年代和流行地域》，《宗教学研究》，2007（1）。

　　白彬：《湖北武昌任家湾东吴初年"道士"郑丑墓再研究》，《江汉考古》，2006（4）。

　　白彬：《江西南昌东晋永和八年雷陔墓道教因素试析》，《南方文物》，2007（1）。

　　白彬：《近年来魏晋南北朝墓葬佛道遗存的发现与研究》，《艺术史研究》第9辑，广州：中山大学出版社，2007。

　　白彬：《唐以前道士墓与道教信众墓研究》，《古代文明》第七卷，北京：文物出版社，2008。

　　白彬：《中国南方地区唐以前道教墓葬研究》，中国—哈佛燕京学者联谊会网站，http://www.casal.org.cn/harvard_yenching/hy5/publish/baibin.htm。

　　宝鸡市博物馆：《宝鸡铲车厂汉墓：兼谈M1出土的行楷朱书陶瓶》，《文物》，1981（3）。

　　［美］鲍吾刚：《中国人的幸福观》，南京：江苏人民出

版社，2004。

北京市古墓发掘办公室：《大葆台西汉木椁墓发掘简报》，《文物》，1977（6）。

蔡林波：《神药之殇：道教丹术转型的文化阐释》，成都：巴蜀书社，2008。

曹意强：《可见之不可见性：论图像证史的有效性和误区》，《新美术》，2004（2）。

常任侠：《中国美术全集绘画编》，第十八卷《画像石画像砖》，上海：上海人民美术出版社，1988。

陈淳：《当代考古学》，上海：上海社会科学院出版社，2004。

陈美东：《中国科学技术史·天文学卷》，北京：科学出版社，2003。

陈世华：《陶弘景书墓砖铭文发现及考证》，《东南文化》，1987（3）。

陈喜波、韩光辉：《汉长安"斗城"规划探析》，《考古与文物》，2007（1）。

陈业新：《灾害与两汉社会研究》，上海：上海人民出版社，2004。

陈直：《关于"江陵丞"告"地下丞"》，《文物》，1977（12）

陈直：《汉初平四年王氏朱书陶瓶考释》，《考古与文物》，1981（4）。

崔陈:《宜宾地区出土汉代画像石棺》,《考古与文物》,1991(1)。

［美］崔格尔著,徐坚译:《考古学思想史》,长沙:岳麓书社,2008。

戴应新、魏绥志:《陕西绥德黄家塔东汉画像石墓发掘简报》,《考古与文物》,1988(5)。

邓淑苹:《由考古实例探索玉璧的形上意义》,见《浙江省文物考古研究所辑学刊》第6辑,《第二届中国古代玉器与传统文化学术讨论会专辑》,杭州:杭州出版社,2004。

邓淑苹:《君子比德:论崇玉文化的形成与演变》,颜娟英主编:《美术与考古》,北京:中国大百科全书出版社,2005。

［美］ Dramer, Kim Irene Nedra: Between the Living and the Dead: Han Dynasty Stone Carved Tomb Doors (China), PhD diss., Columbia University. Ann Arbor, AI,: University Microfilms International 2002.

［日］ 都筑晶子著,宋金文译:《关于南人寒门、寒士的宗教想象力:围绕〈真诰〉谈起》,刘俊文主编:《日本中青年学者论中国史·六朝隋唐卷》,上海:上海古籍出版社,1995。

杜而未:《山海经神话系统》,台北:学生书局,1977。

杜正乾:《论史前时期"地母"观念的形成及其信仰》,《农业考古》,2006(4)。

杜正胜：《从眉寿到长生：中国古代生命观念的转变》，《"中央研究院"历史语言研究所集刊》，第66本第2分，1995。

［德］ 恩斯特·卡西尔著，张国忠译：《国家的神话》，杭州：浙江人民出版社，1988。

［德］ 恩斯特·卡西尔著，黄龙保等译：《神话思维》，北京：中国社会科学出版社，1992。

［德］ 恩斯特·卡西尔著，甘阳译：《人论》，上海：上海译文出版社，2003。

［法］ 范·根纳普著，岳永逸译，《通过仪礼·仪式的类型》，《民俗研究》，2008（1）。

方鹏均、张勋燎：《山东苍山元嘉元年画像石题记的时代和有关问题的讨论》，《考古》，1980（3）。

冯汉骥：《四川的画像砖墓及画像砖》，《文物》，1961年第11期。

冯时：《河南濮阳西水坡45号墓的天文学研究》，《文物》，1990（3）。

冯时：《中国天文考古学》，北京：中国社会科学文献出版社，2001。

冯友兰：《贞元六书》，上海：华东师范大学出版社，1996年。

凤凰山一六八号汉墓发掘整理组：《湖北江陵凤凰山一六八号汉墓发掘简报》，《文物》，1975（9）。

［法］傅飞岚著，程薇译：《超越内在性：道教仪式与宇宙论中的洞天》，《法国汉学》第2辑，北京：清华大学出版社，1997。

富育光、孟慧英：《满族萨满教研究》，北京：北京大学出版社，1991。

甘肃省文物考古队、甘肃省博物馆等：《嘉峪关壁画墓发掘报告》，北京：文物出版社，1985。

甘肃省文物考古队：《大地湾遗址仰韶晚期地画的发现》，《文物》，1986（3）。

甘肃省文物考古研究所等：《酒泉十六国墓壁画》，北京：文物出版社，1989。

甘肃省文物考古研究所等：《甘肃天水放马滩战国秦汉墓群的发掘》，《文物》，1989（2）。

［荷兰］高罗佩著，杨权译：《秘戏图考》，广州：广东人民出版社，1992。

［日］高山智博：《玛雅文明的宇宙观和祭祀》，安田喜宪主编：《神话、祭祀与长江文明》，北京：文物出版社，2002。

高文：《四川汉代画像石》，成都：巴蜀书社，1987。

高文：《四川汉代画像砖》，上海：上海人民美术出版社，1987。

高文：《中国汉阙》，北京：文物出版社，1994。

高文：《四川汉代画像石棺集》，北京：人民美术出版社，1998。

高文、高成刚：《中国画像石棺艺术》，太原：山西人民出版社，1996。

戈国龙：《道教内丹学溯源》，北京：宗教文化出版社，2004。

葛兆光：《死后世界：中国古代宗教与文学的一个共同主题》，《扬州师范学院学报》，1994（3）。

葛兆光：《中国思想史：七世纪前中国的知识、思想与信仰世界》，上海：复旦大学出版社，2001。

葛兆光：《屈服史及其他：六朝隋唐道教的思想史研究》，北京：三联书店，2003。

葛兆光：《思想史的写法：中国思想史导论》，上海：复旦大学出版社，2004。

葛兆光：《古代中国的历史、思想与宗教》，北京：北京师范大学出版社，2006。

顾伊：《西汉诸侯王墓形制》，复旦大学硕士论文，2002。

过文英：《论汉墓绘画中的伏羲女娲神话》，《浙江大学博士学位论文》，2007。

广州市文物管理委员会等：《西汉南越王墓》，北京：文物出版社，1991。

广州象岗汉墓发掘队：《西汉南越王墓发掘初步报告》，《考古》，1984（3）。

郭宝钧等：《1954年春洛阳西郊发掘报告》，《考古学报》，1956（2）。

郭沫若：《由王谢墓志的出土论到兰亭序的真伪》，《文物》，1965（6）。

国家文物局：《洛阳尹屯新莽壁画墓》，《2003年中国重要考古发现》，北京：文物出版社，2004。

［英］Hawkees, C.F.: "Archaeological theory and method: some suggestion from the Old World", American Anthropologist, 1954.

韩国河：《秦汉魏晋丧葬制度研究》，西安：陕西人民出版社，1999。

韩国河：《汉长安城规划思想辨析》，《郑州大学学报》，2001（9）。

韩吉绍：《知识断裂与技术转移：炼丹术对古代科技的影响》，济南：山东文艺出版社，2009。

［美］韩森：《宋代的买地券》，邓广铭、漆侠主编：《国际宋史研讨会论文选集》，石家庄：河北大学出版社，1992。

［美］韩森：《为什么将契约埋在坟墓里》，朱雷主编：《唐代的历史与社会》，武汉：武汉大学出版社，1997。

［美］韩森著，鲁西奇译：《传统中国日常生活中的协商：中古契约研究》，南京：江苏人民出版社，2008。

郝本性、魏兴涛：《三门峡南交口东汉镇墓瓶朱书文考略》，《文物》，2009（3）。

何双全：《天水放马滩秦简综述》，《文物》，1989（2）。

何志国：《汉魏摇钱树初步研究》，北京：科学出版社，2007。

河南省博物馆：《灵宝张湾汉墓》，《文物》，1975（11）。

河南省商丘市文物管理委员会等：《芒砀山西汉梁王墓地》，北京：文物出版社，2001。

河南省文化局文物工作队：《洛阳西汉壁画墓发掘报告》，《考古学报》，1964（2）。

河南省文物考古研究所：《河南三门峡南交口汉墓（M17）发掘简报》，《文物》，2009（3）。

河南省偃师县文物管理委员会：《偃师县南蔡庄乡汉肥致墓发掘简报》，《文物》，1992（9）。

贺官保等：《洛阳北瑶西周墓发掘的重要收获》，《中原文物》，1987特刊7。

贺西林：《东汉钱树的图像及意义——兼论秦汉神仙思想的发展、流变》，《故宫博物院院刊》，1998（3）。

贺西林：《洛阳卜千秋墓墓石室壁画的再探讨》，《故宫博物院院刊》，2000（6）。

贺西林：《古墓丹青：汉代墓室壁画的发现与研究》，西安：陕西人民美术出版社，2001。

贺西林：《大保当11号汉画像石墓门柱图像辩证》，《文博》，2006（6）。

贺西林：《汉代艺术中的羽人及其象征意义》，《文物》，2010（7）。

［美］ 亨利·富兰克弗特著，郭子林、李凤伟译：《古代埃及宗教》，上海：上海三联书店，2005。

胡孚琛：《魏晋神仙道教》，北京：人民出版社，1989。

胡孚琛：《道教内丹学揭秘》，《世界宗教研究》，1997（4）。

胡孚琛：《道学通论：道家·道教·仙学》，北京：社会科学文献出版社，1999。

胡孚琛：《道学通论：道家·道教·丹道》，北京：社会科学文献出版社，2004。

胡孚琛：《中华道教大辞典》，北京：中国社会科学出版社，1995。

胡杰：《陕北东汉画像石墓墓门区域神异图像含义之考辨：以该地区画像石墓门部位上出现的若干重要神异题材作为论述的中心》，《艺术探索》，2006（2）。

胡新生：《中国古代巫术》，济南：山东人民出版社，1998。

胡懿勋：《中国古代绘画的知识考古》，上海：上海大学出版社，2008。

湖北省荆沙铁路考古队：《包山楚墓》，北京：文物出版社，1991。

湖南省博物馆：《长沙砂子塘西汉墓发掘简报》，《文物》，1963（2）。

湖南省博物馆等：《长沙马王堆一号汉墓》，北京：文物出版社，1973。

湖南省博物馆：《新发现的长沙战国楚墓帛画》，《文物》，1973（7）。

湖南省博物馆：《长沙马王堆二、三号汉墓发掘简报》，《文物》，1974（7）。

湖南省博物馆：《长沙子弹库战国木椁墓》，《文物》，1974（2）。

湖南省博物馆：《长沙象鼻嘴1号西汉墓》，《考古学报》，1981（1）。

户晓辉：《地母之歌：中国彩陶与岩画的生死母题》，上海：上海文化出版社，2001。

黄凤春：《试论包山2号楚墓饰棺连璧制度》，《考古》，2001（11）。

黄景春：《早期买地券、镇墓文整理与研究》，华东师范大学博士论文，2004。

黄君琦：《死而复生神话意涵之研究》，《"国立中央大学"硕士论文》，1995。

黄佩贤：《汉代墓室壁画研究》，北京：文物出版社，2008。

黄盛璋：《历史地理与考古论丛》，济南：齐鲁书社，1982。

黄晓芬：《汉墓的考古学研究》，长沙：岳麓书社，2003。

黄一农：《社会天文学史十讲》，上海：复旦大学出版社，2004。

黄展岳：《汉代诸侯王墓论述》，《考古学报》，1998（1）。

霍巍、黄伟：《四川丧葬文化》，成都：四川人民出版社，1992。

［美］简·詹姆斯著，贺西林：《汉代西王母的图像志研究》，《美术研究》，1997（2-3）。

江晓原：《天学真原》，沈阳：辽宁教育出版社，2007。

江晓原：《中国天学史》，上海：上海人民出版社，2005。

姜生：《汉魏两晋南北朝道教伦理论稿》，成都：四川大学出版社，1995。

姜生：《道教崇山的原因和实质》，《复旦学报》，1996（6）。

姜生：《道教与人类自我控制》，成都：巴蜀书社，1996。

姜生：《道符结构、语义及功能研究》，《社会科学研究》，1997（6）。

姜生：《道教的兴起与葬俗之理性化变迁》，《中山大学学报》，1997（6）。

姜生：《汉阙考》，《中山大学学报》，1997（1）。

姜生：《风俗通义等文献所见东汉原始道教信仰》，《宗教学研究》，1998（1）。

姜生：《东汉原始道教与政治考》，《社会科学研究》，2000（3）。

姜生：《原始道教之兴起与两汉社会秩序》，《中国社会科学》，2000（6）。

姜生：《道教治观考》，《中国道教》，2001（3）。

姜生、汤伟侠主编：《中国道教科学技术史：汉魏两晋卷》，北京：科学出版社，2002。

姜生：《论道教的洞穴信仰》，《文史哲》，2003（5）。

姜生：《老子想尔注》三题，《华学》，第9-10辑合刊，上海：上海古籍出版社，2008。

姜生、汤伟侠主编：《中国道教科学技术史：南北朝隋唐五代卷》，北京：科学出版社，2010。

姜生：《曹操与原始道教》，《历史研究》，2011（1）。

姜生：《长沙金盆岭晋墓与太阴炼形：以及墓葬器物群的分布逻辑》，《宗教学研究》，2011（1）。

姜生：《汉画孔子见老子与汉代道教仪式》，《文史哲》，2011（2）。

姜守诚：《香港所藏"松人"解除木牍与汉晋墓葬之禁忌风俗》，台湾成功大学历史系，《成大历史学报》，2006（12）。

姜守诚：《〈太平经〉研究：以生命为中心的综合考察》，北京：社会科学文献出版社，2007。

蒋英炬主编：《中国画像石全集》，第五卷，《陕西山西汉画像石》，济南：山东美术出版社，2000。

蒋英炬、杨爱国：《汉代画像石和画像砖》，北京：文物出版社，2001。

［英］ 杰西卡·罗森：The Eternal Palaces of the Western Han: A new View of the Universe, Zurich Switzerlan: Artibus Asiae Publisher, Vol.59, No. 1/2 1999.

［英］ 杰西卡·罗森著，孙心菲等译：《中国的丧葬模式：思想与信仰的知识来源》，《中国古代的艺术与文化》，北京：北京大学出版社，2002。

［英］ 杰西卡·罗森著，邓菲译，：《汉代墓葬的布局与设计》，中山大学艺术史研究中心编：《艺术史研究》第11辑，广州：中山大学出版社，2009。

［瑞士］ 卡尔·荣格：《集体无意识的概念》，叶舒宪编：《神话：原型批评》，西安：陕西师范大学出版社，1987。

［法］ 列维·布留尔著，丁由译：《原始思维》，北京：商务印书馆，1981。

乐蘅军：《中国原始变形神话试探》，见温敦儒主编：《中西比较文学论集》，北京：北京大学出版社，1988。

乐山市崖墓博物馆：《四川乐山市沱沟嘴东汉崖墓清理简

报》，《文物》，1993（1）。

乐山文化局：《四川乐山麻浩一号崖墓》，《考古》，1990（2）。

雷建金：《简阳县鬼头山发现题榜画像石棺》，《四川文物》，1988（6）。

李发林：《山东画像石研究》，济南：齐鲁书社，1982。

李发林：《山东汉画像石研究》附录《苍山元嘉元年画像石墓题记的简释》，济南：齐鲁书社，1982。

李发林：《战国秦汉考古》，济南：山东大学出版社，1991。

李发林：《李发林考古论文集》，北京：中国文联出版社，1999。

李发林：《汉画考释和研究》，北京：中国文联出版社，2000。

李虹：《从"制器尚象"看汉代墓葬形制的变化》，《求索》，2010（4）。

李立：《汉墓神话研究：神话与神话艺术精神的考察与分析》，上海：上海古籍出版社，2004。

李立：《文化整合和先秦自然神话演变》，昆明：云南人民出版社，2002。

李林、唐兰英、赵力光：《陕北汉代画像石》，西安：陕西人民出版社，1995。

李零：《中国方术续考》，北京：中华书局，2005。

李零：《中国方术正考》，北京：中华书局，2006。

李零：《铄古铸今：考古发现和复古艺术》，北京：三联书店，2007。

李梅田：《从洛阳到邺城：北朝墓室画像及其象征意义的转变》，《考古与文物》，2006（2）。

李梅田：《魏晋北朝墓葬的考古学研究》，北京：商务印书馆，2009。

李清泉：《绘画题材中意义和内涵的演变：以宣化辽墓壁画中的车马出行图为例》，《中山大学学报》，2003（2）。

李清泉：《宣化辽墓墓葬艺术与辽代社会》，北京：文物出版社，2008。

李淞：《长安艺术与宗教文明》，北京：中华书局，2002。

李淞：《从"永元模式"到"永和模式"：陕北汉代画像石中的西王母分期研究》，《考古与文物》，2000（5）。

李淞：《汉代人物雕刻艺术》，长沙：湖南美术出版社，2001。

李淞：《论汉代艺术中的西王母图像》，长沙：湖南教育出版社，2000。

李淞主编：《道教美术新论：第一届道教美术史国际研讨会论文集》，济南：山东美术出版社，2008。

李晓鸣：《四川荥经东汉石棺画像》，《文物》，1987（1）。

李学勤：《放马滩简中的志怪故事》，《文物》，1990（4）。

李学勤：《简帛佚籍学术史》，南昌：江西教育出版社，2001。

李仰松：《秦安大地湾遗址仰韶晚期地画的研究》，《考古》，1986（11）。

李仰松：《谈谈仰韶文化的瓮棺葬》，《考古》，1976（6）。

李亦园：《人类的视野》，上海：上海文艺出版社，1996。

李亦园：《宗教与神话》，桂林：广西师范大学出版社，2004。

李昭鉴等：《江苏新沂炮车镇发现汉墓》，《文物参考资料》，1955（6）。

连劭名：《建兴廿八年"松人"解除简考述》，《世界宗教研究》，1996（3）。

连劭名：《汉晋解除文与道家方术》，《华夏考古》，1998（4）。

梁白泉：《墓饰"妇人启门"含义揣测》，《中国文物报》，1992-11-8。

辽宁文物考古研究所：《辽宁牛梁河红山文化"女神庙"与积石冢发掘简报》，《文物》，1986（8）。

林富士：《东汉晚期的疾疫与宗教》，载《"中央研究院"历史语言研究所集刊》，第66本第3分，1995。

林富士：《中国六朝时期的巫觋与医疗》，林富士主编：《台湾学者中国史研究论丛》，《礼俗与宗教》，北京：中国大百科全书出版社，2005。

林梅村：《秦汉大型石雕艺术的起源》，北京：三联书店，2000。

林素娟：《先秦至汉代礼俗中有关厉鬼的观念及其因应之道》，《成功大学中文学报》，2005（12）。

临沂博物馆：《山东临沂金雀山九号汉墓发掘简报》，《文物》，1977（11）。

刘敦愿：《中国古代艺术品所见昆虫崇拜：论商周时期"蝉纹"的含义》，《考古与文物》，1988（2）。

刘凤君：《考古学与雕塑艺术史研究》，济南：山东美术出版社，1991。《美术考古学导论》，济南：山东大学出版社，1995。

刘家骥、刘炳森：《金雀山西汉帛画临摹后感》，《文物》，1977（29）。

刘卫鹏：《汉永平三年朱书陶瓶考释》，《文物考古论集：咸阳市文物考古研究所成立十周年纪念》，西安：三秦出版社，2000。

刘卫鹏：《汉代镇墓瓶所见"神药"考》，《宗教学研究》，2009（3）。

刘晓路：《临沂帛画文化氛围初探》，《中原文物》，

1993（2）。

刘毅：《"妇人启门"墓饰含义管见》，《中国文物报》，1993-5-6。

刘屹：《敬天与崇道：中古经教道教形成的思想史背景》，北京：中华书局，2004。

刘屹：《近年来道教研究对中古史研究的贡献》，《中国史研究动态》，2004（8）。

刘屹：《神格与地域：汉唐间道教信仰世界研究》，上海：上海人民出版社，2011。

刘玉建：《中国古代龟卜文化》，桂林：广西师范大学出版社，1992。

刘昭瑞：《石刻文字的著录与分类》，《文博》，1985（5）。

刘昭瑞：《谈考古发现的道教"解注文"》，《敦煌研究》，1991（4）。

刘昭瑞：《〈太平经〉与考古发现的东汉镇墓文》，《世界宗教研究》，1992（4）。

刘昭瑞：《"东冶三师"、"三五将君"、"大一三府"、"南帝三郎"考：谈镇江东晋墓所出道教印》，《考古》，1995（5）。

刘昭瑞：《论"黄神越章"：兼谈黄巾口号的意义及相关问题》，《历史研究》，1996（1）。

刘昭瑞：《姝女地券与早期道教的南传》，《华学》第2

辑，广州：中山大学出版社，1996。

刘昭瑞：《〈老子想尔注〉杂考》，《敦煌研究》，2004（5）。

刘昭瑞：《东汉镇墓文中所见到的"神药"及其用途》，《华学》第7辑，广州：中山大学出版社，2004。

刘昭瑞：《考古发现与早期道教研究》，北京：文物出版社，2007。

刘昭瑞：《汉、晋时期西域地区道教遗物与道教的传播》，周大鸣、何星亮主编：《文化多样性与当代世界》，北京：民族出版社，2008。

刘志远、余德章、刘文杰：《四川汉代画像砖与汉代社会》，北京：文物出版社，1983。

刘仲宇：《道符溯源》，《世界宗教研究》，1994（1）。

刘仲宇：《道家与道教》，上海：上海古籍出版社，1996。

刘仲宇：《道教法术》，上海：上海文化出版社，2002。

刘仲宇：《符、箓异同辩》，《宗教学研究》，2010年增刊。

卢国龙：《道教哲学》，北京：华夏出版社，2007。

鲁西奇：《汉代买地券的实质、渊源和意义》，《中国史研究》，2006（1）。

吕鹏志：《唐前道教仪式史纲》，北京：中华书局，2008。

吕志峰：《东汉石刻陶等民俗性文字资料词汇研究》，上海：上海人民出版社，2009。

罗二虎：《四川崖墓的初步研究》，《考古学报》，1988（2）。

罗二虎：《汉代画像石棺研究》，《考古学报》，2000（2）。

罗二虎：《汉代画像石棺》，成都：巴蜀书社，2002。

罗二虎：《西南汉代画像与画像墓研究》，四川大学博士论文，2002。

罗二虎：《四川南溪长顺坡汉墓石棺画像考释》，《四川文物》，2003（6）。

罗二虎：《长宁七个洞崖墓墓群汉画像研究》，《考古学报》，2005（3）。

罗二虎：《东汉画像中所见的早期民间道教》，《文艺研究》，2007（2）。

罗二虎：《中国美术考古研究现状》，上海：上海大学出版社，2008。

罗宏才：《中国佛道造像碑研究：以关中地区为考察中心》，上海：上海大学出版社，2008。

洛阳博物馆：《洛阳西汉卜千秋壁画墓发掘简报》，《文物》，1977（6）。

洛阳博物馆：《洛阳东汉光和二年王当墓发掘简报》，《文物》，1980（6）。

洛阳市第二文物工作队：《洛阳偃师县新莽壁画墓清理简报》，《文物》，1992（12）。

洛阳市文物工作队：《洛阳李屯元嘉二年墓清理简报》，《考古与文物》，1997（2）。

洛阳市文物工作队：《洛阳李屯东汉元嘉二年墓发掘简报》，《考古与文物》，1997（2）。

马昌仪：《壶形的世界：葫芦、魂瓶、台湾古陶壶之比较研究》，《民间文学论坛》，1996（4）。

马昌仪：《中国灵魂信仰》，上海：上海文艺出版社，1998。

［苏］ 马林诺夫斯基著，李安宅译：《巫术、科学、宗教与神话》，北京：中国民间文艺出版社，1987。

马雍：《论长沙马王堆一号汉墓出土帛画的名称和作用》，《马王堆汉墓研究》，湖南人民出版社，1979。

［英］ 玛丽·道格拉斯著，黄剑波译：《洁净与危险》，北京：民族出版社，2008。

［日］ 麦谷邦夫：《梁天监十八年纪年有铭墓砖和天监年间的陶弘景》，《日本东方学》第1辑，北京：中华书局，2007。

米尔恰·伊利亚德著，宋立道、鲁奇译：《神秘主义、巫术与文化风尚》，北京：光明日报出版社，1990。

［罗马尼亚］ 米尔恰·伊利亚德著，王建光译：《神圣与世俗》，北京：华夏出版社，2002。

［美］ 米尔恰·伊利亚德著，晏可佳等译：《宗教思想史》，上海：上海社会科学院出版社，2004。

［美］ 米尔恰·伊利亚德著：The Encyclopedia of Religion, ed., New York: MacMillan, Second Edition, 2004。

梅新林：《仙话：神人之间的魔幻世界》，上海：上海三联书店，1992。

蒙文通：《晚周仙道分三派考》，《古学甄微》，成都：巴蜀书社，1987。

内江市文管所、简阳县文化馆：《四川简阳县鬼头山东汉崖墓》，《文物》，1991（3）。

南京博物院：《江苏盱眙东阳汉墓》，《考古》，1979（5）。

［挪］ 诺伯格·舒尔茨著，李路珂等译：《西方建筑的意义》，北京：中国建筑工业出版社，2005。

［法］ 皮埃尔·亨利·德·保仁著，张群译：《道教传统中的生命、死亡和永生》，阎德纯主编：《汉学研究》第8集，北京：中华书局，2004。

蒲慕州：《鬼魅神魔：中国通俗文化侧写序》，台北：麦田出版事业部，2005。

蒲慕州：《追寻一己之福：中国古代的信仰世界》，上海：上海古籍出版社，2007。

蒲慕州：《墓葬与生死：中国古代宗教之省思》，北京：中华书局，2008。

濮阳市文物管理委员会、濮阳市博物馆、濮阳市文物工作队：《河南濮阳西水坡遗址发掘简报》，《文物》，1988（3）。

齐东方：《唐代的丧葬观念习俗与礼仪制度》，《考古学报》，2006（1）。

邱登成：《汉代摇钱树与汉墓仙化主题》，《四川文物》，1994（5）。

裘锡圭：《读〈陕西绥德县四十里铺画像石墓调查简报〉小记》，《考古与文物》，2003（5）。

饶宗颐：《老子想尔注校证》，上海：上海古籍出版社，1991。

饶宗颐：《记建兴廿八年"松人"解除简：汉"五龙相拘绞"说》，《简帛研究》第2辑，北京：法律出版社，1996。

饶宗颐：《敦煌出土镇墓文所见解除惯语考释：〈魏晋南北朝敦煌文献编年〉序》，季羡林主编：《敦煌吐鲁番研究》，第三卷，北京：北京大学出版社，1997。

饶宗颐：《论龟为水母及有关问题》，《文物》，1999（10）。

任继愈、钟肇鹏：《道藏提要》，北京：中国社会科学出版社，1991。

山东大学历史系等：《山东长清双乳山一号汉墓发掘简报》，《考古》，1997（3）。

山东省博物馆、苍山县博物馆：《山东苍山元嘉元年画像石墓》,《考古》,1975（2）。

山东省博物馆：《曲阜九龙山汉墓发掘简报》,《文物》,1972（5）。

陕西省考古研究所、西安交通大学：《西安交通大学西汉壁画墓》,西安：西安交通大学出版社,1991。

陕西省考古研究所：《陕西旬邑发现东汉壁画墓》,《考古与文物》,2002（3）。

陕西省考古研究所：《壁上丹青：陕西出土壁画集》（上、下）,北京：科学出版社,2009。

陕西省文物管理委员会：《长安县三里村东汉墓发掘简报》,《文物参考资料》,1958（7）。

陕西省文物管理委员会：《潼关吊桥汉代杨氏墓群发掘简记》,《文物》,1961（1）。

商彤流：《北齐墓道壁画的表现意识》,山西省考古研究所、山西省考古学会编：《山西省考古学会论文集》,太原：山西古籍出版社,2000（4）。

沈雪漫：Body Matters: Manikin Burialw in the Liao Tombs of Xuanhua, Hebei Province, Zurich Switzerlan: Artibus Asiae, Vol.65, No.1, 2005.

施杰：《感应：谶纬语境中的神话结构与汉墓艺术》,朱青生主编：《中国汉画学会第九届年会论文集》,北京：中国社会出版社,2004。

施杰：《谶纬语境中的汉墓画像：感应、意义与再意义》，北京大学硕士论文，2004。

狮子山楚王陵考古发掘队：《徐州狮子山西汉楚王陵发掘简报》，《文物》，1998（8）。

四川大学考古专业七八级实习队、长宁县文化馆：《四川长宁"七个洞"东汉纪年画像崖墓》，《考古与文物》，1985（5）。

宋兆麟：《巫与民间信仰》，北京：中国华侨出版公司，1990。

宿白主编：《中国美术全集绘画编·12·墓室壁画》，北京：文物出版社，1989。

绥德县博物馆：《陕西绥德汉画像石墓》，《文物》，1983（5）。

孙隆基：《中国文化的深层结构》，桂林：广西师范大学出版社，2004。

孙作云：《洛阳西汉卜千秋墓壁画考释》，《文物》，1977（6）。

孙作云：《孙作云文集》第三卷《中国古代神话传说研究》，开封：河南大学出版社，2003。

孙作云：《孙作云文集》第四卷《美术考古与民俗研究》，开封：河南大学出版社，2003。

［法］索安著，刘屹译：《国之重宝与道教秘宝：谶纬所见道教的渊源》，《法国汉学》第4辑，北京：中华书局，1999。

［法］ 索安著，程薇译：《从墓葬的葬仪文书看汉代宗教的轨迹》，《法国汉学》第7辑，北京：中华书局，2003。

［法］ 索安著，吕鹏志等译：《西方道教研究编年史：1959-1990》，北京：中华书局，2002。

［美］ 太史文著，侯旭东译：《幽灵的节日：中国中世纪的信仰与生活》，杭州：浙江人民出版社，1999。

汤池主编：《中国画像石全集》第一卷《山东汉画像石》，济南：山东美术出版社，2000。

唐长寿：《汉代墓葬门阙考辨》，《中原文物》，1991（3）。

唐长寿：《乐山崖墓和彭山崖墓》，成都：电子科技大学出版社，1994。

唐长寿：《四川汉墓画像中的死亡与生命》，《四川文物》，2004（2）。

唐长寿：《彭山油沟房画像崖墓兼论彭山崖墓门区画像》，郑先兴主编：《汉画研究：中国汉画学会第十届年会论文集》，武汉：湖北人民出版社，2006。

唐长寿：《彭山画像崖墓墓门石刻画像试论》，《四川文物》，2008（4）。

唐金裕：《汉初平四年王氏朱书陶瓶》，《文物》，1980（1）。

［英］ 特里锡德著，石毅、刘珩译：《象征之旅：符号及其意义》，北京：中央编译出版社，2001。

仝涛：《魂瓶所反映的宇宙观念》，《南方文物》，2003（6）。

仝涛：《五联罐和魂瓶的形态学分析》，《考古与文物》，2004（2）。

仝涛：《长江下游地区汉晋五联罐和魂瓶的考古学综合研究》，四川大学博士论文，2006。

万建中：《时间差：神圣与世俗边界的构建及洞穿》，《广西民族学院学报》，2001（6）。

万建中：《解读禁忌：中国神话、传说和故事中的禁忌主题》，北京：商务印书馆，2001。

万建中：《禁忌与中国文化》，北京：人民出版社，2001。

王建中、闪修山：《南阳两汉画像石》，北京：文物出版社，1990。

汪小洋、姚义斌：《美术考古与宗教美术》，上海：上海大学出版社，2008。

汪小洋：《汉墓绘画宗教思想研究》，上海：上海大学出版社，2010。

汪小洋：《中国墓室绘画研究》，上海：上海大学出版社，2010。

汪小洋：《中国宗教美术史料辑要》，上海：上海大学出版社，2011。

王晖：《论周代天神性质与山岳崇拜》，北京师范大学学报，1999（1）。

王建中：《汉代画像石通论》，北京：紫禁城出版社，2001。

王恺、葛明宇：《徐州狮子山楚王陵》，北京：三联书店，2005。

王鲁民：《中国古代建筑思想史纲》，武汉：湖北教育出版社，2002。

王明：《论道教的生死观与传统思想》，《道家与传统文化研究》，北京：中国社会科学出版社，1995。

王青：《魏晋南北朝时期的佛教信仰与神话》，北京：中国社会科学出版社，2001。

王青：《西域文化影响下的中古小说》，北京：中国社会科学出版社，2006。

王青：《先唐神话、宗教与文学论考》，北京：中华书局，2007。

王小盾：《楚宗庙壁画和鸱龟曳衔图：兼论上古时代的太阳崇拜和生命崇拜》，《中国文化》第8辑，北京：中华书局，1993。

王小盾：《中国早期艺术与宗教》，上海：东方出版中心，1998。

王小盾：《中国早期思想与符号研究：关于四神的起源及其体系形成》，上海：上海人民出版社，2008。

王孝廉：《中国的神话世界》，北京：作家出版社，

1991。

王永飞：《两汉时期疾疫的时空分布与特征》，《咸阳师范学院学报》，2008（5）。

王育成：《东汉道符释例》，《考古学报》，1991（1）。

王育成：《武昌南齐刘觊地券刻符考释》，《江汉考古》，1991（2）。

王育成：《洛阳延光元年朱书陶罐考释》，《中原文物》，1993（1）。

王育成：《徐副地券中天师道史料考》，《考古》，1993（6）。

王育成：《南李王陶瓶朱书与相关宗教文化问题研究》，《考古与文物》，1996（2）。

王育成：《文物所见中国道符述论》，《道家文化研究》第9辑，上海：上海古籍出版社，1996。

王育成：《中国古代道教奇异符铭考论》，《中国历史博物馆馆刊》，1997（2）。

王育成：《中国古代人形方术及其对日本的影响》，《中国历史博物馆馆刊》，1997（1）。

王育成：《略论考古发现的早期道符》，《考古》，1998（1）。

王育成：《东汉天帝使者类道人与道教起源》，陈鼓应主编：《道教文化研究》第16辑，北京：生活·读书·新知三联书店，1999。

王育成：《考古所见道教简牍》，《考古学报》，2003（4）。

王仲殊：《汉代考古学概说》，北京：中华书局，1984。

韦兵：《道教与北斗生杀观念》，《宗教学研究》，2005（2）。

［英］维克多·特纳著，黄剑波等译：《仪式过程：结构与反结构》，北京：中国人民大学出版社，2006。

闻一多：《天问疏证》，北京：三联书店，1980。

闻一多：《神话与诗》，上海：上海人民出版社，2005。

巫鸿主编：《汉唐之间的宗教艺术与考古》，北京：文物出版社，2000。

巫鸿主编：《汉唐之间的视觉文化与物质文化》，北京：文物出版社，2003。

巫鸿著，郑岩等译：《礼仪中的美术：中国古代美术史文编》（上、下），北京：生活·读书·新知三联书店，2005。

巫鸿：《墓葬：可能的美术史亚学科》，《读书》，2007（1）。

巫鸿：《反思东亚墓葬艺术：一个有关方法论的提案》，《艺术史研究》第10辑，广州：中山大学出版社，2008。

巫鸿：《美术史十议》，北京：三联书店，2008。

巫鸿著，郑岩等译：《中国古代艺术与建筑中的“纪念碑性”》，上海：上海人民出版社，2009。

巫鸿著，施杰译：《黄泉下的美术：宏观中国古代墓葬》，北京：生活·读书·新知三联书店，2010。

吴荣曾：《镇墓文所见到的东汉道巫关系》，《文物》，1981（3）。

吴天颖：《汉代买地券考》，《考古学报》，1982（1）。

吴雪杉：《汉代启门图像性别含义解读》，《文艺研究》，2002（2）。

席泽宗主编：《中国科学技术史·科学思想卷》，北京：科学出版社，2001。

夏鼐：《敦煌考古漫记（一）》，《考古通讯》，1955年（1）。

夏鼐：《汉代的玉器：汉代玉器中传统的延续和变化》，《考古学报》，1983（2）。

咸阳市文物考古研究所：《咸阳教育学院东汉墓清理简报》，岳起主编：《文物考古论集：咸阳市文物考古研究所成立十周年纪念》，西安：三秦出版社，2000。

〔日〕 小南一郎：《壶形的宇宙》，《北京师范大学学报》，1991（2）。

〔日〕 小南一郎：《神亭壶と东吴の文化》，《东方学报》，京都大学，第65册，1993。

〔日〕 小南一郎著，孙昌武译：《中国的神话传说与古小说》，北京：中华书局，2006。

谢祥荣：《〈想尔注〉怎样解〈老子〉为宗教神学》，中国社会科学院近代研究所近代文化研究室编：《中国文化研究集刊》第4辑，上海：复旦大学出版社，1987。

信立祥：《汉代画像石综合研究》，北京：文物出版社，2000。

邢义田：《汉代壁画的发展和壁画墓》，《秦汉史论稿》，台北：东大图书公司，1987。

邢义田：《陕西旬邑百子村壁画墓的墓主、时代与"天门"问题》，台湾故宫博物院：《学术季刊》，23卷第3期，2006。

严文明：《仰韶文化研究》，北京：文物出版社，1989。

杨爱国：《汉画像石上的接吻图考释》，《四川文物》，1994（4）。

杨爱国：《汉代墓室装饰与随葬品的关系》，《四川文物》，2001（4）。

杨爱国：《山东苍山县城前村画像石二题》，《华夏考古》，2004（1）。

杨爱国：《山东汉代画像石》，济南：山东文艺出版社，2004。

杨爱国：《汉代画像石榜题略论》，《考古》，2005（5）。

杨爱国：《幽明两界：纪年汉代画像石研究》，西安：陕西人民美术出版社，2006。

杨爱国：《"祠主受祭图"再探讨》，《文艺研究》，2007（2）。

杨泓：《谈中国汉唐之间的葬俗的演变》，《文物》，1999（10）。

杨泓：《中国古代墓葬壁画综述》，《中国古兵与美术考古论集》，北京：文物出版社，2007。

杨寄林：《太平经今注今译》，石家庄：河北人民出版社，2002。

杨宽：《中国古代陵寝制度史研究》，上海：上海人民出版社，2003。

杨树达：《汉代婚丧礼俗考》，上海：上海古籍出版社，2000。

杨孝鸿：《四川汉代秘戏图画像砖的思考》，《四川文物》，1996（2）。

杨琇惠：《〈太平经〉神仙思想探微》，《台湾成功大学宗教与文化学报》，2002（2）。

杨怡：《楚式镇墓兽的式微和汉俑的兴起：解析秦汉灵魂观的转变》，《考古与文物》，2004（1）。

叶舒宪：《中国神话哲学》，北京：中国社会科学出版社，1992。

叶舒宪：《经典的误读与知识考古：以〈诗经·鸱鸮〉为例》，《陕西师范大学学报》，2006（4）。

〔英〕伊恩·霍德、〔英〕司格特·哈特森：《阅读过去》，长沙：岳麓书社，2005。

易守菊：《解注文之"注"与注病》，《四川文物》，

2001（3）。

余欣：《唐宋敦煌墓葬神煞研究》，《敦煌学辑刊》，2003（1）。

余欣：《神道人心：唐宋之际敦煌民生宗教社会史研究》，北京：中华书局，2006。

余英时：《中国古代死后世界观的演变》，汤用彤先生纪念论文集编辑委员会编：《燕园论学集》，北京：北京大学出版社，1984。

余英时：《从价值系统看中国文化的现代意义》，《文史传统与文化重建》，北京：三联书店，2004。

余英时著，侯旭东等译：《东汉生死观》，上海：上海古籍出版社，2005。

俞美霞：《东汉画像石与道教发展：兼论敦煌壁画中的道教图像》，台北：南天书局，2000。

俞伟超、信立祥：《孔望山摩崖造像的年代考察》，《文物》，1981（7）。

榆林地区文物管理委员会、绥德县博物馆：《陕西绥德县四十里铺画像石墓调查简报》，《考古与文物》，2002（3）。

袁珂：《中国神话通论》，成都：巴蜀书社，1993。

袁珂：《袁珂神话论集》，成都：四川大学出版社，1996。

［日］曾布川宽著，刘晓路译：《向往昆仑山的升仙：古代中国人描绘的死后世界》，中国社会科学院简帛研究中心

编：《简帛研究译丛》第2辑，长沙：湖南人民出版社，1998。

　　［日］曾布川宽：《六朝帝陵》，南京：南京出版社，2004。

　　［英］詹姆斯·乔治·弗雷泽著，徐育新等译：《金枝》，北京：中国民间文艺出版社，1987年，第19页。

　　詹鄞鑫：《神灵与祭祀：中国传统宗教综论》，南京：江苏古籍出版社，1992。

　　詹鄞鑫：《心智的误区：巫术与中国巫术文化》，上海：上海教育出版社，2001。

　　张传玺：《中国历代契约会编考释》，北京：北京大学出版社，1995。

　　张光直：《美术·神话与祭祀》，沈阳：辽宁教育出版社，2002。

　　张光直：《中国青铜时代（二集）》，北京：生活·新知·读书三联书店，1999。

　　张广保：《原始道家道论的展开：道家形而上的梦论与生死论》，《中国哲学史》，2000（3）。

　　张广保：《唐以前的道教洞天福地思想研究：从生态学角度》，郭武主编：《道教教义与现代社会国际学术研讨会论文集》，上海：上海古籍出版社，2003。

　　张黎明：《汉代的北斗信仰考》，《北京科技大学学报》，2009。

　　张茂华：《"摇钱树"的定名、起源和类型问题探讨》，

《四川文物》，2002（1）。

张琦：《古代葬礼中的开路神、显道神探源》，《四川大学学报》，2008。

张文安：《周秦两汉神仙信仰研究》，郑州大学博士论文，2005。

张勋燎、白彬：《中国道教考古》，北京：线装书局，2005。

张勋燎、白彬：《前凉建兴二十八年"松人"木牍解复鬼文研究》，《台湾宗教研究》，2005（3卷2期）。

张勋燎：《东汉墓葬出土的解注器材料和天师道的起源》，陈鼓应主编：《道家文化研究》第9辑，上海：上海古籍出版社，1996。

张勋燎：《河南偃师县南蔡庄乡东汉墓出土道人肥致碑及有关道教遗物研究》，《四川大学考古专业创建三十五周年纪念文集》，成都：四川大学出版社，1998。

张勋燎：《试论我国南方地区唐宋墓葬出土的道教"柏人俑"和"石真"》，陈鼓应主编：《道家文化研究》第7辑，上海：上海古籍出版社，1995。

赵超：《埋在地下的宇宙：汉画像石墓和壁画墓的布局》，《文物天地》，1991（1）。

赵超：《汉代画像石墓中的画像布局及其意义》，《中原文物》，1991（3）。

赵超：《中国古代石刻概论》，北京：文物出版社，

1997。

赵超：《古代墓志通论》，北京：紫禁城出版社，2003。

赵殿增、袁曙光：《"天门"考：兼论四川汉画像砖（石）的组合与主题》，《四川文物》，1990（6）。

赵宪章、朱存明：《美术考古与艺术美学》，上海：上海大学出版社，2008。

赵益：《六朝南方神仙道教与文学》，上海：上海古籍出版社，2006。

赵益：《地下主者·冢讼·丰都六天宫及鬼官：〈真诰〉冥府建构的再探讨》，南京大学古典文献研究所：《古典文献研究》第11辑，南京：凤凰出版社，2008。

郑绍宗：《满城汉墓》，北京：文物出版社，2003。

郑岩、杨泓：《中国美术考古学概论》，北京：中国社会科学出版社，2008。

郑岩：《魏晋南北朝壁画墓研究》，北京：文物出版社，2002。

郑岩：《〈考古发掘出土的中国东汉墓（邠王墓）壁画〉书评》，《艺术史研究》第5辑，广州：中山大学出版社，2003。

郑岩：《中国表情：文物所见古代中国人的风貌》，成都：四川人民出版社，2004。

郑岩：《墓主画像研究》，《中国汉画学会第九届年会论文集》（上），北京：中国社会出版社，2004。

郑岩：《一千八百年前的画展：陕西旬邑县百子村东汉墓细读》，《中国书画》，2004（4）。

郑岩：《关于墓葬壁画起源问题的思考：以河南永城柿园汉墓为中心》，《故宫博物院院刊》，2005（3）。

郑岩：《考古学提供的仅仅是材料吗？》，《美术研究》，2007（4）。

郑岩：《古代墓葬与中国美术史写作》，《文艺研究》，2011（1）。

中国大百科全书总编辑委员会《考古学》编辑委员会：《中国大百科全书·考古学》，北京：中国大百科全书出版社，1986。

中国社会科学院考古研究所：《满城汉墓发掘报告》，北京：文物出版社，1980。

钟敬文：《古传杂钞之一》，《钟敬文民间文学论集》（下），上海：上海文艺出版社，1985。

重庆巫山县文物管理所、中国社会科学院考古研究所三峡工作队：《重庆巫山县东汉鎏金铜牌饰的发现与研究》，《考古》，1998（12）。

周俊麒：《乐山东汉崖墓石刻文字考》，《四川文物》，2001（4）。

周学鹰：《四出羡道与天圆地方说》，《同济大学学报》，2001（3）。

周学鹰：《因山为陵葬制探源》，《中原文物》，2005

（1）。

周跃西：《略论五色审美观在汉代的发展》，《中原文物》，2003（5）。

朱存明：《汉代画像石棺的象征模式》，《民族艺术》，2004（4）。

朱存明：《汉画像宇宙象征意义图式及美学意义》，《文艺研究》，2005（9）。

朱存明：《汉画像的象征世界》，北京：人民文学出版社，2005。

朱存明：《汉画像西王母的图文互释研究》，《徐州师范大学学报》，2010（6）。

朱晓南：《阙的类型及建筑形式》，《四川文物》，1992（6）。

朱磊：《谈汉代解注瓶上的北斗与鬼宿》，《文物》，2011（4）。

禚振西：《陕西户县的两座汉墓》，《考古与文物》，1980（1）。

后 记

十岁那年冬天，我无端添了一个毛病。每天晚上钻进被窝后我会再爬起来，站在床上，开灯，居高临下慢慢环视一周，看着光线洒满每一个角落，躺下，睡觉。

爸妈说，这孩子真是毛病大。其实不是毛病，是怕，怕闭了眼之后再也睁不开。说白了，是怕死。

大人也许会说，小孩子嘛，哪里知道什么生死。可是生死我是见过的呀。

在妈妈当年工作的"扫产料"（我儿时对妇产科三字的误识），我见过新生儿的出生，见过病人的离世，见过护士用手术盘端着皮球大的瘤子穿过走廊，见过我的玩伴笑着闹着轮流躺在医院敞着盖的棺材里。阳光强烈，我觉得冷。

我不知道这种恐惧为什么会在十岁那年发作，也不敢对人说。白天疯玩，晚上烦恼，我把家里放药的抽屉翻个底朝天，把一切看上去似乎对症的药吃下去，包括龙胆泻肝丸。很多年之后我才知道，当时的那个龙胆泻肝丸对肾脏有损害。

好在少年不知愁滋味，这种困扰并没有持续太久。

若干年后，当我的博士论文终于选定汉代墓葬及其信仰，探究死与重生的研究方向时，我有一种冥冥之中自有天意的感觉。

在重新整理论文的日子里，我不时忆起当年在山东大学宗教所读书的情景，痛是真的，快乐也是真的。对我来说，读书乃一乐事，可是一想到还有一个叫作"毕业论文"的东西等着，心下就觉得烦躁。写不出论文的日子当然有，可是写不出来就写不出来吧，姜老师常说，我们是研究道教的。

王小波曾说，一个人活在世上，无非是要明白些道理，遇到些有趣的事，倘能如人所愿就算成功。我想再加一句，那就是读自己想读的书，做自己想做的人，不因旁人的好恶、环境的变迁违背自己的心意，对未知、有趣、激动人心的知识和生命抱有温暖的好奇心，用生命去开花。

最后，要感谢我的导师姜生教授从论文选题到撰写给予的支持与帮助。先生总是不疾不徐，循循善诱，那些似乎脱口而出实则引人深思的言语常常令我惊叹，然而最令我惊叹的是他一语道破素常现象之后本质的睿智。

感谢四川人民出版社出版我的这本小书，感谢本书的策划冯渝杰兄与封龙老师，以及责任编辑冯珺老师的辛勤工作。

是为记。

李虹
2019年5月

图书在版编目（CIP）数据

死与重生：汉代的墓葬及其信仰 / 李虹著. — 成都：四川人民出版社，2020.8（2022.3重印）

ISBN 978-7-220-11645-2

Ⅰ.①死… Ⅱ.①李… Ⅲ.①汉墓－研究－中国Ⅳ.①K878.84

中国版本图书馆CIP数据核字（2019）第214071号

SI YU CHONGSHENG : HANDAI DE MUZANG JIQI XINYANG

死与重生：汉代的墓葬及其信仰

李虹　著

出　版　人	黄立新
项目统筹	封　龙
责任编辑	冯　珺
封面设计	张　科
版式设计	戴雨虹
责任校对	舒晓利
责任印制	周　奇

出版发行	四川人民出版社（成都市槐树街2号）
网　　址	http://www.scpph.com
E-mail	scrmcbs@sina.com
新浪微博	@四川人民出版社
微信公众号	四川人民出版社
发行部业务电话	（028）86259624　86259453
防盗版举报电话	（028）86259624
照　　排	四川最近文化传播有限公司
印　　刷	成都东江印务有限公司
成品尺寸	135mm×200mm
印　　张	10.5
字　　数	200千
版　　次	2020年8月第1版
印　　次	2022年3月第3次印刷
书　　号	ISBN 978-7-220-11645-2
定　　价	68.00元

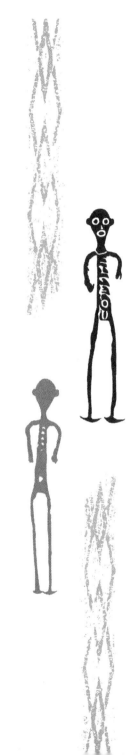